長樂鄭振鐸西諦藏書

國家圖書館
西諦藏書善本圖録

第五册　集部一

國家圖書館古籍館　編

海峽出版發行集團
THE STRAITS PUBLISHING & DISTRIBUTING GROUP

鷺江出版社
LUJIANG PUBLISHING HOUSE

2019年·廈門

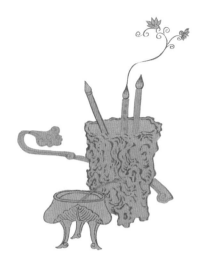

集

集部
一

000

# 目錄

## 集部一

### 楚辭類

### 漢魏六朝別集類

## 宋別集類

## 金別集類

## 元別集類

# 集

集部一 —— 楚辭類

*000*

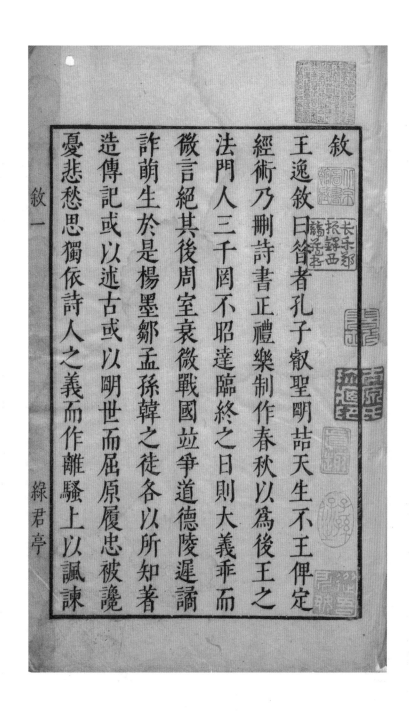

**屈子七卷** 〔戰國楚〕屈原撰　**評一卷** 〔明〕毛晉輯　**楚譯二卷參疑一卷** 〔明〕毛晉參定

明萬曆四十六年（1618）毛氏綠君亭刻本

一册

半葉八行十八字，白口，四周單邊，無直格。版框 20.3×13.2 厘米

離騷

離騷

帝高陽之苗裔兮朕皇考曰伯庸攝提貞于孟
陬兮惟庚寅吾以降皇覽揆予于初度兮肇錫
予以嘉名名予曰正則兮字予曰靈均紛吾既
有此內美兮又重之以脩能扈江蘺與辟芷兮
紉秋蘭以爲佩汩予若將不及兮恐年歲之不
吾與朝搴阰之木蘭兮夕攬州之宿莽日月忽
其不淹兮春與秋其代序惟草木之零落兮恐

綠君亭

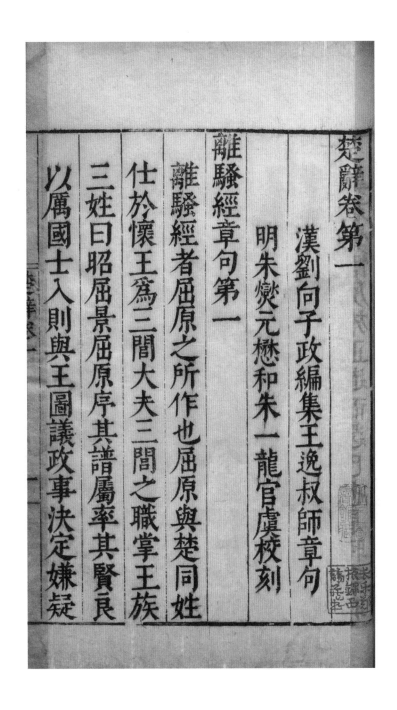

楚辭卷第一

漢劉向子政編集王逸叔師章句

明朱燮元懋和朱一龍官虞校刻

離騷經章句第一

離騷經者屈原之所作也屈原與楚同姓

仕於懷王為三閭大夫三閭之職掌王族

三姓曰昭屈景屈原序其譜屬率其賢良

以厲國士入則與王圖議政事決定嫌疑

**楚辭章句十七卷**　〔漢〕王逸撰　**疑字直言補一卷**

明萬曆朱燮元、朱一龍刻本

六冊

半葉八行十六字，小字雙行同，白口，四周單邊。版框 22.1×15.7 厘米

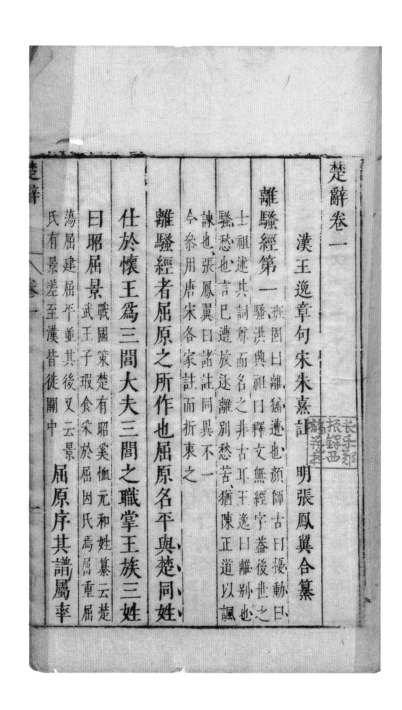

**楚辭十卷**　〔漢〕王逸章句　〔宋〕朱熹註　〔明〕張鳳翼合纂

明末刻本　鄭振鐸跋

二册

半葉九行二十字，小字雙行同，白口，左右雙邊。版框 19.8×14.3 厘米

此本乃明末坊賈所為折衷漢宋二註復
附以劉辰翁張鳳翼鍾伯敬諸家註評
卷首王世貞序疑亦是偽託耳之他本
著作為楚辭讀本之一圖亦未必遂
遍陸時雍蔣之翹七一九五七年
一月十九日過隆福寺修綆堂
購得因諦同坐在三友堂見呂睌
村評選唐宋八家古文

八九九一

王朱

**楚辭述註五卷** 〔明〕來欽之撰　**九歌圖一卷** 〔明〕陳洪綬繪

明崇禎刻本

二册

半葉九行二十字，白口，四周單邊。版框 19.9×14.1 厘米

楚辭卷第一

漢宣城王逸章句　　　　　會稽王　　壺校定

宋新安朱熹集証　　　　明　　蕭山來欽之述証

離騷第一

離騷經者屈原之所作也屈原名平與楚同姓
仕於懷王爲三閭大夫三閭之職掌王族三姓
曰昭屈景屈原序其譜屬率其賢良以厲國士
入則與王圖議政事決定嫌疑出則監察羣下
應對諸侯謀行職脩王甚珍之同列上官大夫

楚辭　　　離騷卷一　　　　　　　一

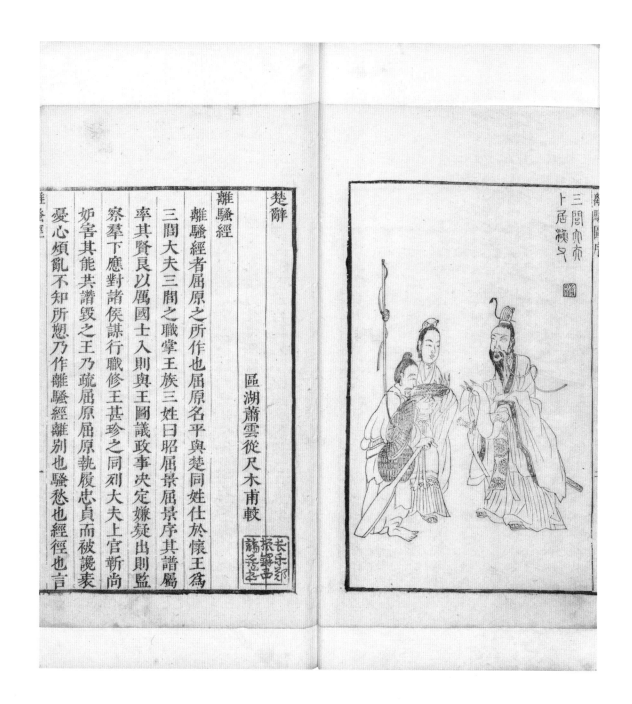

楚辭

離騷經　　　　　　　　　　　　　　　區湖蕭雲從尺木甫較

離騷經者屈原之所作也屈原名平與楚同姓仕於懷王為
三閭大夫三閭之職掌王族三姓曰昭屈景屈景序其譜屬
率其賢良以厲國士入則與王圖議政事決定嫌疑出則監
察羣下應對諸侯謀行職修王甚珍之同列大夫上官靳尚
妬害其能共譖毀之王乃疏屈原屈原執履忠貞而被讒衺
憂心煩亂不知所愬乃作離騷經離別也騷愁也經經也言

**離騷圖不分卷**　〔清〕蕭雲從繪並註

清初刻本

三冊

半葉九行二十四字，白口，四周單邊。版框 18.3×11.9 厘米

若有人兮山之阿被薜荔兮帶女蘿既含睇兮又宜笑子慕予

兮善窈窕乘赤豹兮從文狸辛夷車兮結桂旗被石蘭兮帶杜

蘅折芳馨兮遺所思余處幽篁兮終不見天路險難兮獨後來

表獨立兮山之上雲容容兮而在下杳冥冥兮羌晝晦東風飄

飄兮神靈雨靁靁兮儵俙兮憺忘歸歲既晏兮孰華予采三秀兮於

山間石磊磊兮葛蔓蔓怨公子兮悵忘歸君思我兮不得閒山

中人兮芳杜若飲石泉兮蔭松柏君思我兮然疑作靁填填兮

雨冥冥猨啾啾兮狖夜鳴風颯颯兮木蕭蕭思公子兮徒離憂

山鬼　壽工狗馬難作鬼魅易言當目之莫欺也使含睇宜笑

　相遇於榛陰詎漫焉省識邪故寫山鬼如蒙棋者謬矣

不任汩鴻師何以尚之僉曰何憂何不課而行之鴟龜曳銜鮌
何聽焉順欲成功帝何刑焉永遏在羽山夫何三年不施伯禹
腹鮌夫何以變化纂就前緒遂成考功何續初繼業而厥謀不
同洪泉極深何以寘之地方九州則何以墳之

王逸云汩治也鴻鴻水也師衆也堯放鮌於羽山飛鳥鱉
曳鮌而食之三年不舍其罪鮌很愎而生禹遂平九土嗟
乎爲國而死蒙罪何辱況有益愍之聖邪世又水經代有
天下食報宜矣故悉畫之以劈符命之說又按汩謂亂也
書曰鮌堙洪水汩陳其五行王逸東漢人未見古文尚書
爾

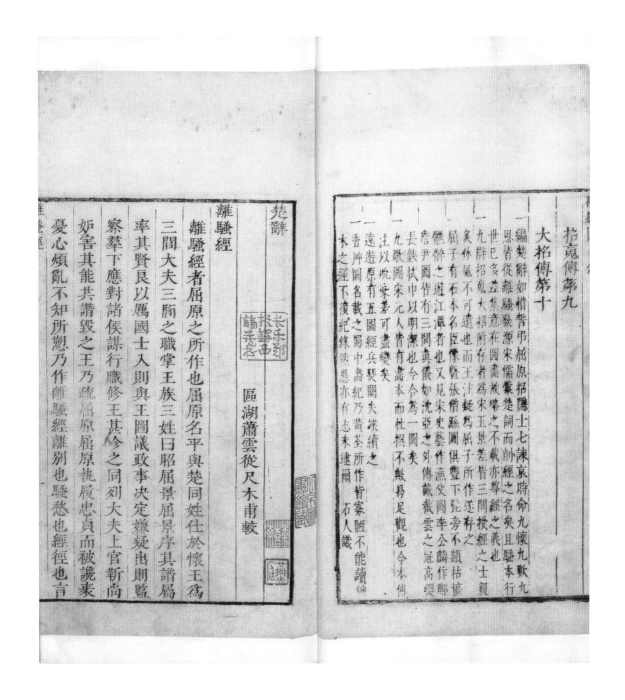

離騷圖不分卷　〔清〕蕭雲從繪並註

清初刻本

四冊

半葉九行二十四字，白口，四周單邊。版框 18.3×11.9 厘米

浴蘭湯兮沐芳華采衣兮若英靈連蜷兮既留爛昭昭兮未央

蹇將憺兮壽宮與日月兮齊光龍駕兮帝服聊翱遊兮周章靈

皇皇兮既降猋遠舉兮雲中覽冀州兮有餘橫四海兮焉窮思

夫君兮太息極勞心兮懪懪

雲中君

謂雲神也亦見漢書郊祀之志禮云觸石而生膚寸而合
不崇朝而遍天下神之栺思不可度思靈戇戇之中有望龍
髣而莫可扳者金蟆日讀之令人有天顏咫尺之思兩河
之間曰冀州禹貢毅土之始也舊注失之

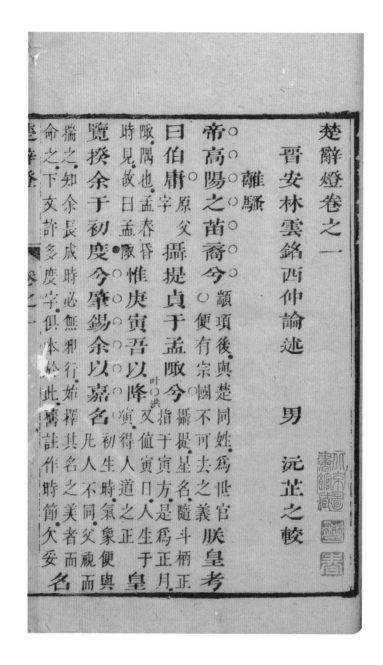

楚辭燈卷之一

晉安林雲銘西仲論述

男　沅芷之較

離騷

○帝高陽之苗裔兮○顓頊後，與楚同姓，為世官，朕皇考

○朕，攝提，貞星名，斗柄正月之指，值寅日是為正月

曰伯庸字，攝提貞于孟陬兮原父攝提，貞于孟陬，又指寅方是生

○庚寅，吾以降○洪興祖得人生時氣象正于皇

時見故曰孟陬，惟庚寅，吾以降，生之人道之象，便與皇

䠅閶也，孟陬，賦值人初生時不同，父視而

覽揆余于初度兮肇錫余以嘉名

揆之知余長成時必無邪行，揆擇其名之美者而名

命之下文許多庚字，俱本於此，舊註作時簡欠妥

**楚辭燈四卷楚懷襄二王在位事蹟考一卷** 〔清〕林雲銘撰　　**屈原列傳一卷** 〔漢〕司馬遷撰

清康熙三十六年（1697）挹奎樓刻本

二冊

半葉八行二十字，小字雙行同，白口，左右雙邊，無直格。版框 18.6×13.6 厘米

T03171（14782）

# 集

集部一——〇〇〇〇〇〇〇

漢魏六朝別集類

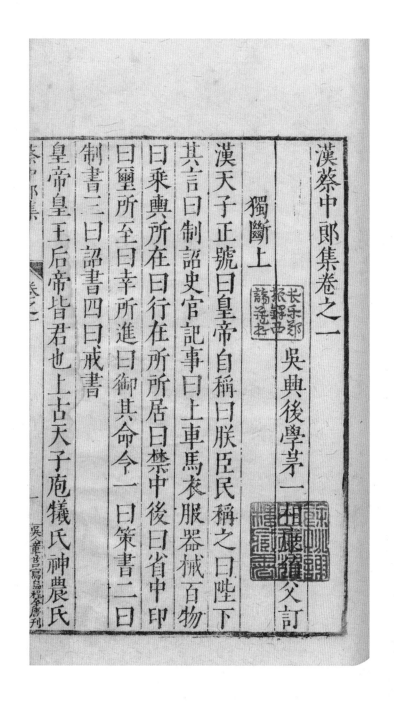

漢蔡中郎集十一卷　〔漢〕蔡邕撰

明萬曆八年（1580）茅一相文霞閣刻本　鄭振鐸跋

六冊

半葉九行十九字，白口，四周單邊。版框 19.6×12.8 厘米

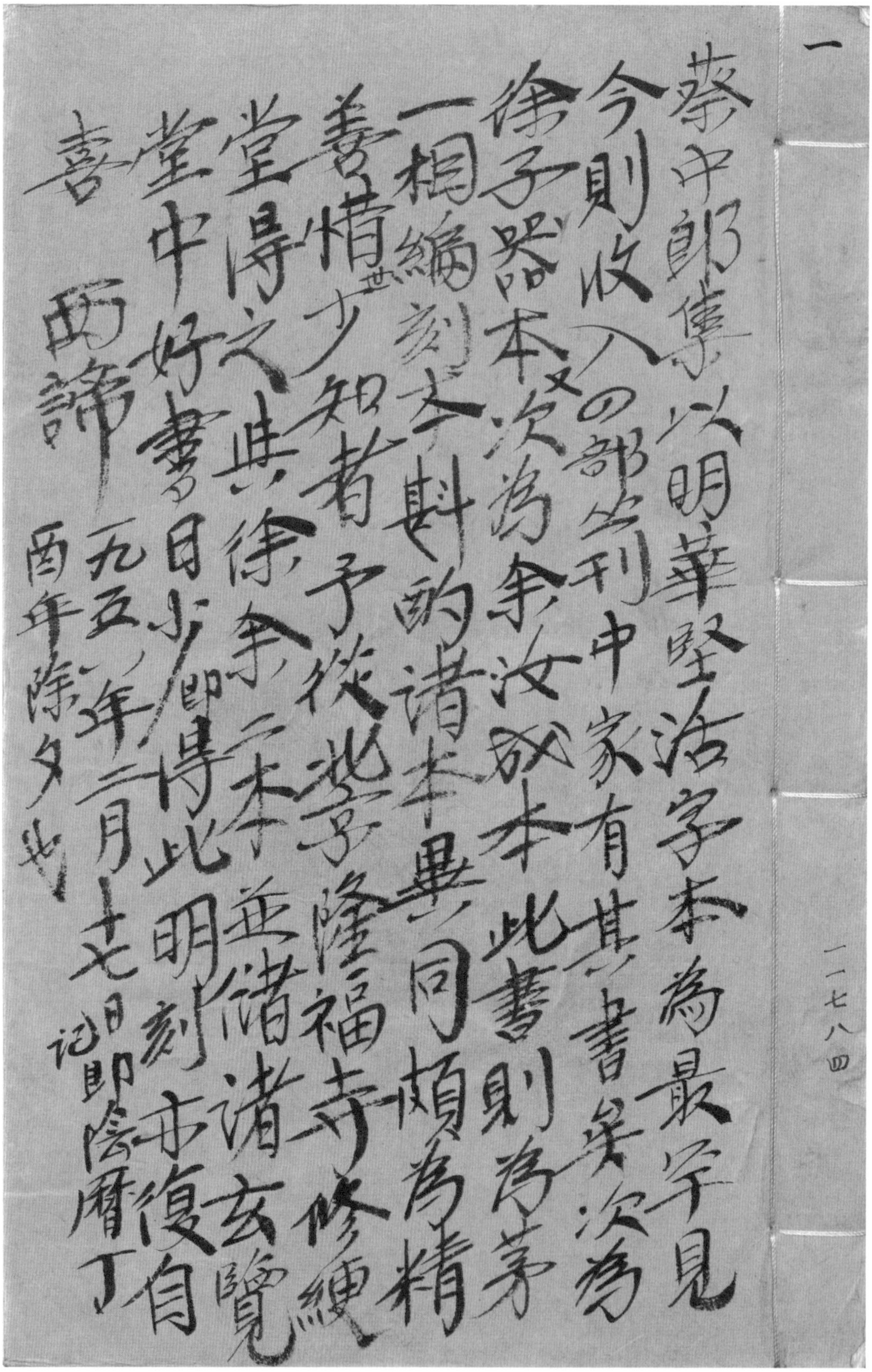

蔡中郎集以明華堅活字本為最罕見
今則收入〇的部竹刊中家有其書吳次為
徐子器本次為余汝成本此書則為茅
一枏縞刻文料的諸本異同頗為精
善情世少知者徐北予後災隆福寺修練
堂得之共徐余二本並諸諸玄覽
堂中好書日少即得此明刻亦復自
喜西諦　雨年除夕此
　　　　　一九五八年二月七日記陰曆丁

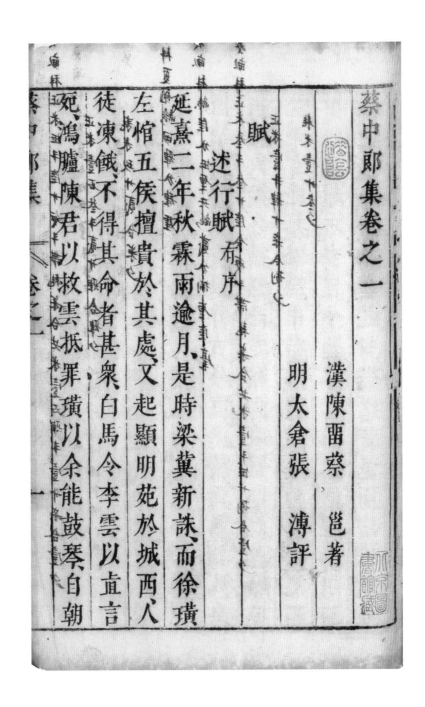

蔡中郎集卷之一

漢　陳留蔡　邕　著

明　太倉張　溥　評

賦

　述行賦有序

延熹二年秋，霖雨逾月，是時梁冀新誅，而徐璜

左悺五侯擅貴於其處，又起顯明苑於城西，人

徒凍餓，不得其命者甚衆，白馬令李雲以直言

宛、鴻臚陳君以救雲抵罪，璜以余能鼓琴，白朝

蔡中郎集　　卷之二　　一

---

**蔡中郎集二卷**　〔漢〕蔡邕撰

明張溥刻漢魏六朝百三名家集本

一冊　存一卷：一

半葉九行十八字，白口，左右雙邊。版框 20.6×14.4 厘米

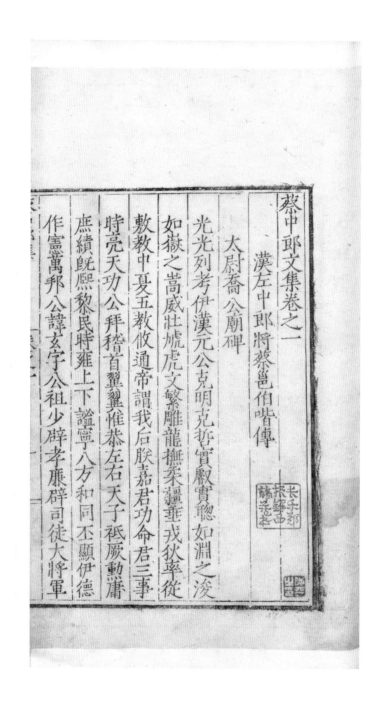

蔡中郎文集卷之一

漢左中郎將蔡邕伯喈傳

太尉喬公廟碑

光光列考伊漢元公克明克哲實叡實聰如淵之浚

如嶽之嵩威壯虓虎文繁雕龍撫柔疆埵戎狄率從

敷教中夏五教攸通帝謂我后朕嘉君功命君三事

時亮天功公拜稽首翼翼惟恭左右天子祗厥勳庸

庶績既熙黎民時雍上下諡寧八方和同丕顯伊德

作憲萬邦公諱玄字公祖少辟孝廉辟司徒大將軍

**蔡中郎文集十卷外傳一卷** 〔漢〕蔡邕撰

明萬曆刻本

四冊

半葉九行二十一字，白口，四周雙邊。版框 19.7×14.3 厘米

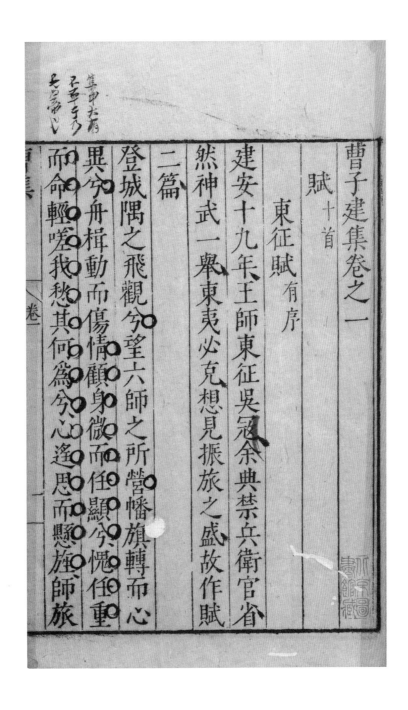

曹子建集卷之一

賦十首

東征賦有序

建安十九年王師東征吳冠余典禁兵衞官省
然神武一舉東夷必克想見振旅之盛故作賦

二篇

登城隅之飛觀兮望六師之所營幡旗轉而心
異兮舟楫動而傷情顧身微而任顯兮愧任重
而命輕嗟我愁其何爲兮心遑思而懸旌師旅

**曹子建集十卷**　〔三國魏〕曹植撰

明萬曆天啓間翁少麓刻漢魏諸名家集本

一册

半葉九行十八字，白口，左右雙邊。版框 18.7×13.7 厘米

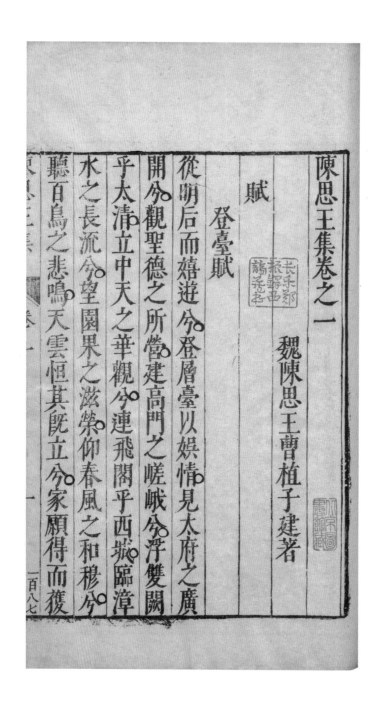

從明后而嬉遊兮登層臺以娛情見太府之廣

開兮觀聖德之所營建高門之嵯峨兮浮雙闕

乎太清立中天之華觀兮連飛閣乎西城臨漳

水之長流兮望園果之滋榮仰春風之和穆兮

聽百鳥之悲鳴天雲恒其既立兮家願得而獲

賦

登臺賦

陳思王集卷之一

魏陳思王曹植子建著

**陳思王集十卷**　〔三國魏〕曹植撰

明天啓崇禎間刻七十二家集本

四冊

半葉九行十八字，白口，左右雙邊。版框 20.6×14.6 厘米

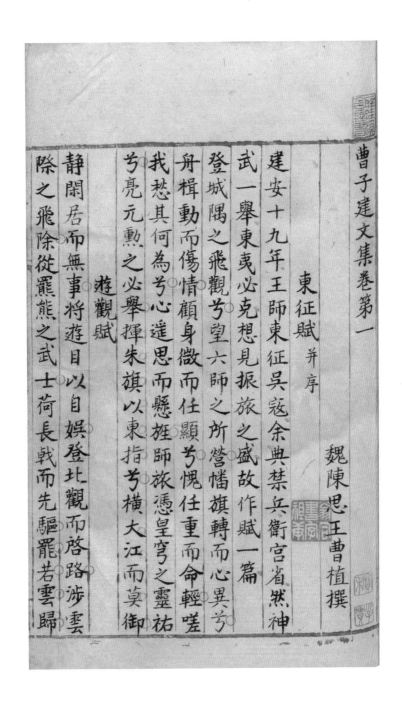

曹子建文集卷第一

魏陳思王曹植撰

東征賦 并序

建安十九年王師東征吳寇余典禁兵衛宮省然神
武一舉東夷必克想見振旅之盛故作賦一篇

登城隅之飛觀兮望六師之所營幡旗轉而心異兮
舟楫動而傷情顧身微而任顯兮愧任重而命輕嗟
我愁其何為兮心遑遑思而懸旌師旅憑皇穹之靈祐
兮亮元勲之必舉揮朱旗以東指兮橫大江而莫御

遊觀賦

靜閒居而無事將遊目以自娛登北觀而啓路涉雲
際之飛除從罷熊之武士荷長戟而先驅罷若雲歸

**曹子建文集十卷**　〔三國魏〕曹植撰

明抄本　清翁同書跋

二冊

半葉十二行二十字，紅格，白口，四周單邊。版框 20.8×15.4 厘米

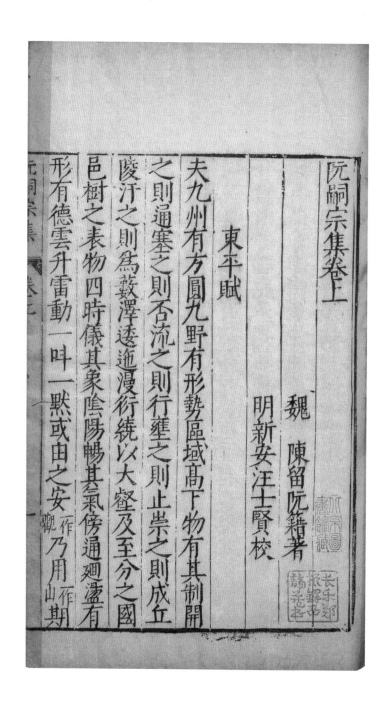

**阮嗣宗集二卷**　〔三國魏〕阮籍撰　**任彥升集六卷**　〔南朝梁〕任昉撰

明萬曆天啓間汪士賢刻漢魏六朝二十一名家集本

一册

半葉九行二十字，白口，左右雙邊。版框 20.2×14.2 厘米

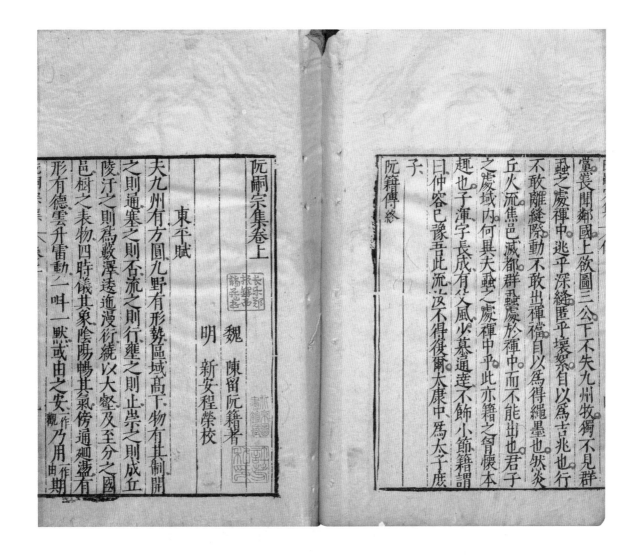

阮嗣宗集卷上

魏　陳留阮籍著

明　新安程榮校

東平賦

夫九州有方圓九野有形勢區域高下物有其制開
之則通塞之則否流之則行堙之則止崇之則成立
陵汙之則爲數澤逶迤漫衍繞以大壑及至分之國
邑樹之表物四時儀其象陰陽暢其氣傍通廻連有
形有德雲升雷動一叫一默或由之安作觀乃用由期

子

阮籍傳終

嘗登聞鄉國上欲圖三公下不失九州牧獨不見群
武蟄之處禪中逃乎深縫匿乎壤察自以爲吉兆也行
不敢離縫際動不敢出禪禧目以爲得繩墨也然炎
丘火流焦邑滅都群武蟄廬於禪中而不能出也君子
之處域內何異夫蝨之處禪中乎此亦籍之留懷本
趣也子渾字長成有父風少慕通達不飾小節籍謂
曰仲容已豫吾此流汝不得復爾太康中爲太子庶

阮嗣宗集二卷　〔三國魏〕阮籍撰　　潘黃門集六卷　〔晋〕潘岳撰

明刻本

一册

半葉九行二十字，白口，左右雙邊。版框 19.8×14.2 厘米

T03624〔9125（阮集）、9126（潘集）〕

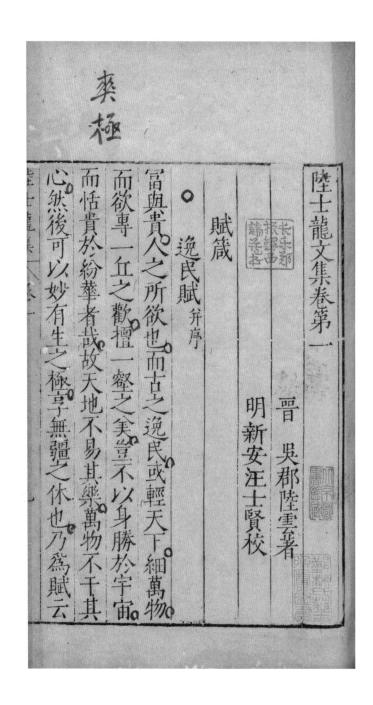

**陸士龍文集十卷** 〔晋〕陸雲撰

明汪士賢刻漢魏六朝二十一名家集本

一册

半葉九行二十字，白口，左右雙邊。版框 20.0×14.3 厘米

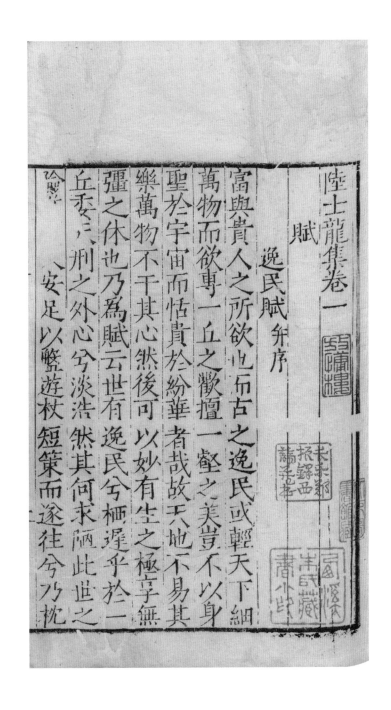

**陸士龍集四卷**　〔晋〕陸雲撰

明嘉靖刻六朝詩集本

二册　存三卷：一至三

半葉十行十八字，白口，左右雙邊。版框 17.6×12.8 厘米

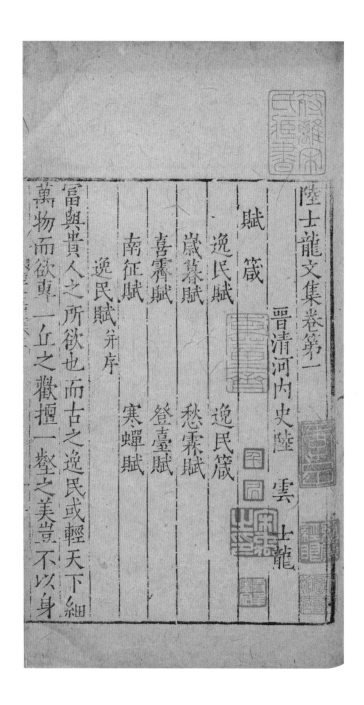

**陸士龍文集十卷** 〔晋〕陸雲撰

明正德十四年（1519）陸元大刻晋二俊文集本

二册

半葉十行十八字，白口，左右雙邊。版框 17.7×12.8 厘米

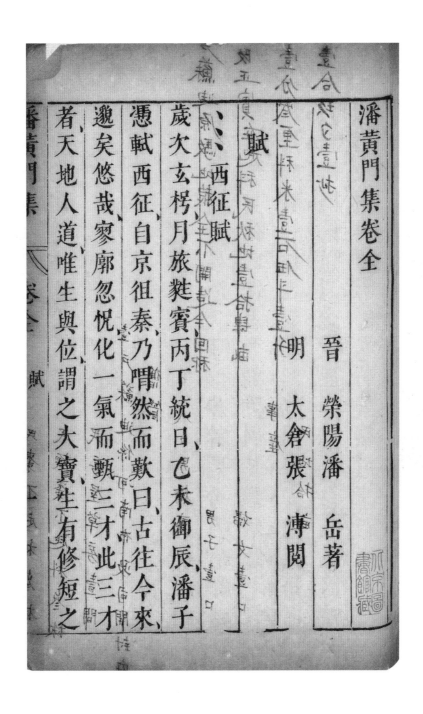

**潘黃門集一卷** 〔晋〕潘岳撰

明張溥刻漢魏六朝百三名家集本

一册

半葉九行十八字，白口，左右雙邊。版框 19.9×14.7 厘米

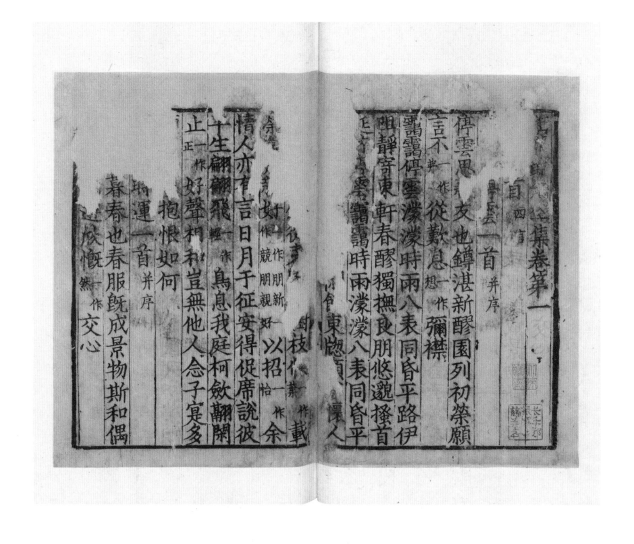

**陶靖節先生集十卷** 〔晋〕陶潛撰　**年譜一卷**　〔宋〕吳仁傑撰

宋刻遞修本

二册　存五卷：一至四、年譜一卷

半葉九行十五字，白口，左右雙邊。版框 20.5×14.5 厘米

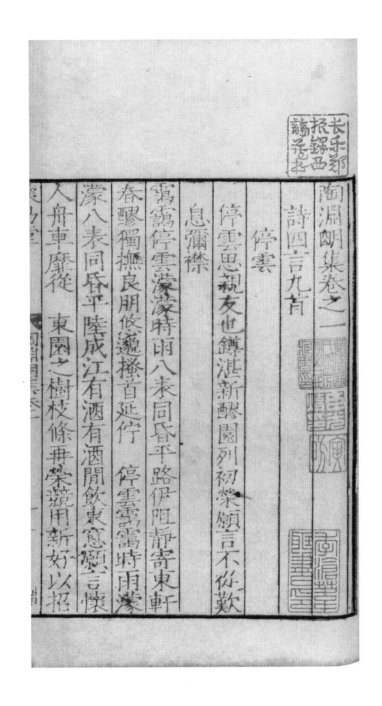

陶淵明集八卷　〔晋〕陶潛撰

明嘉靖二十九年（1550）朱載墣懷易堂刻本

四册

半葉九行二十字，白口，左右雙邊。版框 15.3×12.1 厘米

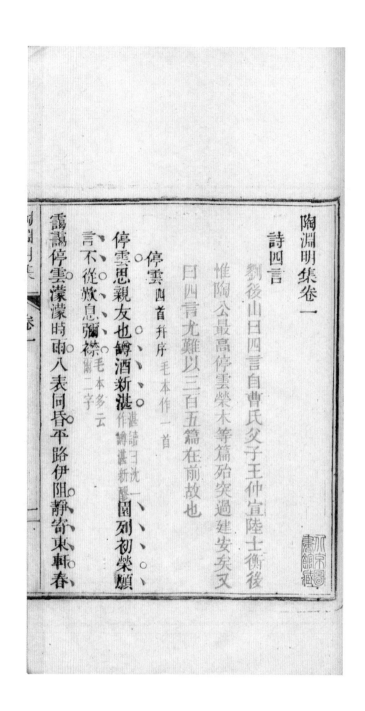

**陶淵明集八卷**　〔晋〕陶潛撰　**首一卷末一卷**

清光緒五年（1879）廣州翰墨園刻三色套印本

四册

半葉九行二十一字，白口，四周雙邊。版框 18.3×14.2 厘米

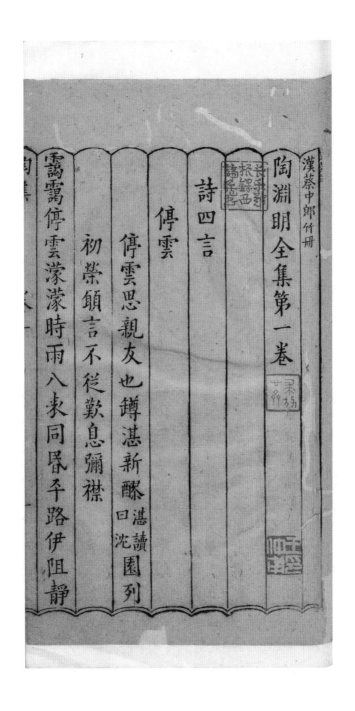

**陶淵明全集四卷** 〔晉〕陶潛撰

明白鹿齋刻陶李合刻本　王仲甫跋

二冊

半葉七行十七字，白口，竹節欄。版框 21.0×13.5 厘米

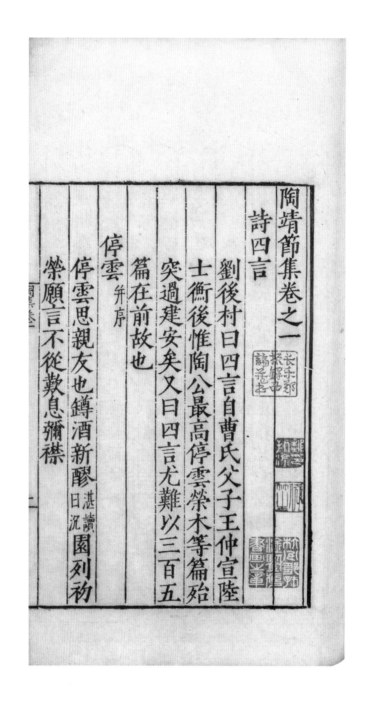

**陶靖節集十卷**　〔晋〕陶潛撰　〔宋〕湯漢等箋註　**總論一卷**

明嘉靖二十五年（1546）蔣孝刻本

二冊

半葉九行十八字，白口，左右雙邊。版框 20.2×13.9 厘米

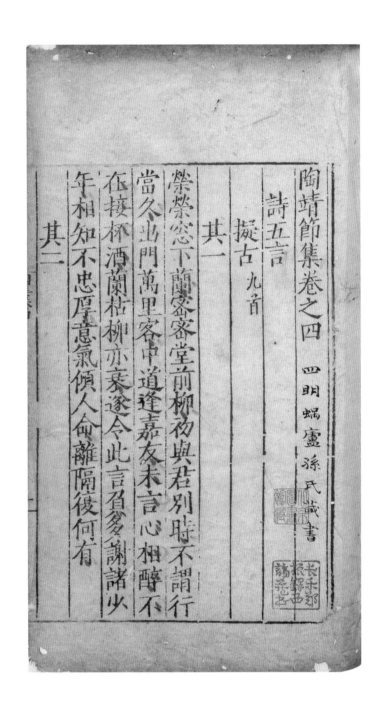

陶靖節集卷之四　四明蝸廬孫氏藏書

詩五言

擬古　九首

其一

榮榮窗下蘭密密堂前柳初與君別時不謂行
當久出門萬里客中道逢嘉友未言心相醉不
在接杯酒蘭枯柳亦衰遂令此言虛多謝諸少
年相知不忠厚意氣傾人命離隔後何有

其二

**陶靖節集十卷**　〔晋〕陶潛撰　〔宋〕湯漢等箋註

明嘉靖二十七年（1548）九江郡齋張存誠刻本

一冊　存七卷：四至十

半葉九行十八字，白口，左右雙邊。版框 20.5×13.8 厘米

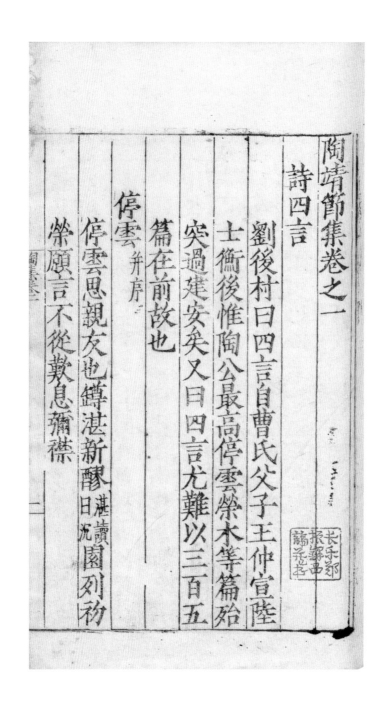

陶靖節集卷之一

詩四言

劉後村曰四言自曹氏父子王仲宣陸
士衡後惟陶公最高停雲榮木等篇殆
突過建安奕又曰四言尤難以三百五
篇在前故也

停雲并序

停雲思親友也罇湛新醪湛讀日
榮願言不從歎息彌襟　園列初

陶集卷一
二

**陶靖節集十卷**　〔晋〕陶潛撰　〔宋〕湯漢等箋註　**總論一卷**

明刻本

四册

半葉九行十八字，白口，左右雙邊。版框 20.5×13.9 厘米

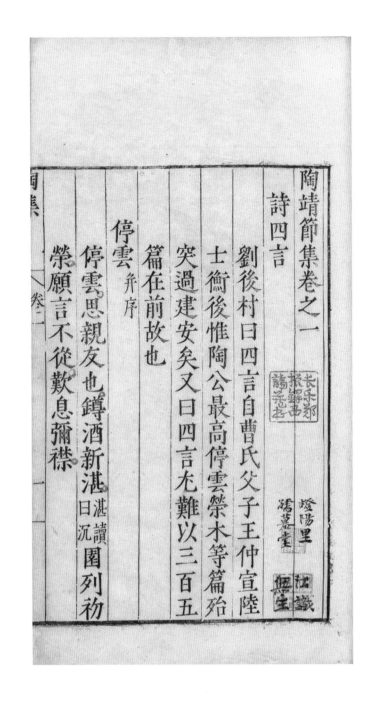

**陶靖節集十卷**　〔晉〕陶潛撰　〔宋〕湯漢等箋註　**總論一卷**

明刻本

四冊

半葉九行十八字，白口，左右雙邊。版框 19.3×13.1 厘米

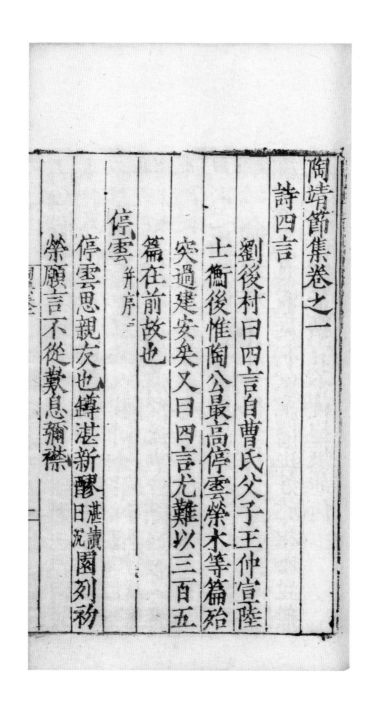

**陶靖節集十卷** 〔晋〕陶潛撰 〔宋〕湯漢等箋註 **總論一卷**

明刻本

二册

半葉九行十八字，白口，左右雙邊。版框20.7×13.9厘米

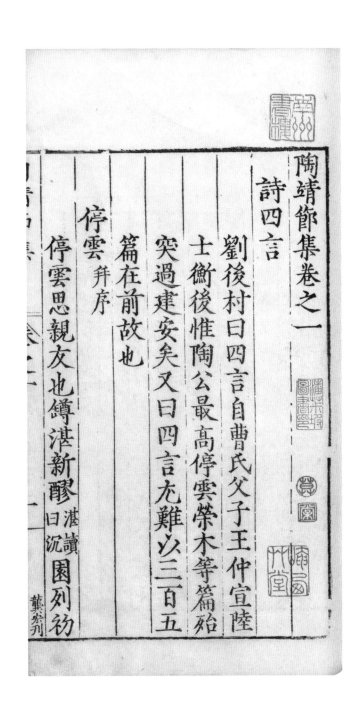

**陶靖節集十卷** 〔晋〕陶潛撰 〔宋〕湯漢等箋註

明萬曆四年（1576）周敬松刻本 徐湯殷跋

四冊

半葉八行十八字，白口，四周單邊。版框 24.6×15.6 厘米

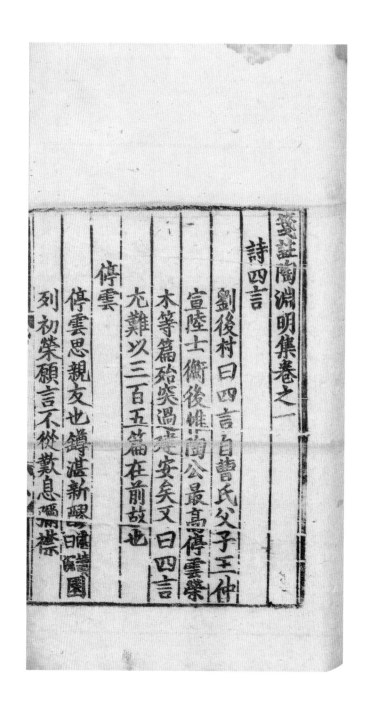

**箋註陶淵明集十卷** 〔晋〕陶潛撰 〔宋〕湯漢等箋註 **總論一卷** 〔宋〕李公煥輯

明刻本

四册

半葉九行十六字，黑口，四周單邊或左右雙邊。版框 16.1×11.7 厘米

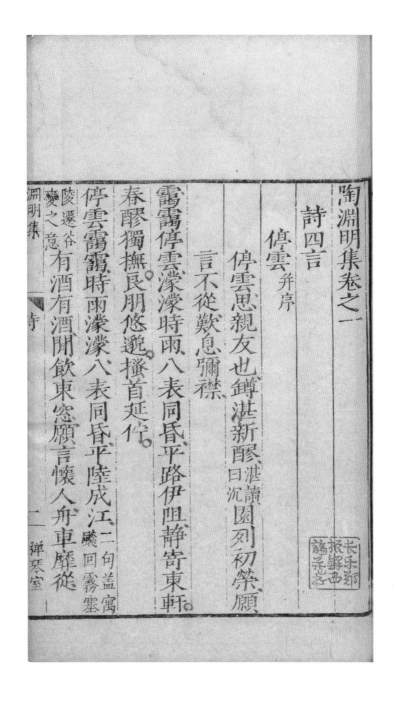

**陶淵明集十卷** 〔晋〕陶潛撰 〔宋〕湯漢等箋註 **附録一卷**

明彈琴室刻本

二册

半葉九行二十字，白口，左右雙邊。版框18.1×14.7厘米

陶靖節集卷之一

詩四言

停雲并序

停雲思親友也罇酒新湛園列初榮願

言不從歎息彌襟

靄靄停雲濛濛時雨八表同昏平路伊阻靜寄

東軒春醪獨撫良朋悠邈搔首延佇

停雲靄靄時雨濛濛八表同昏平陸成江有酒

高元之日以停

齊名篇乃周詩

六義二曰賦四

曰興之遺意也

劉後村曰四言

自曹氏父子王

仲宣陸士衡後

惟陶公最高停

雲榮木等篇詘

然過建安矣

陶靖節集　卷一

**陶靖節集八卷**　〔晋〕陶潛撰　〔宋〕湯漢等箋註　**總論一卷**　〔宋〕李公煥輯

明凌濛初刻朱墨套印本

二冊

半葉八行十八字，白口，四周單邊。版框 21.2×14.7 厘米

李卓吾批選陶淵明集上

形影神三首

貴賤賢愚莫不營營以惜生斯甚惑焉故

極陳形影之苦言神辨自然以釋之好事

君子共取其心焉

形贈影

天地長不沒山川無改時草木得常理霜露榮悴

之謂人最靈智獨復不如茲適見在世中奄去靡

歸期奚覺無一人親識豈相思但餘平生物舉目

陶淵明集之上

陳文學

**李卓吾評選陶淵明集二卷**　〔晋〕陶潛撰　〔明〕李贄評

明刻本

一冊

半葉九行十九字，白口，四周單邊。版框 21.6×14.6 厘米

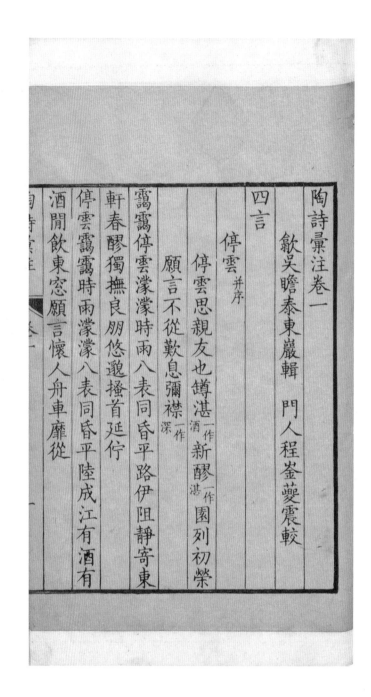

**陶詩彙註四卷首一卷末一卷** 〔清〕吴瞻泰輯　**論陶一卷** 〔清〕吴崧撰

清康熙四十四年（1705）程崟刻本

四册

半葉十行十九字，白口，四周單邊。版框 17.6×13.9 厘米

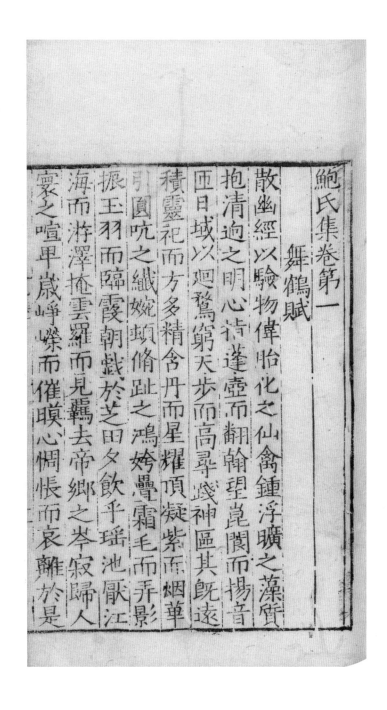

**鮑氏集八卷**　〔南朝宋〕鮑照撰

明嘉靖刻六朝詩集本

二册

半葉十行十八字，白口，左右雙邊。版框 17.9×12.8 厘米

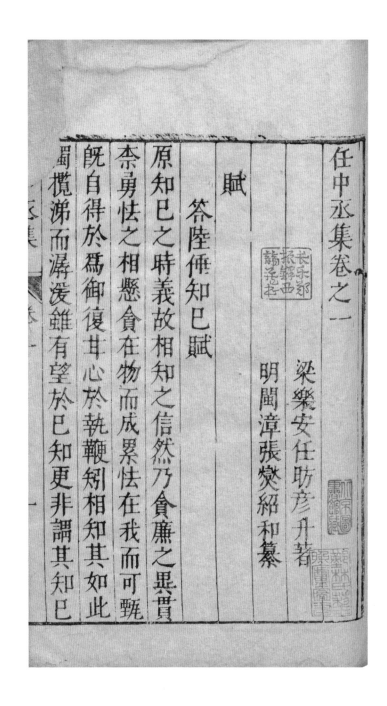

任中丞集卷之一

　　　　　　　　　　梁樂安任昉彥升著

賦　　　　　　　　　明閩漳張燮紹和纂

　答陸倕知己賦

原知己之時義故相知之信然乃貪廉之異貫
奈勇怯之相懸貪在物而成累怯在我而可甄
既自得於爲御復其心於執鞭剡相知其如此
屬攬涕而潺湲雖有望於己知更非謂其知己

---

**任中丞集六卷**　〔南朝梁〕任昉撰

明天啟崇禎間刻七十二家集本

三冊

半葉九行十八字，白口，左右雙邊。版框 20.4×14.6 厘米

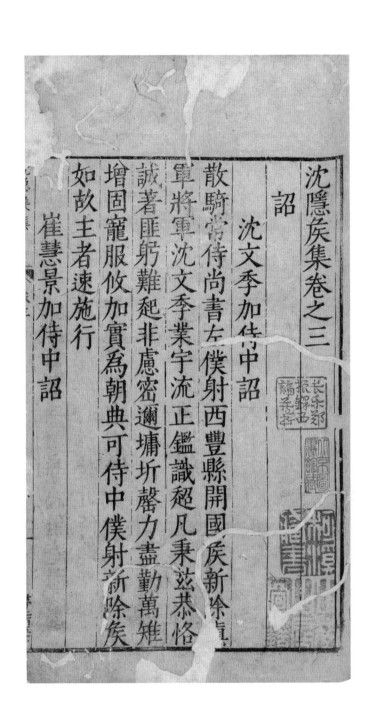

**沈隱侯集四卷**　〔南朝梁〕沈約撰　〔明〕沈啓原輯

明萬曆十三年（1585）沈啓原刻本

一冊　存一卷：三

半葉九行十八字，白口，左右雙邊。版框 20.5×13.4 厘米

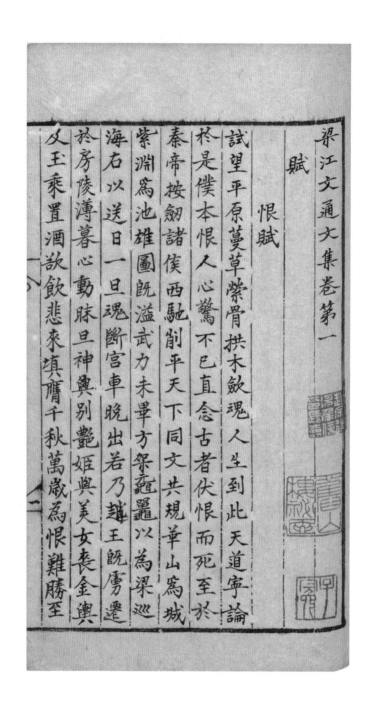

試望平原蔓草縈骨拱木歛魂人生到此天道寧論

於是僕本恨人心驚不已直念古者伏恨而死至於

秦帝按劒諸侯西馳削平天下同文共規華山為城

紫淵為池雄圖既溢武力未畢方架黿鼉以為梁巡

海右以送日一旦魂斷宮車晚出若乃趙王既虜遷

於房陵薄暮心動昧旦神興別艷姬與美女喪金輿

又王乘置酒欲飲悲來填膺千秋萬歲為恨難勝至

梁江文通文集卷第一

賦

恨賦

**梁江文通文集十卷** 〔南朝梁〕江淹撰

明抄本

四册

半葉十行二十字，黑格，白口，四周單邊。版框 19.7×13.1 厘米

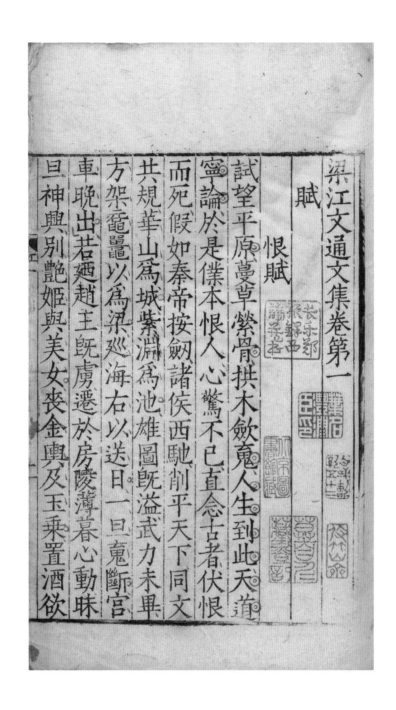

旦神與別艷姬與美女袋金與及玉乘置酒欲
車晩出若迺趙主既虜遷於房陵薄暮心動昧
方架黿鼉以爲梁巡海右以送日一旦寃斷宮
共規華山爲城紫淵爲池雄圖既溢武力未畢
而死假如奉帝按劎諸侯西馳削平天下同文
寧論於是僕本恨人心驚不已直念古者伏恨
試望平原蔓草縈骨拱木斂魂人生到此天道

恨賦

賦

梁江文通文集卷第一

**梁江文通文集十卷**　〔南朝梁〕江淹撰

明刻本

一册　存四卷：一至四

半葉十行十八字，白口，左右雙邊。版框 17.7×12.9 厘米

**江文通集四卷** 〔南朝梁〕江淹撰

明嘉靖刻六朝詩集本

二冊

半葉十行十八字，白口，左右雙邊。版框 18.1×12.9 厘米

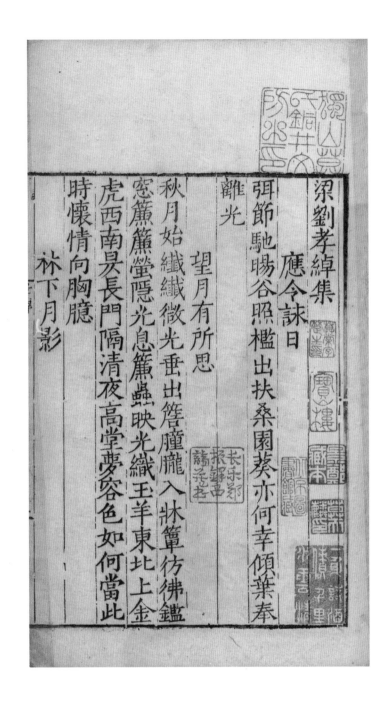

梁劉孝綽集一卷　〔南朝梁〕劉孝綽撰　梁劉孝威集一卷　〔南朝梁〕劉孝威撰

明嘉靖刻六朝詩集本

一冊

半葉十行十八字，白口，左右雙邊。版框 18.1×12.8 厘米

**梁陶貞白先生文集二卷** 〔南朝梁〕陶弘景撰 〔明〕黃省曾輯

明嘉靖三十一年（1552）蕭斯馨刻本 鄭振鐸跋

一冊 存一卷：二

半葉八行十六字，白口，四周單邊。版框 18.1×12.8 厘米

予銳意欲收六朝及唐人集惜入手
已泛所得無多不能重及斷
簡殘編此陶貞白文集雖
僅存下卷之重其為匡嶽山
人刻本故亦購之

從修綆堂購得

西諦　五五年十二月十七日

山陰后陳夕也

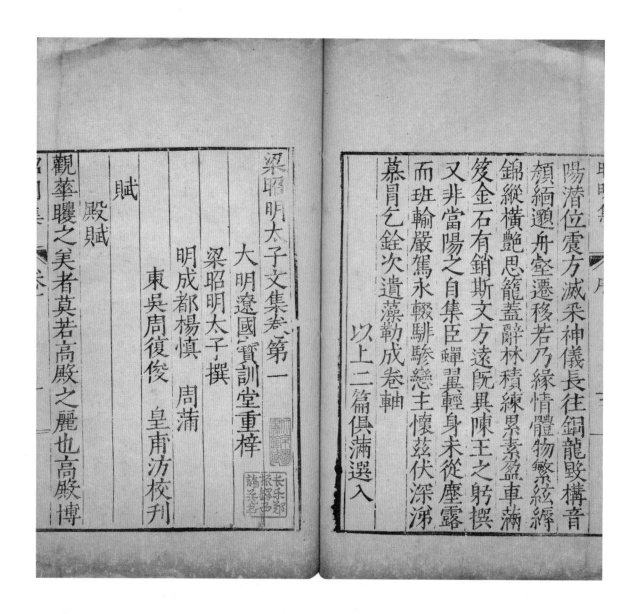

右半葉（右起）：

陽潛位震方滅采神儀長往銅龍毀構音
顏綃邐舟壑遷移若乃緣情體物繁絃縛
錦縱橫艷思籠蓋辭林積練累素盈車滿
笈金石有鎖斯文方遠阮異陳王之躬撰
又非當陽之自集臣懷輕身未從座露
而班輸嚴駕永輟騑驂戀主懷蒸伏深浹
慕冒乞銓次遺藻勒成卷軸　以上二篇俱滿選入

左半葉（右起）：

梁昭明太子文集卷第一
大明遼國寶訓堂重梓
梁昭明太子撰
明成都楊慎　周蒲
東吳周復俊　皇甫汸校刊

賦
殿賦
觀華曠之美者莫若高殿之麗也高殿博

梁昭明太子集五卷　〔南朝梁〕蕭統撰

明遼國寶訓堂刻本

三冊

半葉八行十六字，白口，左右雙邊。版框 18.6×12.9 厘米

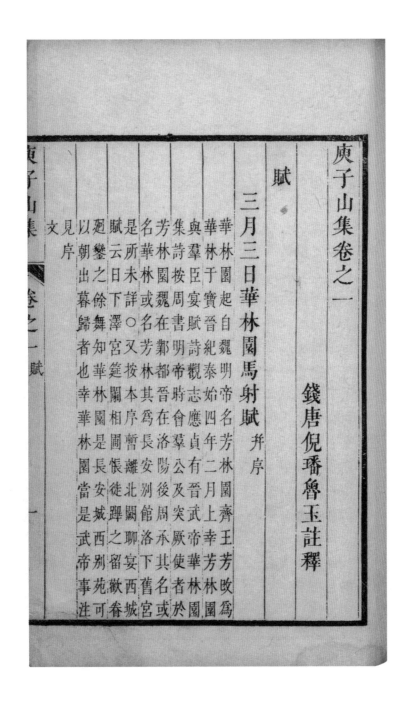

庾子山集卷之一

錢唐倪璠魯玉註釋

賦

三月三日華林園馬射賦　并序

華林園起自魏明帝　名芳林園　齊王芳改爲
華林園于寶晉紀泰始四年二月上幸華林園
與羣臣按周禮宴書賦詩觀時會應貞公及周庾承其舊名或
集詩按其序爲在長安別館洛下其名宮或
芳林園或名在鄴都晉爲在洛陽後周突厥使者於
名華林園雖暫離北關之聊宴西城
賦是所未詳○又按本序圖帳徙蹕之留歡眷城
迴鑾之日下澤知華林園長安城西
以朝出暮歸者也幸華林園當是武帝別苑注可
文見序

庾子山集　卷之一　賦　一

**庾子山集十六卷**　〔北周〕庾信撰　〔清〕倪璠註　**年譜一卷總釋一卷**　〔清〕倪璠撰

清康熙二十六年（1687）崇岫堂刻本

八冊

半葉十行二十字，小字雙行同，白口，左右雙邊。版框 20.4×14.4 厘米

T00295（14830）

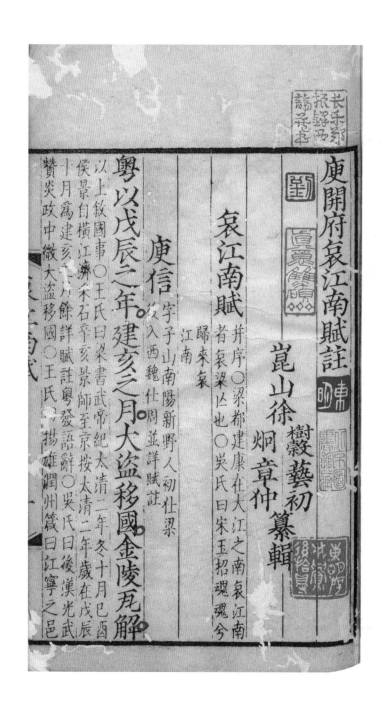

**庾開府哀江南賦註不分卷**　〔清〕徐樹穀、徐炯撰

清康熙刻本

一册

半葉九行十八字，小字雙行二十三字，白口，左右雙邊。版框 18.5×12.9 厘米

# 集

集部一——〇〇〇〇〇〇

唐五代別集類

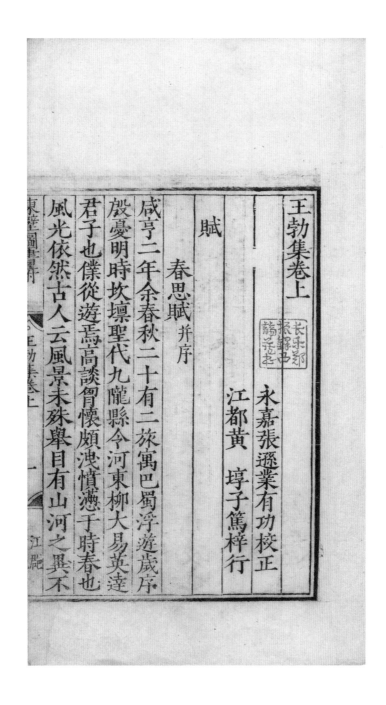

**十二家唐詩二十四卷**　〔明〕張遜業編

明嘉靖三十一年（1552）黃埻刻本

四冊　存四家八卷：王勃集二卷、楊炯集二卷、盧照鄰集二卷、駱賓王集二卷

半葉九行十九字，白口，四周雙邊。版框 18.1×13.2 厘米

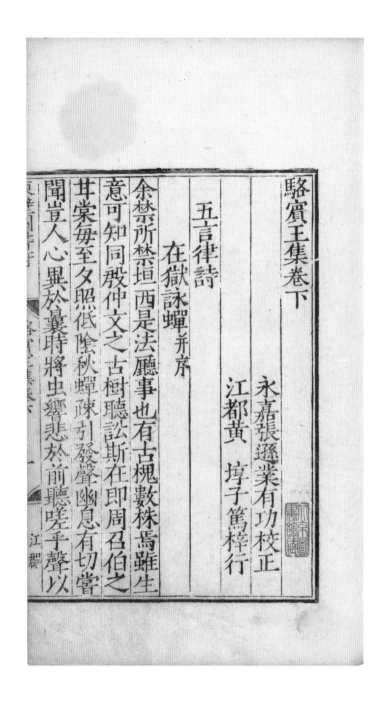

**駱賓王集二卷** 〔唐〕駱賓王撰

明嘉靖三十一年（1552）黃壿刻十二家唐詩本

一册　存一卷：下

半葉九行十九字，白口，四周雙邊。版框18.6×13.0厘米

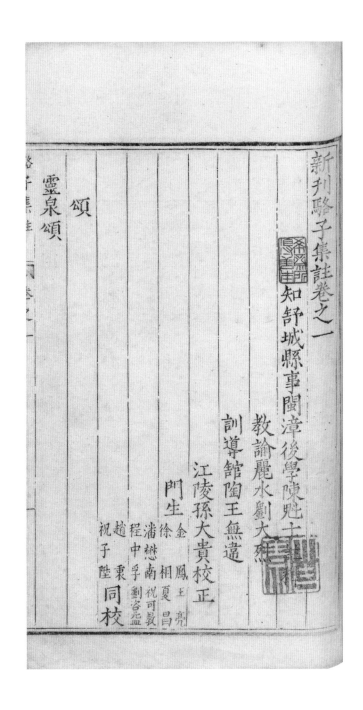

**新刊駱子集註四卷** 〔唐〕駱賓王撰 〔明〕陳魁士註

明萬曆七年（1579）劉大烈等刻本

四冊

半葉十行二十二字，小字雙行同，白口，四周雙邊。版框 23.3×15.9 厘米

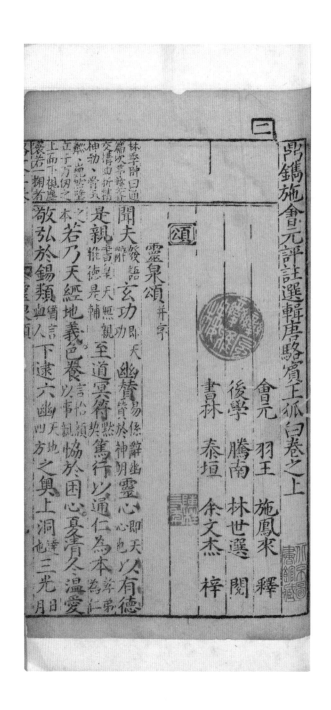

**鼎鐫施會元評註選輯唐駱賓王狐白三卷**　〔唐〕駱賓王撰　〔明〕施鳳來評註

明萬曆余文傑自新齋刻本

三冊

半葉十行二十一字，白口，四周單邊。眉欄鐫評。版框 20.1×12.5 厘米

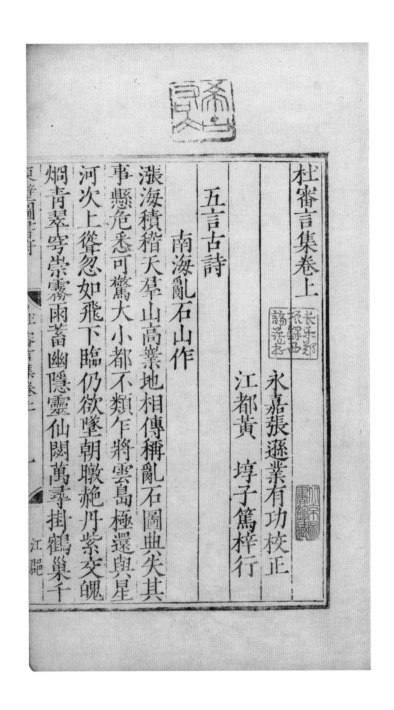

**杜審言集二卷** 〔唐〕杜審言撰

明嘉靖三十一年（1552）黃埻刻十二家唐詩本

一冊

半葉九行十九字，白口，四周雙邊。版框 19.2×13.1 厘米

**杜審言集二卷** 〔唐〕杜審言撰

明刻本

一册

半葉十行十八字，白口，左右雙邊。版框 17.4×12.9 厘米

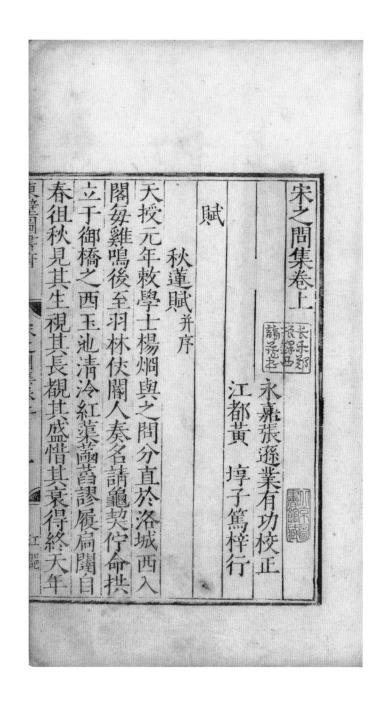

**宋之問集二卷**　〔唐〕宋之問撰

明嘉靖三十一年（1552）黃埻刻十二家唐詩本

二冊

半葉九行十九字，白口，四周雙邊。版框 18.6×13.0 厘米

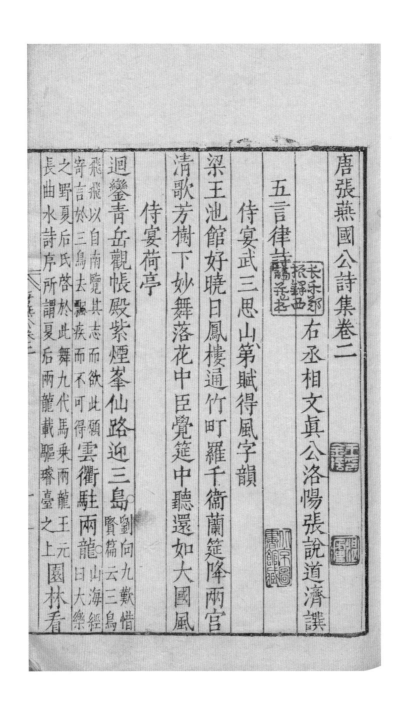

**唐張燕國公詩集二卷**　〔唐〕張說撰

明刻唐十二家集本

一冊　存一卷：二

半葉十行二十字，小字雙行同，白口，左右雙邊。版框 19.8×14.0 厘米

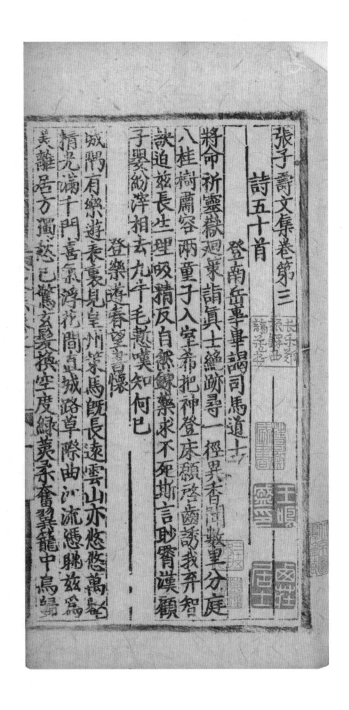

**張子壽文集二十二卷**　〔唐〕張九齡撰

明成化九年（1473）蘇韋華刻本

二册　存五卷：三至四、八至十

半葉十一行二十二字，黑口，四周雙邊。版框 22.7×14.6 厘米

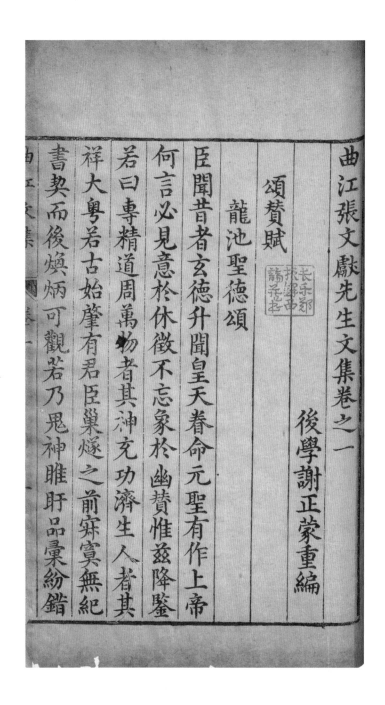

**曲江張文獻先生文集十二卷**　〔唐〕張九齡撰　**附録一卷**

明萬曆四十四年（1616）謝正蒙刻本

四册

半葉九行十八字，白口，四周單邊。版框 21.1×15.0 厘米

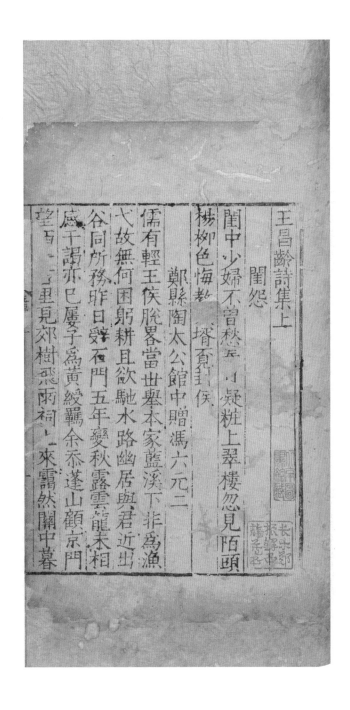

**王昌齡詩集三卷**　〔唐〕王昌齡撰

明刻本

一冊

半葉十行十八字，白口，左右雙邊。版框 16.7×13.2 厘米

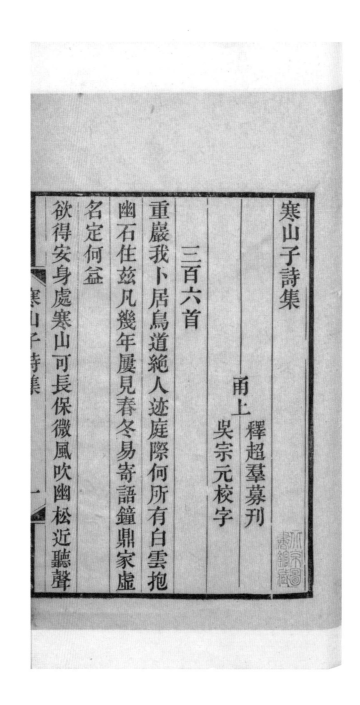

**寒山子詩集一卷** 〔唐〕釋寒山撰

清雍正刻本

二册

半葉八行十八字，黑口，左右雙邊。版框 17.4×12.2 厘米

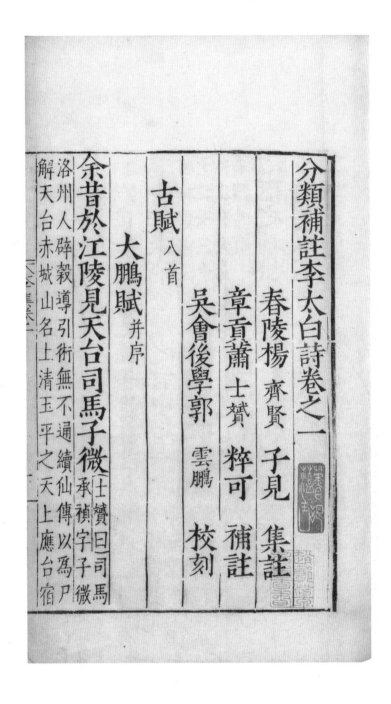

分類補註李太白詩卷之一

春陵楊　齊賢　子見　集註

章貢蕭　士贇　粹可　補註

吳會後學郭　雲鵬　校刻

古賦 入首

大鵬賦 并序

余昔於江陵見天台司馬子微〔士贇曰〕司馬
承禎字子微

洛州人辟穀導引術無不通續仙傳以爲尸
解天台赤城山名上清玉平之天上應台宿

分類補註李太白詩二十五卷　〔唐〕李白撰　〔宋〕楊齊賢集註　〔元〕蕭士贇補註　**分類編次**
李太白文五卷　〔唐〕李白撰

明嘉靖二十二年（1543）郭雲鵬寶善堂刻本

十二册

半葉八行十七字，小字雙行同，白口，左右雙邊。版框 20.3×18.7 厘米

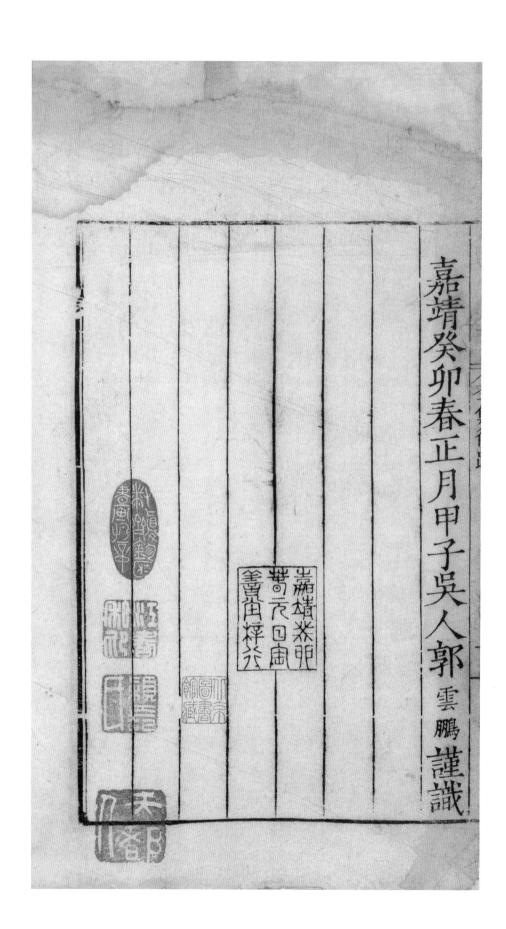

嘉靖癸卯春正月甲子吴人郭雲鵬謹識

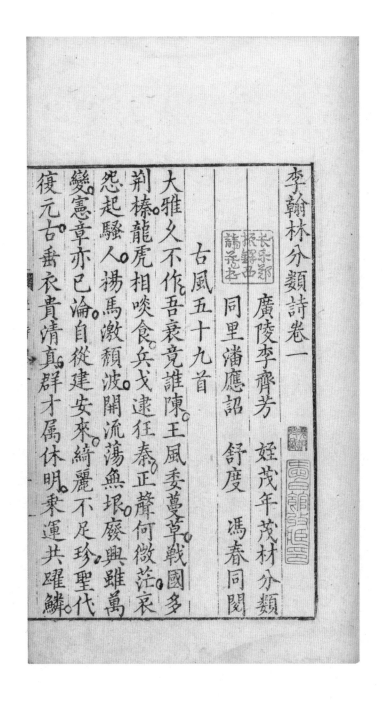

**李翰林分類詩八卷賦一卷**　〔唐〕李白撰　〔明〕李齊芳、李茂年等分類

明萬曆二年（1574）李齊芳、潘應詔刻李杜詩合刻本　鄭振鐸跋

六册

半葉九行十八字，白口，四周單邊。版框 18.4×12.5 厘米

李翰林分類詩八卷賦一卷明万
歷刻本甚精善諸家書目
皆未見昔錄一九五二年十二月
十日予得之北京帶經堂書肆彼
盖購於廣州者近來書書市大
盛故京賣紛々日出頗有好書可
見惟書价則日昂耳　西諦

九〇四五

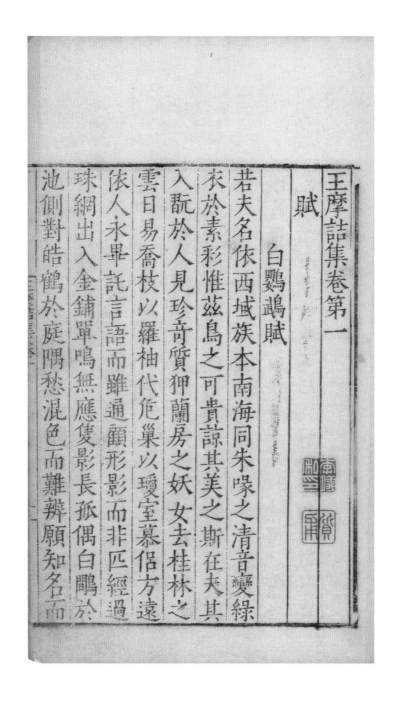

**王摩詰集十卷**　〔唐〕王維撰

明刻本

四冊

半葉十行十八字，白口，左右雙邊。版框 17.9×12.5 厘米

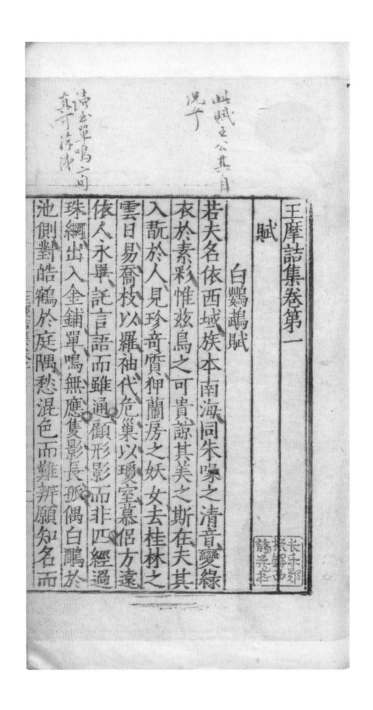

**王摩詰集六卷**　〔唐〕王維撰

明嘉靖十六年（1537）屠倬、陳鳳等刻王孟集本

三冊

半葉十行十八字，白口，左右雙邊。版框 17.2×12.7 厘米

越州陳　鶴　建平宗　訓
雲間張之象　暨陽沈翰卿
姑胥岳　岱　周天球　黃姬水
錫山姚　咨　王元勛
　　陳吉言　朱子雲
　尤見賢　華　弼　許應壁
顧起綸　成　瀟　錢鍾義
　　同校閱　陳泰階
歲丙辰中春上旬顧氏奇石清漣山院栞

類箋唐王石丞詩集卷之一
　　　唐　藍田　王維　誤
　　　宋　盧陵　劉辰翁　評
　　　明　勾吳　顧起經　註
五言古詩
四時
早春行
紫梅發初遍黃鳥歌猶澁誰家折楊女弄春如
不及愛水看糚坐羞人映花立香畏風吹散衣

奇字齋　　　　　　　　吳應龍著

類箋唐王右丞詩集十卷　〔唐〕王維撰　〔明〕顧起經註　文集四卷集外編一卷　〔唐〕王維撰　〔明〕顧起經輯　年譜一卷　〔明〕顧起經撰　唐諸家同詠集一卷贈題集一卷歷朝諸家評王右丞詩畫鈔一卷　〔明〕顧起經輯

明嘉靖三十五年（1556）顧氏奇字齋刻本　鄭振鐸跋

八冊

半葉九行十八字，小字雙行同，白口，左右雙邊。版框20.4×15.2厘米

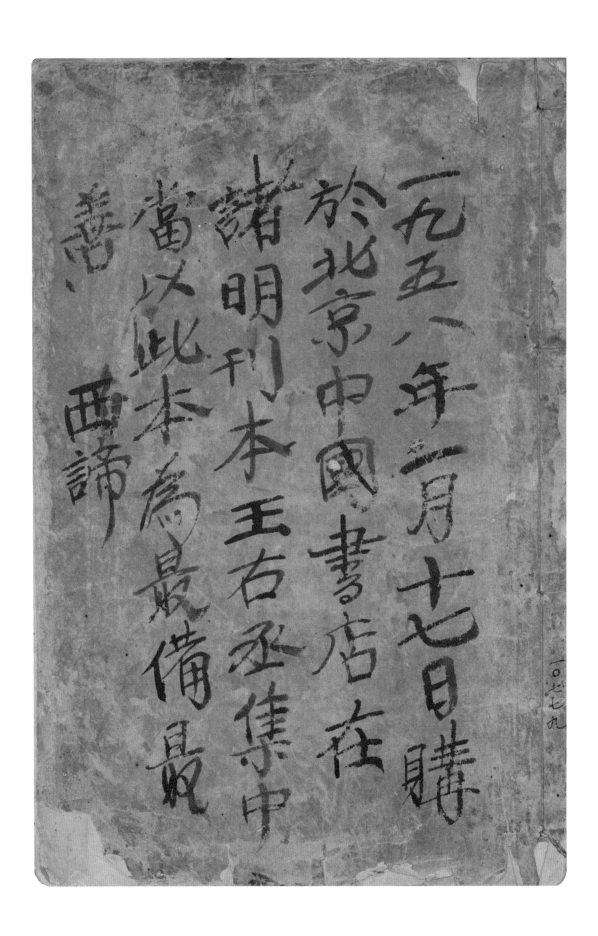

一九五八年一月十七日購
於北京中國書店在
諸明刊本王右丞集中
當以此本爲最備最
善。西諦

一〇七九

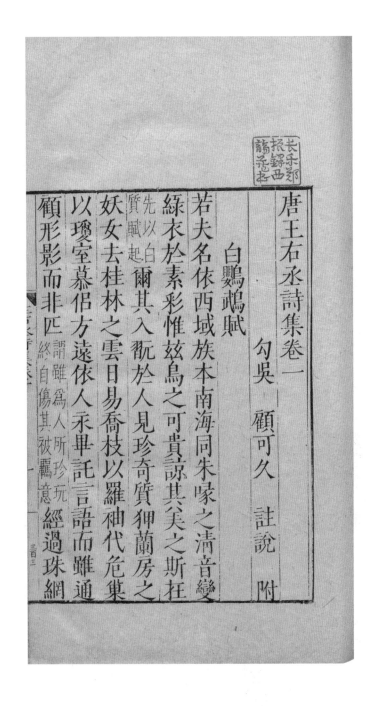

唐王右丞詩集卷一

勾吳　顧可久　註說　附

白鸚鵡賦

若夫名依西域族本南海同朱喙之清音變
綠衣於素彩惟茲鳥之可貴諒其美之斯扞
先以白　爾其入翫於人見珍奇質狎蘭房之
質賦起
妖女去桂林之雲日易喬枝以羅袖代危巢
以瓊室慕侶方遠依人永畢託言語而雖通
顧形影而非匹　　　　　　經過珠網
謂雖爲人所珍玩　終自傷其被羈意

唐王右丞詩集六卷　〔唐〕王維撰　〔明〕顧可久註

明萬曆十八年（1590）吳氏漱玉齋刻本

四册

半葉九行十七字，小字雙行同，白口，左右雙邊。版框 18.3×13.0 厘米

吴氏漱玉喬藏板

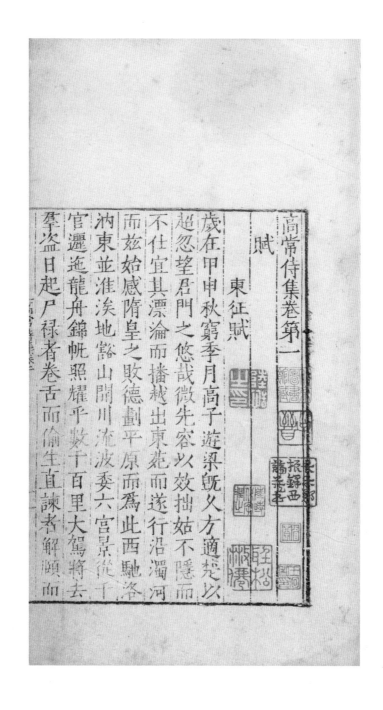

**高常侍集十卷** 〔唐〕高適撰

明刻本　鄭振鐸跋

二册

半葉十行十八字，白口，左右雙邊。版框 17.5×12.9 厘米

卷。每半頁十行，行十八字，與此本已同。開元德時曾
刻王、高、孟、岑四集，惜予僅得王、高二集，頗疑
此種十行十八字本盛唐人集，當不止是四家，且似
不限於盛唐一代。未嘗刻的唐百家詩集，亦是十行十八字。
疑均出於南宋的書棚本。未本有王昌齡、孟浩然三家，
卻無此詩刻本，是一大學問。非
廣搜異本、多集資料，不易有可靠的結論也。

一九五八年二月十八日燈下鄭振鐸記。

高適集，有明活字板本，凡八卷，有詩無文。又有
圖書府本，亦有詩二卷，以後翻刻張本的諸明刊十三
家詩像，許自昌楊一統所刻的也都是二卷本。四庫收的是
十卷的影宋本。於詩卷外，第九、十二卷是文，最
為完備。惜本有明已德嘉靖間覆宋刻本。曾在北京隆福寺修綆堂架
上，見有明正德嘉靖間覆宋刻本一部，亦是十卷，有
詩有文。一時及促，未及購，今天是夏曆戊戌年元旦，有
偕趙萬里君遊廠甸，偶憶及此書，因跋往修綆堂
取，已玄覽堂所偕唐人集，又多一善本矣。一九五七年
夏曾在藜玉堂取得一部明正德刻本王昌齡集，凡三

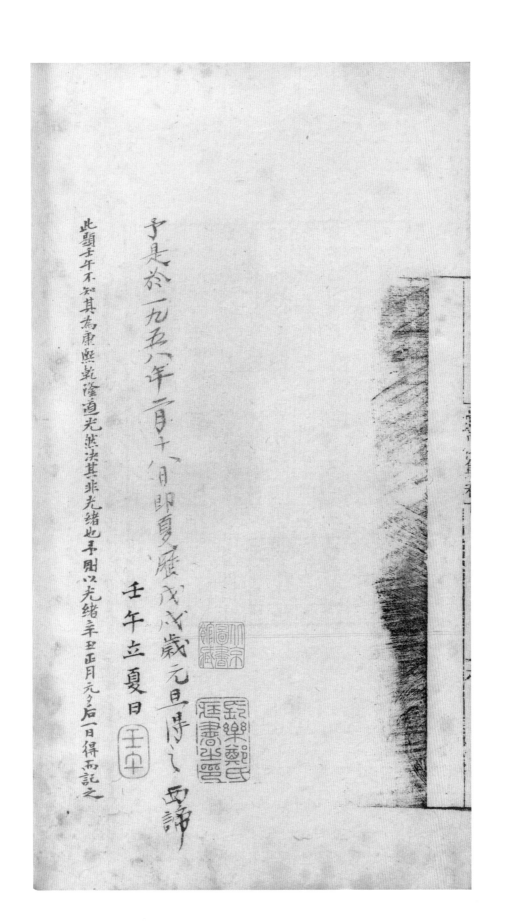

予是於一九五八年二月十八日即戊戌歲元旦得之西諦

壬午立夏日

此題壬午不知其為康熙乾隆道光然決其非光緒也予閱以光緒辛丑正月元夕後一日得而記之

**唐儲光羲詩集五卷**　〔唐〕儲光羲撰

明嘉靖二十九年（1550）蔣孝刻中唐十二家詩集本

一冊

半葉十行二十字，白口，左右雙邊。版框 19.5×14.1 厘米

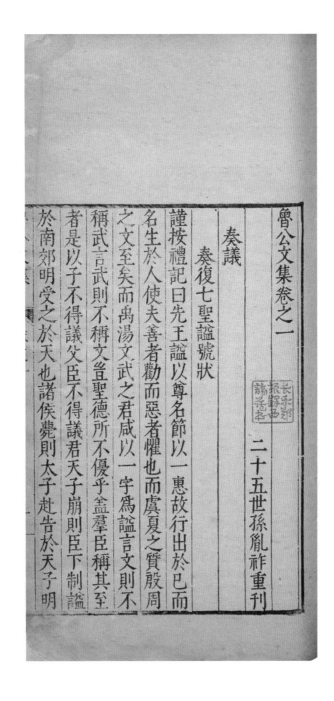

魯公文集卷之一　二十五世孫胤祚重刊

奏議

奏復七聖諡號狀

謹按禮記曰先王諡以尊名節以一惠故行出於己而名生於人使夫善者勸而惡者懼也而虞夏之質殷周之文至矣而禹湯文武之君咸以一字爲諡言文則不稱武言武則不稱文葢聖德所不優乎葢羣臣稱其至者是以子不得議父臣不得議君天子崩則臣下制諡於南郊明受之於天也諸侯薨則太子赴告於天子明

**魯公文集十五卷**　〔唐〕顏真卿撰

明萬曆二十四年（1596）顏胤祚刻本

四册

半葉十行二十一字，白口，左右雙邊。版框 20.9×14.5 厘米

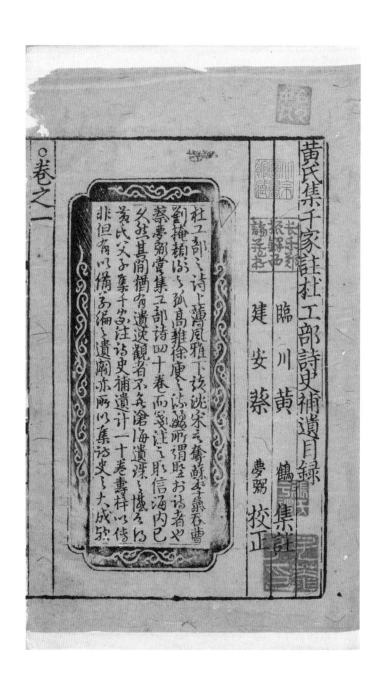

**黄氏集千家註杜工部詩史補遺十卷** 〔唐〕杜甫撰 〔宋〕黄鶴補註 **外集一卷** 〔宋〕蔡
夢弼會箋

元刻本

六册

半葉十二行二十字，註雙行二十五至二十六字，細黑口，左右雙邊。版框 19.6×13.9 厘米

黃氏集千家註杜工部詩史補遺卷之一

臨川黃鶴　　集註

建安蔡夢弼　校正

上元二年辛丑在成都公年五十歲

百憂集行

憶年十五心尚孩健如黃犢走復來庭前八月梨棗〔走莢也杜田云開元二年甲寅公生十五上元二年辛丑公五十歲〕熟一日上樹能千迴即今倏忽已五十〔或作即今倏忽已五六十倏忽矣〕坐臥只多少行立強將〔主人指郭英乂也英乂鎮成都甫客依之笑五十年少事也〕笑語供主人〔也甫老而客雜強笑語以陪主人公乎并笑五十年少事也〕悲見生涯百憂集入門依舊四壁空〔謂妻亦四壁成都家徒四壁立也老〕老妻覩我顏色同〔謂妻亦憂也〕癡兒未知父子禮叫怒索飯啼門東。

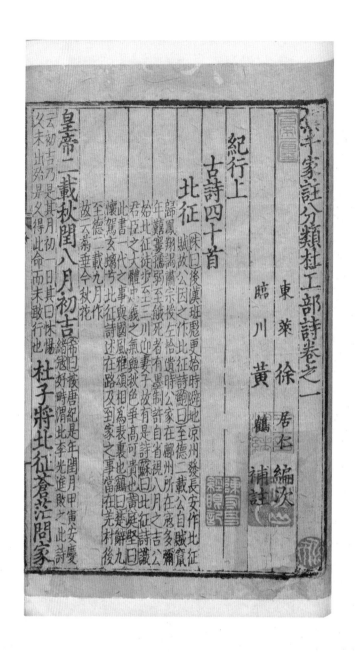

**集千家註分類杜工部詩二十五卷文集二卷**　〔唐〕杜甫撰　〔宋〕徐居仁編次　〔宋〕黃鶴補註

　　**年譜一卷**　〔宋〕黃鶴撰

元廣勤書堂刻本

十八冊

半葉十二行二十字，小字雙行二十六字，黑口，四周雙邊；文集半葉十二行二十三字；年譜半葉十三行

二十四字。版框 20.0×13.9 厘米

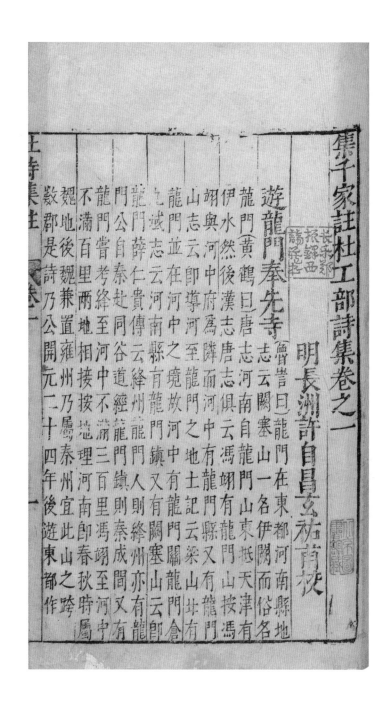

**集千家註杜工部詩集二十卷文集二卷**　〔唐〕杜甫撰　〔宋〕黃鶴補註

明萬曆三十年（1602）許自昌刻李杜全集本

八冊

半葉九行二十字，小字雙行同，白口，左右雙邊或四周單邊。版框 21.5×14.5 厘米

T00041（9081）

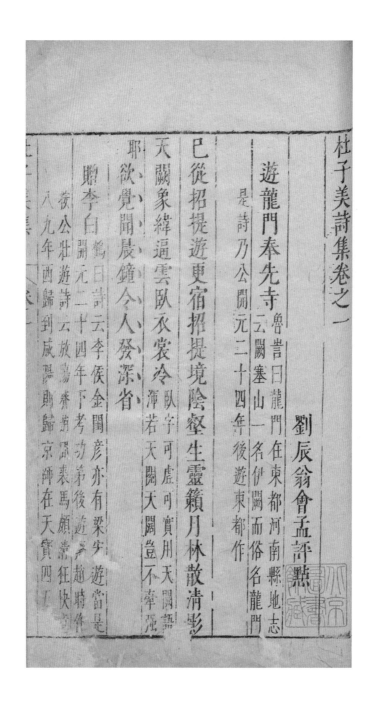

**杜子美詩集二十卷** 〔唐〕杜甫撰 〔宋〕劉辰翁評點

明天啓刻合刻宋劉須溪點校書九種本

十冊

半葉九行二十字，小字雙行同，白口，四周單邊。版框 20.8×13.7 厘米

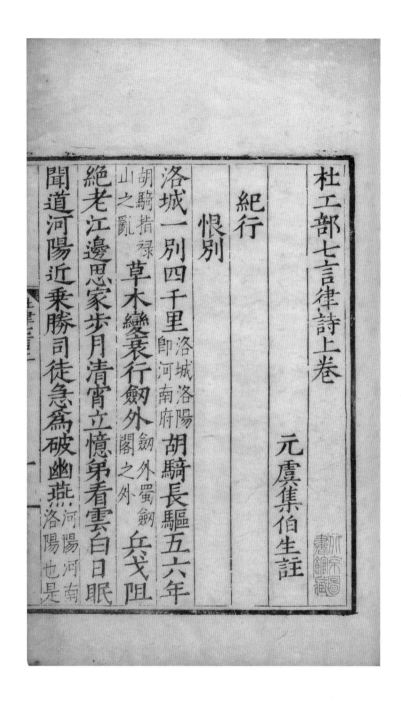

**杜工部七言律詩二卷**　〔唐〕杜甫撰　〔元〕虞集註

明朱熊刻本

一册　存一卷：上

半葉八行十八字，小字雙行同，白口，四周雙邊。版框 17.4×12.9 厘米

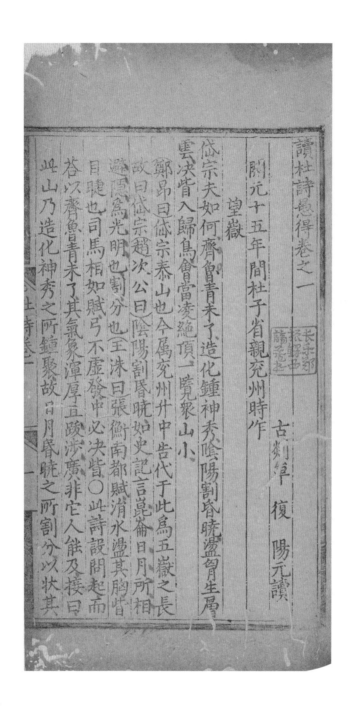

**讀杜詩愚得十八卷** 〔明〕單復撰

明天順元年（1457）宋熊梅月軒刻弘治十四年（1501）重修本

六册　存七卷：一、九至十、十五至十八

半葉十二行二十四字，黑口，四周雙邊。版框 22.7×14.2 厘米

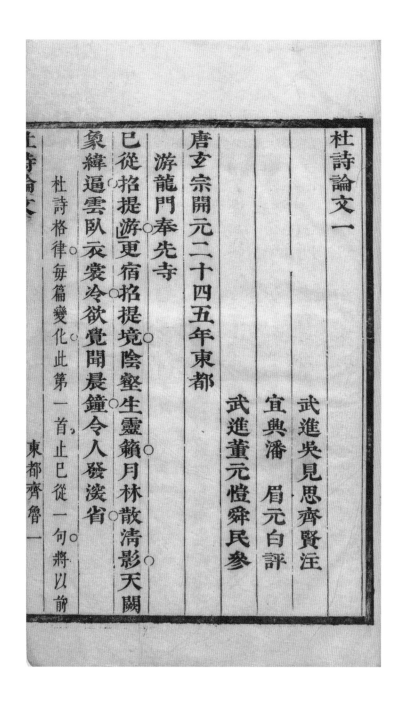

**杜詩論文五十六卷** 〔清〕吳見思撰　〔清〕潘眉評

清康熙十一年（1672）岱淵堂刻本

十二冊

半葉九行二十二字，小字雙行同，白口，左右雙邊。版框 20.3×14.5 厘米

杜詩瑣證

卷上

裴虬

公有湘江宴餞裴二端公赴道州詩又暮秋枉裴道州
手札率爾遣興又江閣對雨有懷行營裴二端公九家
集注不見裴名者以杜集中別有送裴二虬作尉永嘉
詩則其餘裴二之名虬可以不注耳吳曾能改齋漫錄
云鮑彪不注裴爲何人予偶讀蔣參政之奇武昌怡亭

溧陽史炳撰

杜詩瑣證　卷上　一

**杜詩瑣證二卷** 〔清〕史炳撰

清道光五年（1825）史氏句儉山房刻本

二册

半葉九行二十一字，白口，左右雙邊。版框 19.6×14.6 厘米

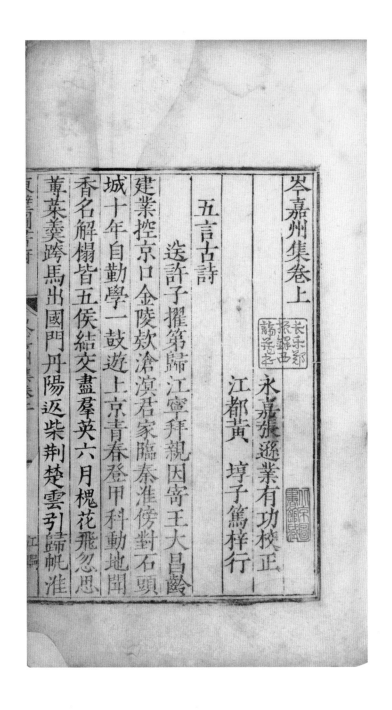

**岑嘉州集二卷** 〔唐〕岑參撰

明嘉靖三十一年（1552）黃埻刻十二家唐詩本

四冊

半葉九行十九字，白口，四周雙邊。版框 18.7×12.9 厘米

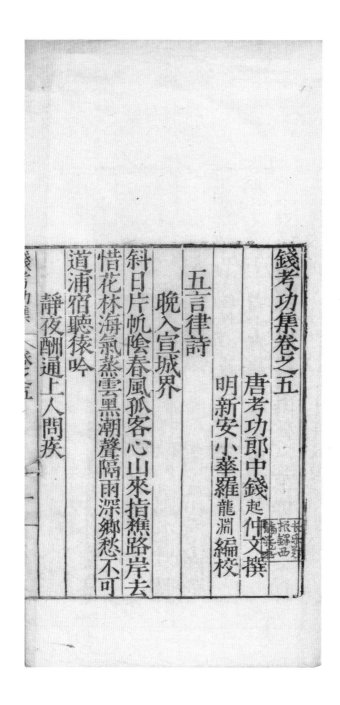

錢考功集卷之五

唐考功郎中錢起仲文撰

明新安小蕶羅龍淵編校

五言律詩

晚入宣城界

斜日片帆陰春風孤客心山來指樵路岸去
惜花林海氣燕春雲黑潮聲隔雨深鄉愁不可
道浦宿聽猿吟

靜夜酬通上人問疾

**錢考功集十卷** 〔唐〕錢起撰

明刻本

一冊　存三卷：五至七

半葉九行十七字，白口，左右雙邊。版框 17.3×13.9 厘米

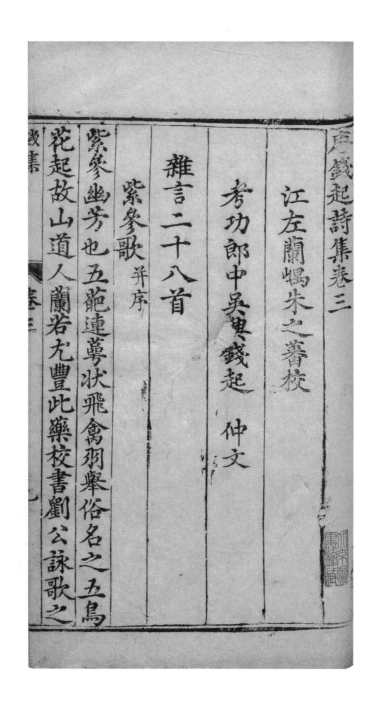

唐錢起詩集卷三

江左蘭偈朱之蕃校

考功郎中吳興錢起　仲文

雜言二十八首

紫參歌并序

紫參幽芳也五龍連蔓狀飛禽羽舉俗名之五鳥

花起故山道人蘭若尤豐此藥校書劉公詠歌之

錢集　　卷三　　　之

**唐錢起詩集十卷**　〔唐〕錢起撰

明刻本

一冊　存一卷：三

半葉七行十九字，白口，四周雙邊。版框 21.8×14.6 厘米

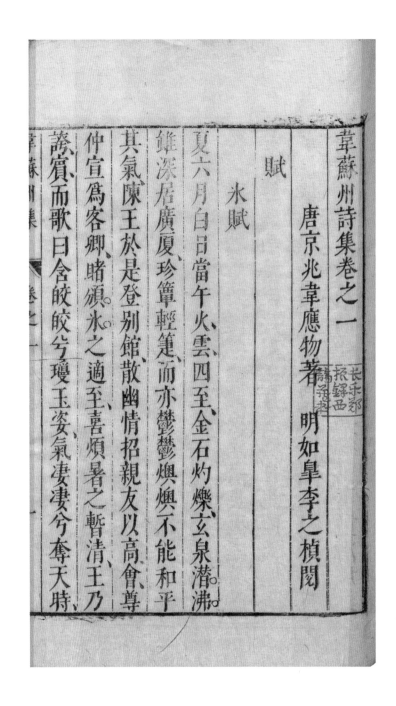

韋蘇州詩集十卷補遺一卷　〔唐〕韋應物撰

明刻本

二冊

半葉九行十九字，白口，四周單邊。版框 20.5×14.4 厘米

白樂天云蘇州歌行才麗之外頗近興諷其五言詩又高雅閒淡自
成一家體今之東坡筆者誰林及之云當蘇州在時人亦未甚愛重必
待身没然後貴之
蘇東坡云蘇李之天成曹劉之自得陶謝之超然皆
詩人絕出而千古不逮意獨韋應物柳子厚發纖濃於簡古寄至味
於澹泊非餘子所及迺

朱子語類云
韋蘇州詩去
一字做作真是
白在其氣象
近道意甚
愛之

韋蘇州詩高
于王維孟浩
然諸人中甚喜
聲色臭味也

韋蘇州集一卷

賦

冰賦

宋須溪劉辰翁批點　明石
宏道參評

夏六月白日當午火雲四至金石灼爍玄泉潛沸
雖深居廣廈珍簟輕箑而亦鬱鬱燠燠不能和平
其氣陳王於是登別館散幽情招親友以高會尊
仲宣爲客卿睹須冰之適至喜煩暑之暫清王乃
蔿賓而歌曰含皎皎兮瓊玉姿氣凄凄兮奪天時

**韋蘇州集五卷**　〔唐〕韋應物撰　〔宋〕劉辰翁批點　〔明〕袁宏道參評

明刻本

四冊

半葉九行十九字，白口，四周單邊。版框 20.7×14.3 厘米

迎神

吉日兮臨水沐青蘭兮白芷假山鬼兮請東
皇託靈均兮邀帝子吹參差兮正苦舞婆娑
兮末巳鸞旌圓蓋望欲來山雨霏霏江浪起
神既降兮我獨知自成冊拜爲陳詞

送神

神之去迴風嬋嬛雲容與桂樽瑤席不復陳
蒼山綠水暮愁人

残鸞百轉歌同王員外耿拾遺吉中

**司空曙集二卷**　〔唐〕司空曙撰

明銅活字印本

一册

半葉九行十七字，細黑口，左右雙邊。版框 19.1×12.8 厘米

杼山集卷第一

　　　　吳興釋皎然　清畫　撰

五言奉酬于中丞使君郡齋臥病見示

一首

宿昔祖師教了空無不可枯槁未死身理心寄
行坐仁公施春令和風來澤我生成一草木大
道無負荷論入空王室明月開心曾性起妙不
染心行寂無蹤若非禪中侶君為雷次崇比聞
朝端名令貽郡齋作真思凝瑤瑟高情屬雲鶴
扶得驪龍珠光彩曜掌握若作詩中友君為謝

杼山集十卷　〔唐〕釋皎然撰

明湖東精舍抄本

四册　存七卷：一至七

半葉十行十八字，黑格，白口，左右雙邊。版框 21.0×14.2 厘米

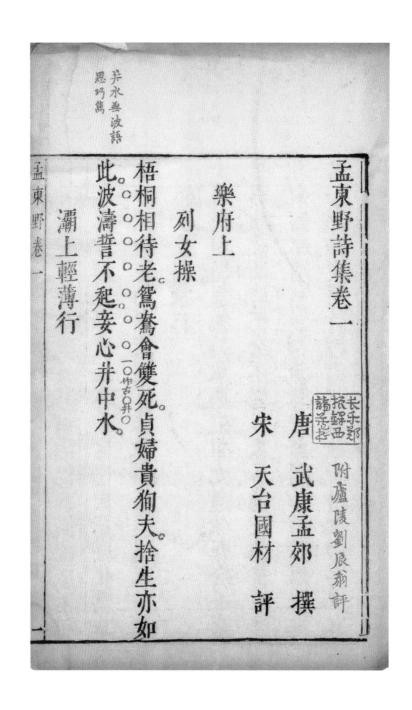

**孟東野詩集十卷**　〔唐〕孟郊撰　〔宋〕國材　〔宋〕劉辰翁評

明凌濛初刻朱墨套印本

二册

半葉八行十九字，白口，左右雙邊。版框 20.8×14.9 厘米

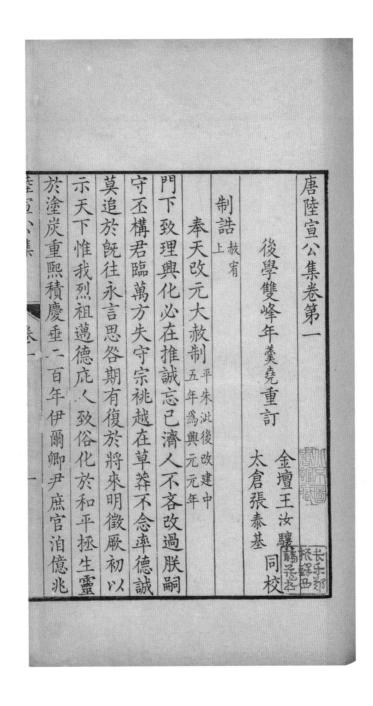

唐陸宣公集二十二卷　〔唐〕陸贄撰

清雍正元年（1723）年羹堯刻本

六冊

半葉十行二十字，白口，四周單邊。版框 19.1×13.9 厘米

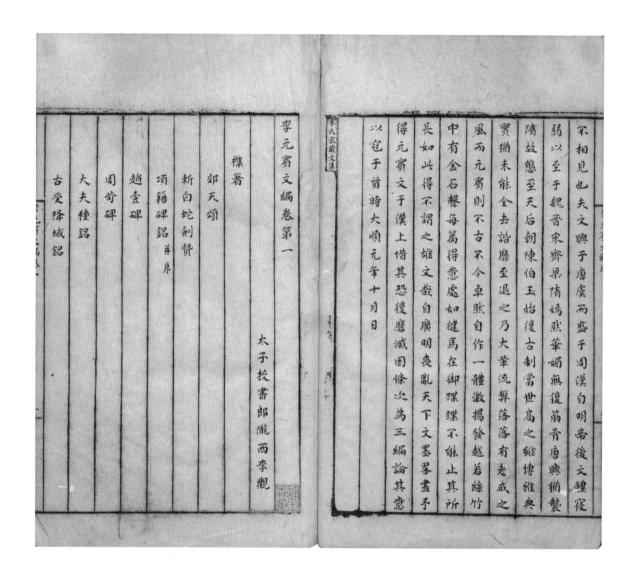

## 李元賓文編三卷　〔唐〕李觀撰

清抄本

一冊

半葉十行二十二字，黑格，白口，四周單邊。版框 20.1×13.8 厘米

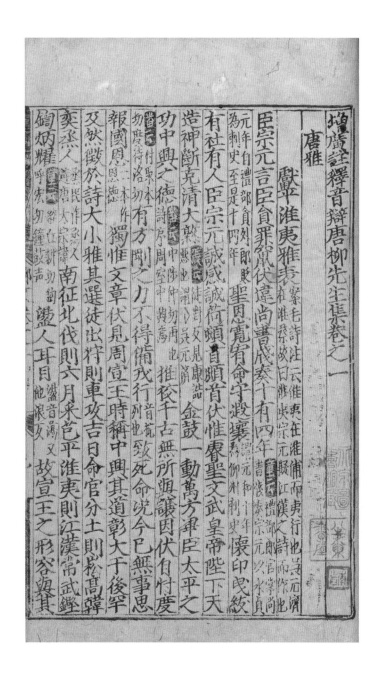

**增廣註釋音辯唐柳先生集四十三卷別集二卷外集二卷**　〔唐〕柳宗元撰　**朱文公校昌黎**
**先生文集四十卷外集十卷**　〔唐〕韓愈撰　〔宋〕朱熹考異　〔宋〕王伯大音釋

清刻本

三十六冊

半葉十三行二十三字，黑口，四周雙邊。版框 19.7×12.5 厘米

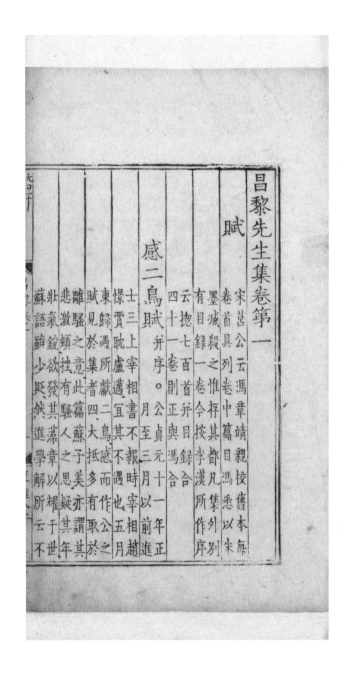

**昌黎先生集四十卷外集十卷遺文一卷** 〔唐〕韓愈撰 〔宋〕廖瑩中校正 **朱子校昌黎先生集傳一卷**

明徐氏東雅堂刻本

二十冊

半葉九行十七字，小字雙行同，細黑口，四周雙邊。版框 20.6×13.6 厘米

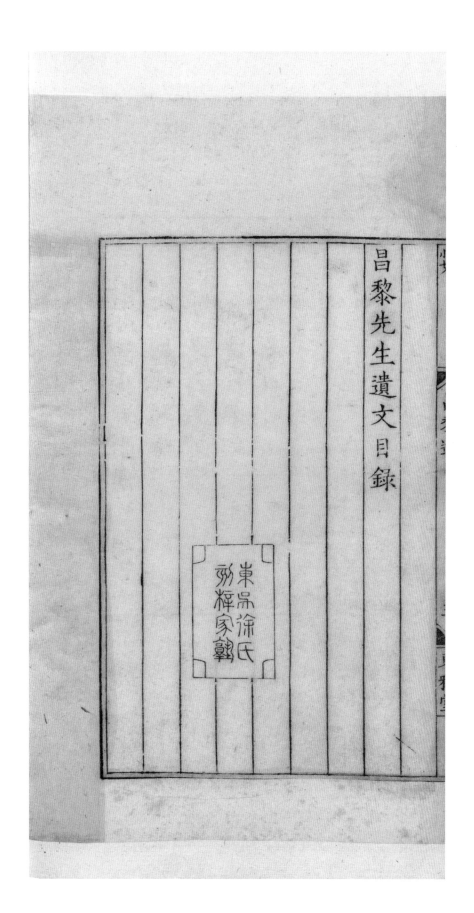

昌黎先生遺文目錄

東海徐氏　邵輝家藏

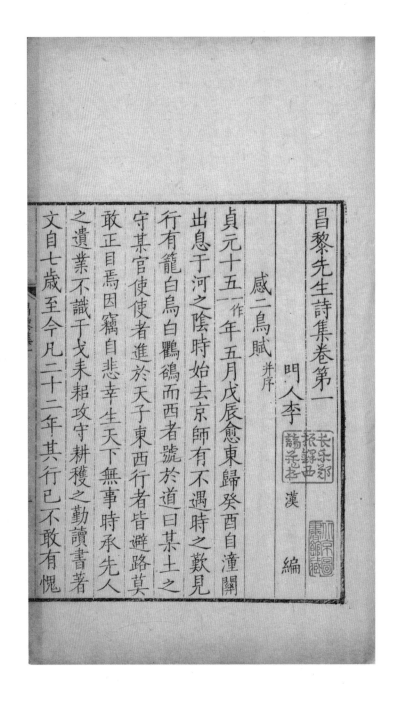

**昌黎先生詩集十卷外集一卷遺詩一卷**　〔唐〕韓愈撰

清康熙席氏琴川書屋刻唐詩百名家全集本

一册

半葉十行十八字，白口，左右雙邊。版框16.4×13.3厘米

峻清文玉絶瑕代工聲問遠攝事敬恭加皎潔

當天月葳蕤捧日霞唱妍酬匪一作麗俛仰但稱嗟

昌黎先生詩集卷第十

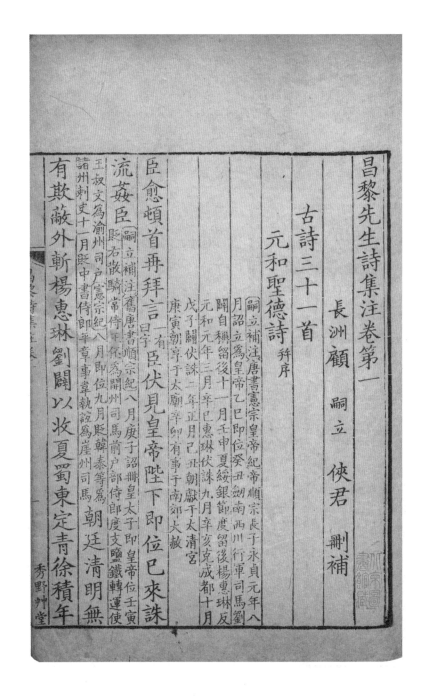

**昌黎先生詩集註十一卷** 〔唐〕韓愈撰 〔清〕顧嗣立刪補 **年譜一卷**

清康熙三十八年（1699）長洲顧氏秀野草堂刻本

六冊

半葉十一行二十字，小字雙行三十字，白口，左右雙邊。版框 19.4×15.1 厘米

T02191（14831）

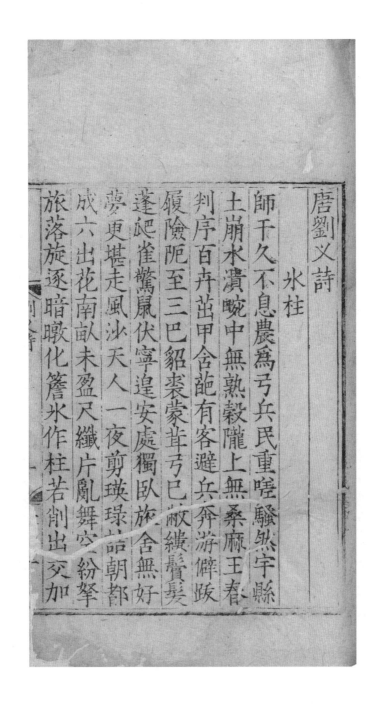

唐劉义詩

水柱

師干久不息農爲弓兵民重嗟驟然宇縣
土崩水潰畹中無熟穀隴上無桑麻王春
判序百卉茁甲舍皰有容避兵奔游僻跂
覆險陁至三巴貂裘蒙茸弓已収繼鬖髪
蓬秕雀驚鼠伏寧遑安處獨臥旅舍無好
夢更堪走風沙天人一夜剪瑛瑤璩峕朝都
成六出花南畝未盈尺纖片亂舞空紛挐
旅落旋逐暗暾化篝氷作柱若削出夾加

**唐劉义詩一卷** 〔唐〕劉义撰

明正德七年（1512）黃省曾長庚堂刻本

一册

半葉十行十六字，白口，四周雙邊。版框 17.2×12.9 厘米

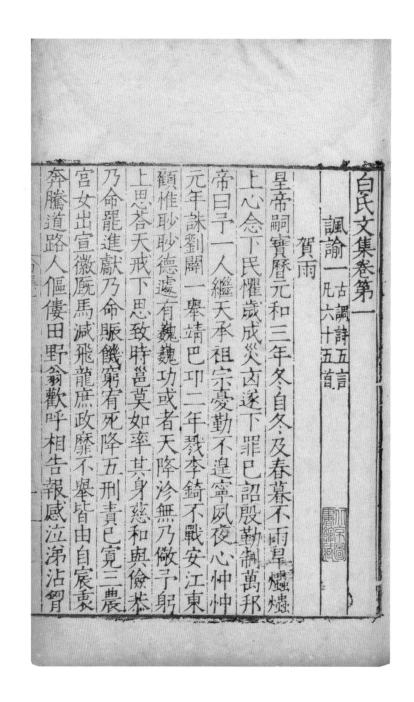

白氏文集卷第一

諷諭一　古調詩五言

凡六十五首

賀雨

皇帝嗣寶曆元和三年冬自冬及春暮不雨旱燲燲
上心念下民懼歲成災囚遂下罪已詔殷勤制萬邦
帝曰予一人繼天承祖宗憂勤不遑寧夙夜心忡忡
元年誅劉闢二年翦李錡不戰安江東
顧惟眇眇德遽有巍魏功或者天降沴無乃微予躬
上思荅天戒下思致時邕莫如率其身慈和與儉恭
乃命罷進獻乃命賑饑窮有死降五刑責已寬三農
宮女出宣徽厩馬減飛龍庶政靡不舉皆由自宸衷
奔騰道路人傴僂田野翁歡呼相告報感泣涕沾胷

**白氏文集七十一卷**　〔唐〕白居易撰

明嘉靖十七年（1538）伍忠光龍池草堂刻錢應龍重修本

二十冊

半葉十二行二十字，小字雙行同，白口，左右雙邊。版框 19.2×15.4 厘米

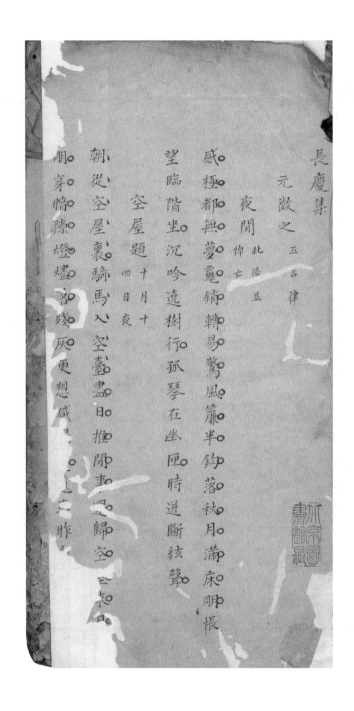

長慶集

元微之 五言律

夜閒 悼亡 此後並

感極都無夢　意銷轉易驚風簾半鈎落秋月滿床明辰

望臨階坐沉吟遠樹行孤琴在幽匣時逝斷絃聲

空屋題 十月十四日夜

朝從空屋裏騎馬入空臺盡日摧閒事歸空到忽見

明穿牗隙燈燼落殘灰更想咸昨

**長慶集不分卷**　佚名輯

清抄本　清陳照臨跋

二冊

半葉八行二十一字，無欄格

白樂天先生文抄上卷　　　　　　後學古剡李春榮抄

賦四首

動靜交相養賦 并序

居易常見今之立身從事者有失於動有失於靜由斯
動靜俱不得其時與理也因述其所以然用自儆導命
曰動靜交相養賦云

天地有常道萬物有常性道不可以終靜濟之以動性
不可以終動濟之以靜養之則兩全而交利不養之則
兩傷而交病故聖人取諸震以發身受諸復而知命所

**白樂天先生文抄二卷**　〔唐〕白居易撰　〔明〕李春榮輯

明萬曆三十七年（1609）李春榮刻白蘇文抄本

四冊

半葉十行二十一字，白口，左右雙邊。版框 20.9×14.8 厘米

T02208（10818）

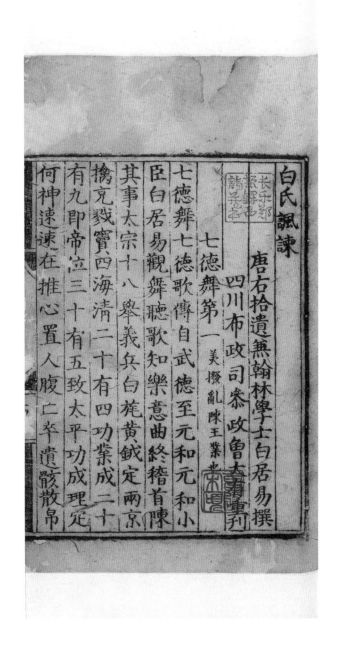

白氏諷諫一卷　〔唐〕白居易撰

明曾大有刻本

一册

半葉十行十六字，黑口，四周雙邊。版框 17.0×12.7 厘米

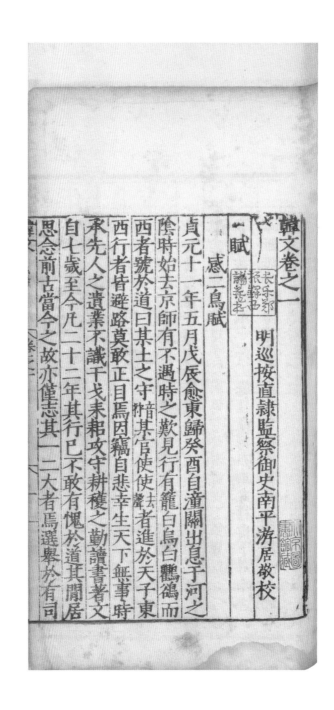

**韓文四十卷外集十卷遺集一卷** 〔唐〕韓愈撰　**集傳一卷　柳文四十三卷別集二卷外集二卷** 〔唐〕柳宗元撰　**附録一卷**

韓文：明嘉靖十六年（1537）游居敬刻本；柳文：明嘉靖三十五年（1556）莫如士刻本

二十四冊

半葉十一行二十二字，白口，左右雙邊。版框18.9×13.4厘米（韓文），18.1×13.3厘米（柳文）

河東先生集卷第一

雅詩歌曲

獻平淮夷雅表一首按詩宣

平淮夷雅注云元和十二年命召公興

而夷行也元和十二年命召公興

西平公凝江西漢碑之在淮蔡故曰與韓

蓋公長云平淮西韓愈之詩而作淮夷

文長云韓元和聖德時作先儒與韓

伯能辛然皆唐嚴洙義偉以謂

經章之類聲德必盛韓文不封建

雅能云論柳文德皆制速表如

談藪之所無淮西者雅漢穆柳

論退讓之所無淮西者

臣宗元言臣負罪竄伏違尚書幾奏十有四

---

**河東先生集四十五卷外集二卷龍城録二卷** 〔唐〕柳宗元撰　〔宋〕廖瑩中校正　**附録二卷**
**傳一卷**

明郭雲鵬濟美堂刻本

二十八册

半葉九行十七字，小字雙行同，細黑口，四周雙邊。版框 20.2×13.6 厘米

17005（14994）

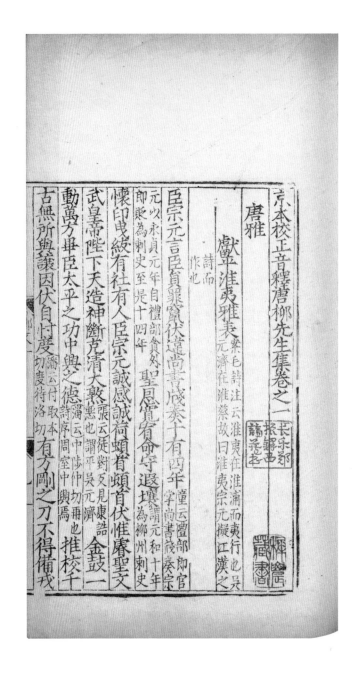

**京本校正音釋唐柳先生集四十三卷別集一卷外集一卷**　〔唐〕柳宗元撰　〔宋〕童宗説音註

　　〔宋〕張敦頤音辯　〔宋〕潘緯音義　**附錄一卷**

明刻本

八册

半葉十行二十四字，白口，四周雙邊。版框 19.0×12.9 厘米

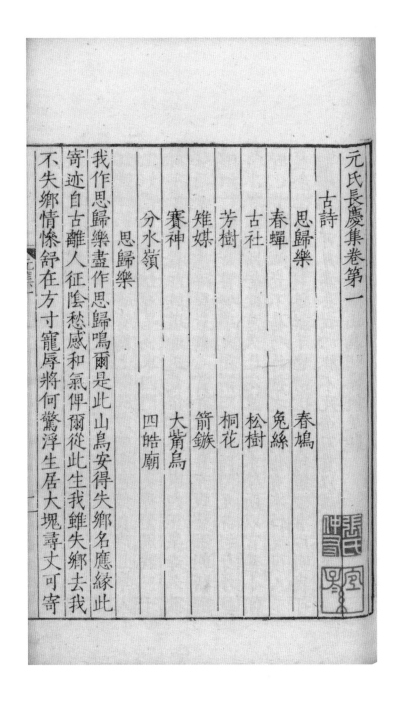

**元氏長慶集六十卷集外文章一卷** 〔唐〕元稹撰

明嘉靖三十一年（1552）董氏茭門別墅刻本

四冊

半葉十三行二十三字，白口，左右雙邊。版框 20.8×15.7 厘米

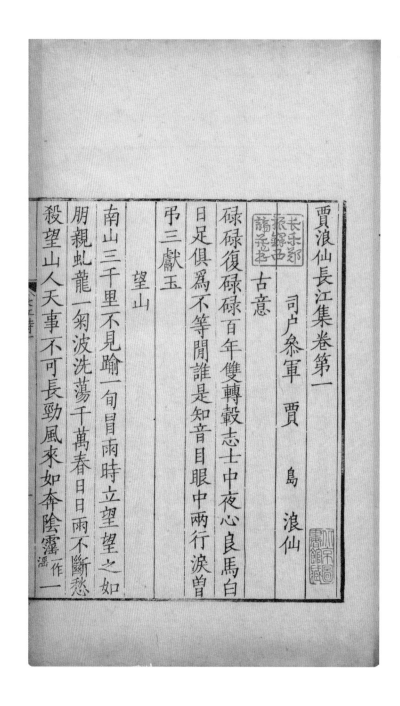

**賈浪仙長江集十卷**　〔唐〕賈島撰

清康熙席氏琴川書屋刻唐詩百名家全集本

一冊

半葉十行十八字，白口，左右雙邊。版框 16.7×13.5 厘米

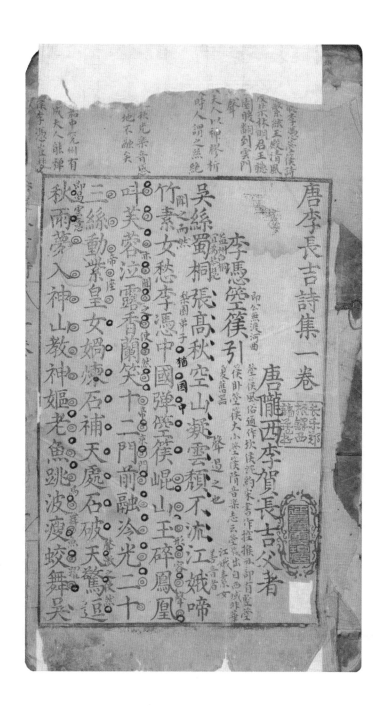

**唐李長吉詩集四卷**　〔唐〕李賀撰

明弘治十五年（1502）劉廷瓚刻本

一冊

半葉八行十七字，白口，四周單邊，無直格。版框 21.1×13.7 厘米

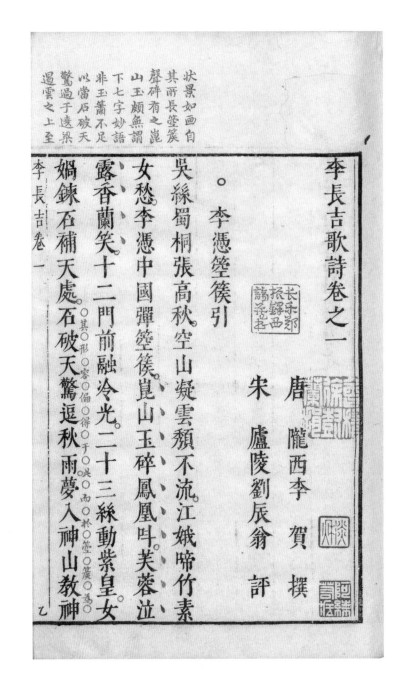

李長吉歌詩卷之一

　　　　　　　唐　隴西李　賀　撰

　　　　　　　宋　廬陵劉辰翁　評

李憑箜篌引

。

吳絲蜀桐張高秋。空山凝雲頹不流。江娥啼竹素
女愁李憑中國彈箜篌。崑山玉碎鳳凰叫。芙蓉泣
露香蘭笑十二門前融冷光二十三絲動紫皇。女
媧鍊石補天處。石破天驚逗秋雨夢入神山教神

狀景如畫自
其兩所長箜篌
聲碎有之崑
山玉顏無謂
下七字妙語
非玉簫不足
以當石破天
驚過于遠吳
過雲之上至

○其○形○容○偏○得○于○吳○兩○抔○箜○篌○為○

乙

**李長吉歌詩四卷外詩集一卷**　〔唐〕李賀撰　〔宋〕劉辰翁評

明凌濛初刻朱墨套印本

四冊

半葉八行十九字，白口，左右雙邊。版框 20.6×15.0 厘米

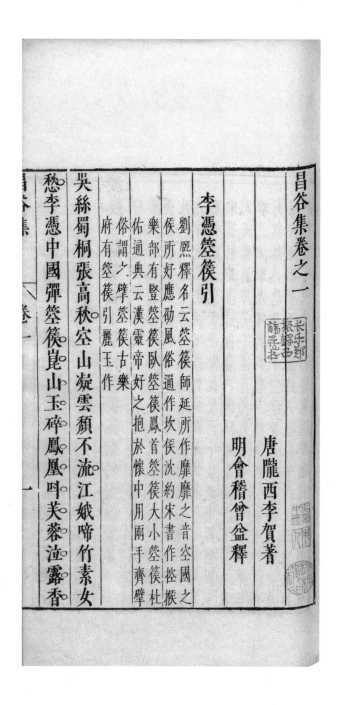

昌谷集卷之一

唐隴西李賀著

明會稽曾益釋

李憑箜篌引

劉熙釋名云箜篌師延所作靡靡之音空國之
侯所好應劭風俗通作坎侯沈約宋書作㧖捄
樂部有豎箜篌臥箜篌鳳首箜篌大小箜篌杜
佑通典云漢靈帝好之抱於懷中用兩手齊擘
俗謂之擘箜篌古樂府有箜篌引麗玉作

吳絲蜀桐張高秋空山凝雲頹不流江娥啼竹素女
愁李憑中國彈箜篌崑山玉碎鳳凰叫芙蓉泣露香

昌谷集　卷一　　　一

**昌谷集四卷** 〔唐〕李賀撰　〔明〕曾益釋

明末刻本　鄭振鐸跋

四册

半葉九行二十字，白口，四周單邊。版框 21.8×13.7 厘米

李長吉詩想像奇放奇語疊見世人苦枯澀者

讀長吉詩便知天才詩人是如何的文思沛旺

像長江大河之孕哥竭恐其遣辭用字又是

如何的破天心揭地照凡宇宙間物無不

可捉入詩里而為之盡忠肆力予非詩

人而素喜長吉詩今得益釋本紙墨

精究其足怡悅復增誦吟之趣矣

一九五六年十一月八日西諦

**李長吉昌谷集句解定本四卷**　〔唐〕李賀撰　〔清〕姚佺箋　〔清〕陳愫、丘象隨辯註

清初丘象隨西軒刻本

四册

半葉九行二十字，小字雙行同，白口，四周單邊。版框 20.6×13.4 厘米

李長吉昌谷集句解定本卷之一

辱菴姚　佺山期箋閱

積公丘象升曙戒　同評

廣陽蔣文運玄尾

西軒丘象隨季貞薦註

○○○李憑箜篌引

[丘]曾益云箜篌風俗通作坎侯沈約宋書作空侯樂部有豎箜篌卧箜篌大小箜篌杜佑通典云漢靈帝好之抱之于懷中用兩手齊擘俗謂之擘箜篌而吾鄉箜篌似瑟而小但首尾刻如猴狀虛其中下以兩架承之用兩手撥彈即卧箜篌也與豎箜篌植抱而彈者異登箜篌又空猴之誤與并議湯公右君考三才圖會器用圖箜篌

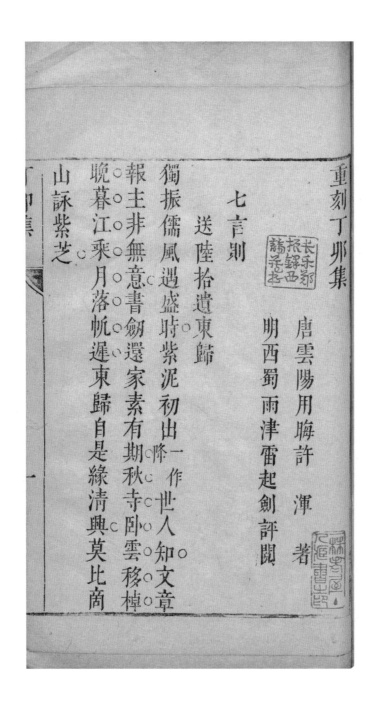

**重刻丁卯集二卷**　〔唐〕許渾撰　〔明〕雷起劍評

清順治十三年（1656）刻本

四冊

半葉九行十八字，白口，四周單邊，無直格。版框 19.1×14.2 厘米

樊川文集第一

中書舍人杜牧字牧之

阿房宮賦

六王畢四海一蜀山兀阿房出覆壓三百餘里
隔離天日驪山北構而西折直走咸陽二川溶
溶流入宮牆五步一樓十步一閣廊腰縵廻
簷牙高啄各抱地勢鉤心鬭角盤盤焉囷囷焉
蜂房水渦矗不知乎幾千萬落長橋卧波未
雲何龍複道行空不霽何虹高低冥迷不知東
西歌臺暖響春光融融舞殿冷袖風雨凄凄一

**樊川文集二十卷外集一卷別集一卷**　〔唐〕杜牧撰

明刻本

十二冊

半葉十行十八字，白口，左右雙邊。版框 19.0×13.2 厘米

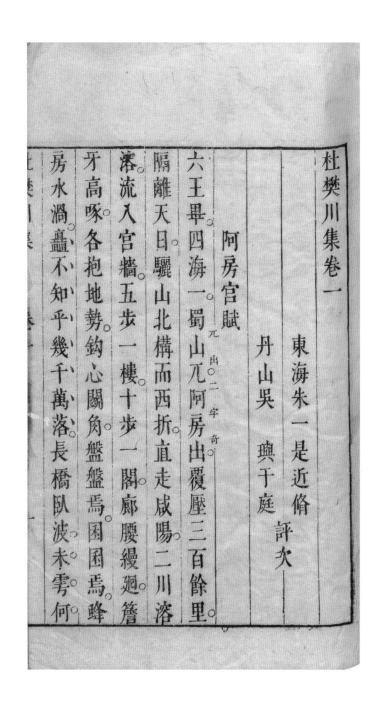

杜樊川集卷一

　　　　東海朱一是近脩

　　　丹山吳　璵干庭　評次

阿房宮賦

六王畢四海一蜀山兀阿房出覆壓三百餘里<sub>兀出二字奇</sub>

隔離天日驪山北構而西折直走咸陽二川溶

溶流入宮牆五步一樓十步一閣廊腰縵迴簷

牙高啄各抱地勢鈎心鬬角盤盤焉囷囷焉蜂

房水渦矗不知乎幾千萬落長橋臥波未雲何

**杜樊川集十七卷**　〔唐〕杜牧撰　〔明〕朱一是、吳璵評

明末吳氏西爽堂刻本

四册

半葉九行十八字，白口，四周單邊。版框 20.1×13.9 厘米

16801（14846）

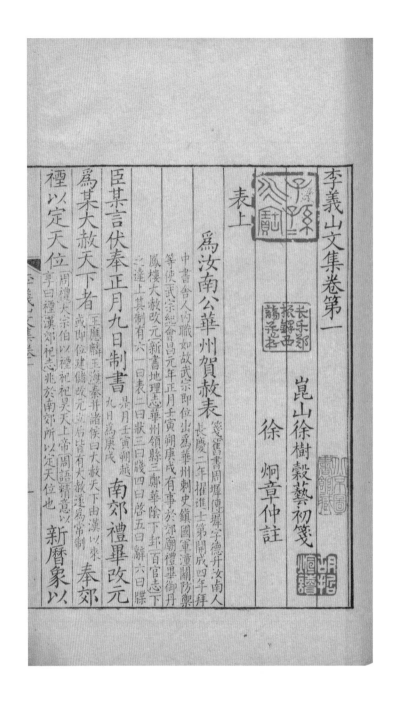

**李義山文集十卷**　〔唐〕李商隱撰　〔清〕徐樹穀箋　〔清〕徐炯註

清康熙四十七年（1708）徐氏花谿草堂刻本

四册

半葉十行二十一字，小字雙行三十一字，白口，左右雙邊。版框 19.4×14.7 厘米

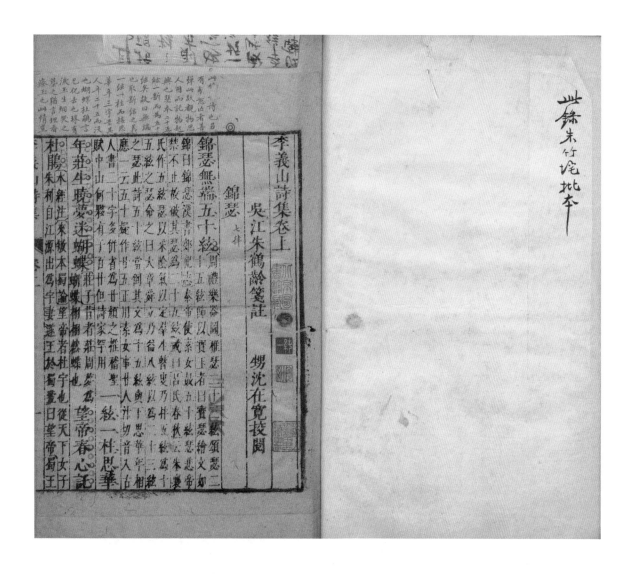

**李義山詩集三卷**　〔唐〕李商隱撰　〔清〕朱鶴齡箋註

清初金陵葉永茹萬卷樓刻本　佚名録朱彝尊批點

六册

半葉十行二十一字，小字雙行同，白口，左右雙邊。版框 18.5×14.3 厘米

江南門云樓舊房書義山住宅不進一坏壞绿身則錦瑟乃芸以官燒書幽
卒終琴琵故破於于五絃世所用於六十五絃之琴西此乃為五十絃之古製不名將面
成此平學有此文章一乙二尽不解女故巳無辨狷言無辨如自顧颠霸老大一絃
一柱蓋已半之平矣歧萼渝力年時本義山早負十名燈筆人任都
如一夢書心有杜汕世世志消歌乃望帝之化社鵑已成酒珠在沧海
則有遺珠之嘆惟見月照空淚也煙此玉之糟氣玉雖不死人棕雨日中
之精氣自在追憶此如之人即追憶世可漤共獨言如債物世哭抖当將
拊瑣在亡惆然無所適尽言滄世待雖可自信而印今渝临庄子嘆
耳诗中唯雲峯無涉役衆解終行似此無当

年莊生曉慶迷蝴蝶（莊子書莊周夢為胡蝶也
胡蝶杜鵑言望帝春心記
杜鵑朱利自江源出為宇妻遂王於蜀覽日望帝蜀王
木絰注來敬本蜀論望帝者杜宇也從天下女子
望帝春心記

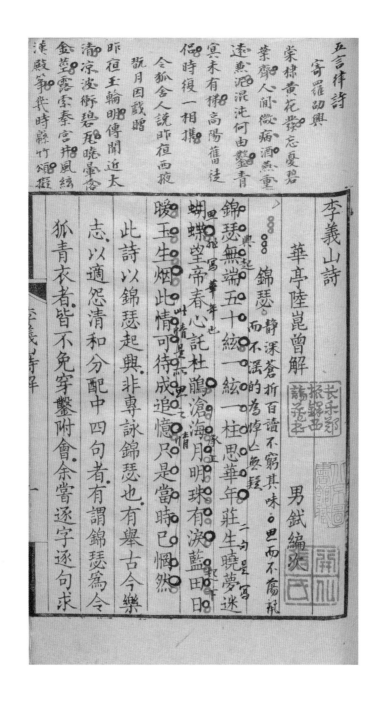

**李義山詩一卷**　〔唐〕李商隱撰　〔清〕陸崑曾解

清雍正四年（1726）劉晰公刻本

二冊

半葉九行十九字，黑口，四周單邊。版框 16.6×12.8 厘米

**温庭筠詩集七卷別集一卷**　〔唐〕温庭筠撰

明弘治十二年（1499）李熙刻本

三册

半葉九行十八字，黑口，四周雙邊。版框 18.8×12.2 厘米

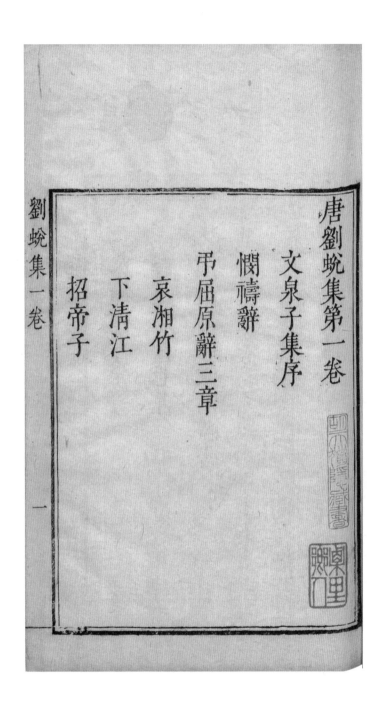

**唐劉蛻集六卷** 〔唐〕劉蛻撰

明天啓四年（1624）吳馡問青堂刻本

二册

半葉七行十六字，白口，四周雙邊，無直格。版框 17.3×12.1 厘米

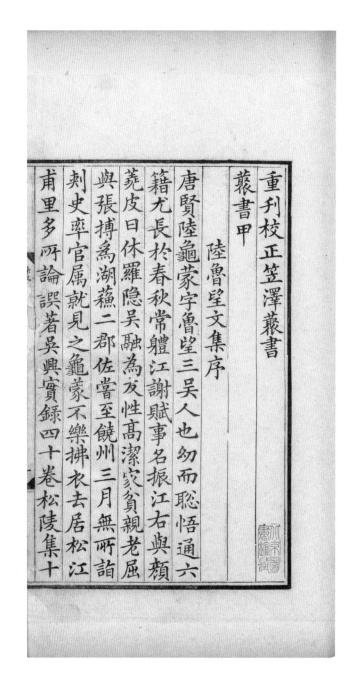

**重刊校正笠澤叢書四卷補遺詩一卷**　〔唐〕陸龜蒙撰

清雍正九年（1731）江都陸鍾輝水雲漁屋刻本　清姚世鈺批校

四冊

半葉九行十八字，白口，四周雙邊。版框 20.9×13.3 厘米

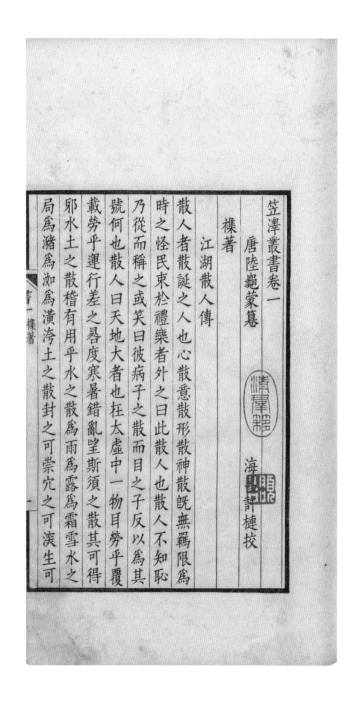

**笠澤叢書九卷**　〔唐〕陸龜蒙撰　**附考一卷**　〔清〕許槤撰

清嘉慶二十四年（1819）許氏古韻閣刻本

二冊

半葉十一行二十一字，黑口，左右雙邊。版框 19.6×13.2 厘米

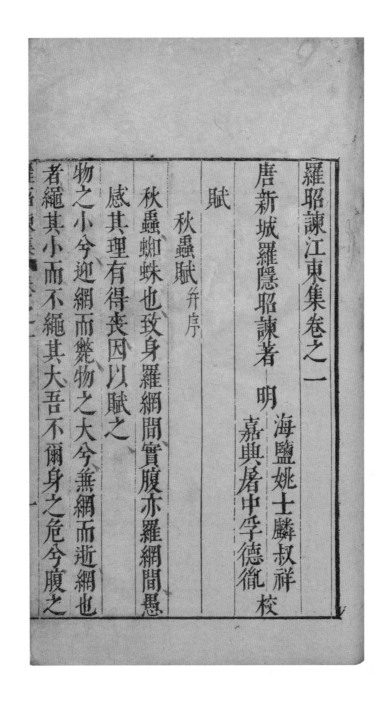

**羅昭諫江東集五卷** 〔唐〕羅隱撰

明萬曆屠中孚刻本

四冊

半葉九行十八字，白口，左右雙邊。版框 19.6×13.7 厘米

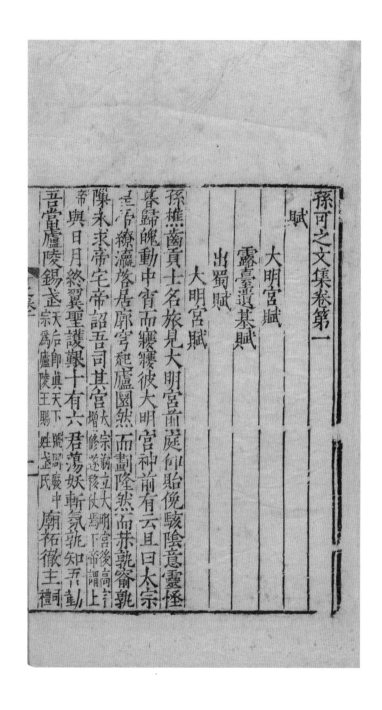

孫可之文集十卷　〔唐〕孫樵撰

明正德十二年（1517）王鏊、王諤刻遞修本

一冊

半葉十二行二十一字，白口，左右雙邊。版框 19.2×14.5 厘米

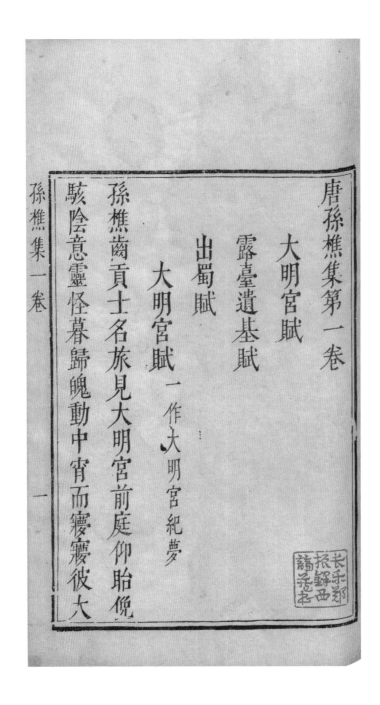

**唐孫樵集十卷** 〔唐〕孫樵撰

明天啓五年（1625）吳馡石香館刻本

二册

半葉七行十六字，白口，四周雙邊，無直格。版框 17.8×13.1 厘米

宜如何哉李從事去襄陽五年召堰之利

益大於民歲增良田頓至四萬樵惜李從

事之跡不爲人知作復召堰籍

唐孫樵集第十卷

乙丑春吳誹玖

訂鋟於石香館

茶卷之六

迎春茶　後佛寺茶

雜著卷之七

序四首典　序陳生舉進士

雜著卷之八　窩席對　兀巧對

文員公筍銘　潼關丙銘

舜城碑　康錄即中鑒銘　刘武候碑陰

文卷之九

逐瘧兒父　徐萬諫議文　徐梓潼神書文

雜著卷之十　寫陣志

讀開元雜報　復白堰籍

唐孫可之全集目錄終

唐孫可之文集自序

蓋家本關東代襲簪纓藏書五千卷常自探討幼而工文潯之真訣提筆八頁
士列于時以文學見稱大元中九科叨登上等泛軍郊國泰恧父居澗省
廬州元年狂寇犯闕篤避歧隴詔赴行在遷職方郎中朝廷以省方蜀國文物
收興品孫朝渝旌其才行詔日行在三絕右散騎常侍李潼有寄洞之行職方
郎中孫樵有楊馬之文前進士司空圖有巢由之風列在有史以彰有唐中興
之德填遊關所著文及碑碣書檄傳記銘誌潯二百餘篇蕆其可領者三十五
篇編成十卷識諸簪笏以貽子孫芝歲中和四年也朝散大夫尚書職方郎中
上柱國賜緋魚袋孫樵

唐孫可之文集卷一

賦

大明宮賦

## 唐孫可之文集十卷　〔唐〕孫樵撰

朝鮮抄本

一冊

半葉十二行三十字，無欄格

16822（14899）

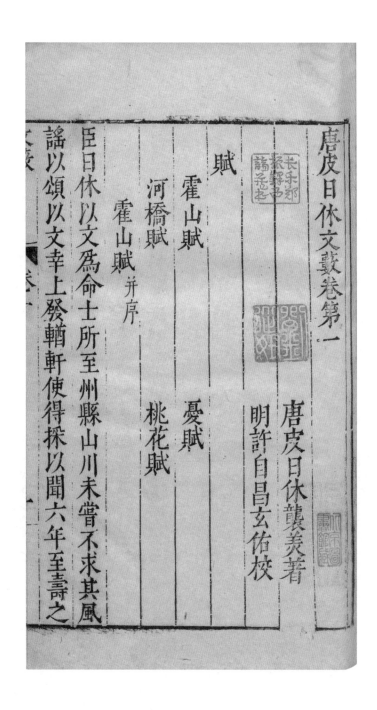

唐皮日休文藪十卷唐皮從事倡酬詩八卷　〔唐〕皮日休撰

明萬曆許自昌刻合刻陸魯望、皮襲美二先生集本　鄭振鐸跋

四册

半葉九行二十字，白口，左右雙邊。版框 22.0×14.4 厘米

許自昌刻皮日休文數十卷唱酬詩八卷予得
之棠梨薰閣數年來予發願欲治唐人
詩惜所得不多未敢即行着手然佚材料
俱備則將待之何年何月乎只好一面廣
搜諸本一面進行校讀耳許氏所刻諸
唐人集予己得不少今復獲皮氏文數
自是快意不知何時始能併得陸魯望
甫里集也一九五一年十二月廿四日灯下西歸
記時萬籟俱寂枯筆着紙之声可聞也

賦

唐皮日休文藪卷第一

霍山賦　　　　　　憂賦

河橋賦

霍山賦并序　　　　桃花賦

臣日休以文為命士所至州縣山川未嘗不求其風
謠以頌以文幸上發軺軒使得採以聞六年至壽之
驍邑曰霍山山故岳也邑贅于陞至之二日離邑一
含壑于嶽將頌之文也及見之則目乎顬乎乎彈心
乎聳神乎眢始欲往其文寫其狀如丹青之不差也
頌其風文其謠如金石之永播也既而其精怯然搏

**唐皮日休文藪十卷**　〔唐〕皮日休撰

明刻本　鄭振鐸跋

四册

半葉十一行二十字，白口，左右雙邊。版框 18.2×11.4 厘米

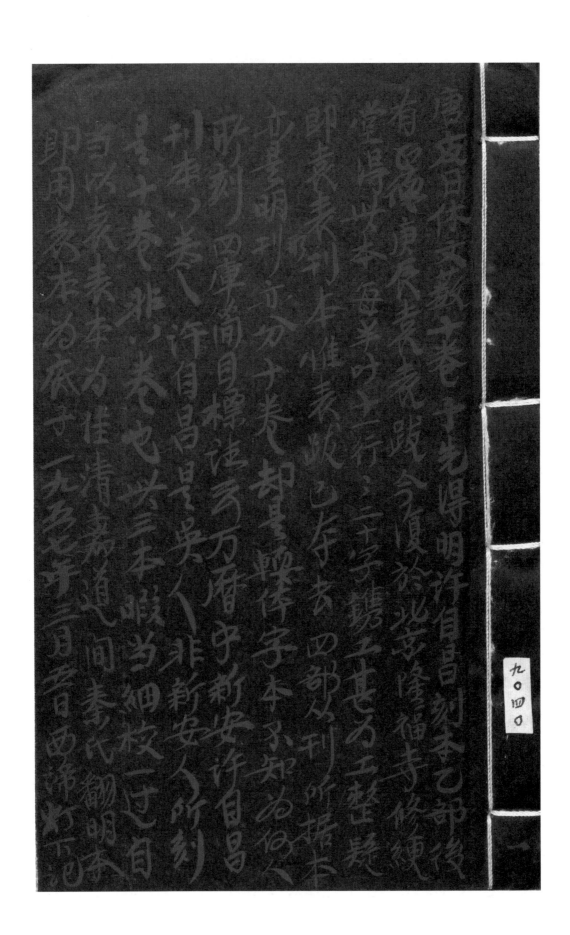

# 集

集部一——宋別集類

0000

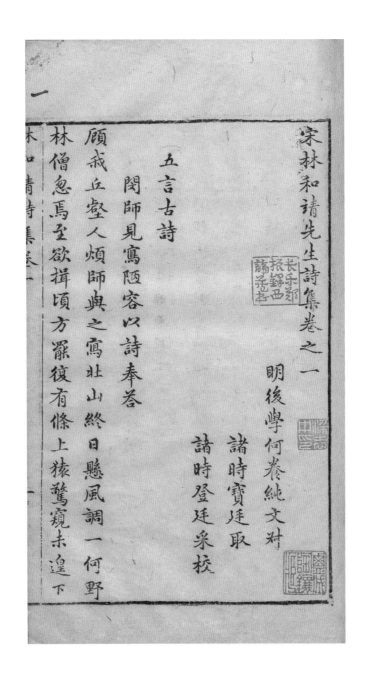

宋林和靖先生詩集四卷補遺一卷省心録一卷　〔宋〕林逋撰　附録一卷　〔明〕何養純、諸時寶等輯

明萬曆四十一年（1613）何養純、諸時寶等刻本

三冊

半葉八行二十字，白口，四周單邊，無直格。版框 21.4×13.7 厘米

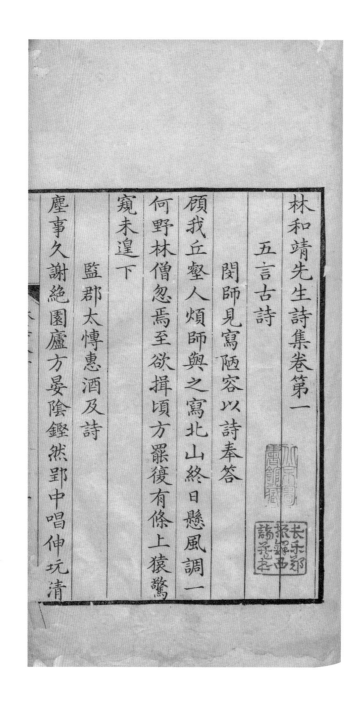

**林和靖先生詩集四卷省心錄一卷** 〔宋〕林逋撰 **詩話一卷**

清康熙四十七年（1708）吳調元刻本

二册

半葉八行十八字，白口，左右雙邊。版框 16.9×12.2 厘米

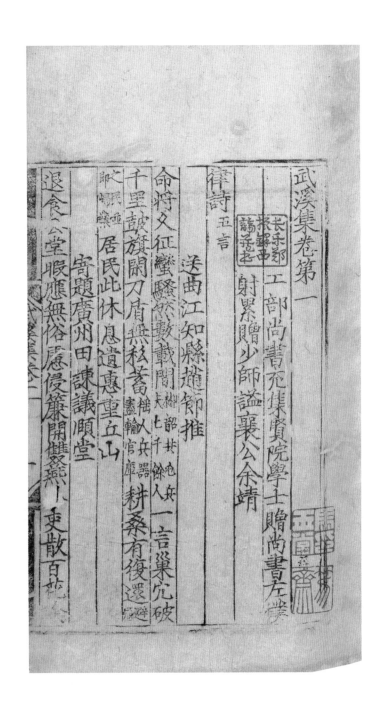

**武溪集二十一卷**　〔宋〕余靖撰

明嘉靖四十五年（1566）劉穩刻本

四册

半葉十行二十字，黑口，四周雙邊。版框 19.7×12.8 厘米

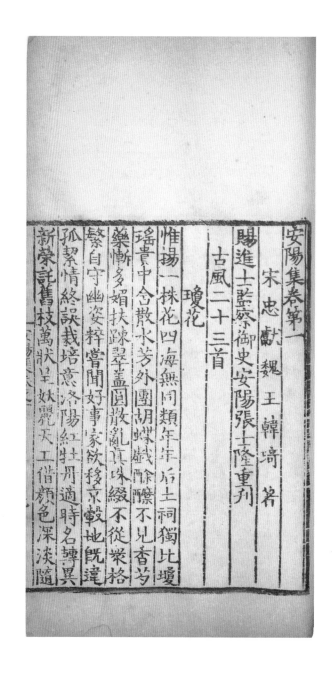

**安陽集五十卷** 〔宋〕韓琦撰　**別録三卷** 〔宋〕王巖叟撰　**遺事一卷** 〔宋〕强至撰　**忠獻韓魏王家傳十卷**

明正德九年（1514）張士隆刻本（卷二十八至三十四配另一明刻本）

十册

半葉十一行十八字，白口，左右雙邊。版框 17.7×13.7 厘米

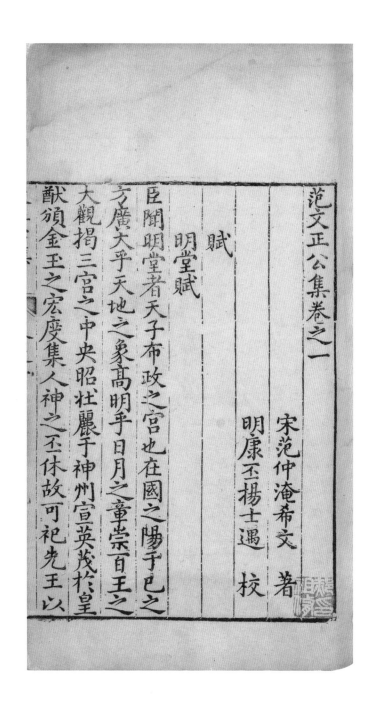

**范文正公集二十四卷** 〔宋〕范仲淹撰　**年譜一卷** 〔宋〕樓鑰撰　**年譜補遺一卷附錄一卷**

明萬曆三十七年（1609）康丕揚刻本

十冊

半葉九行十九字，白口，四周單邊。版框 19.4×14.0 厘米

**范文正公集二十卷別集四卷政府奏議二卷尺牘三卷** 〔宋〕范仲淹撰　**遺文一卷** 〔宋〕
范純仁、范純粹撰　**年譜一卷** 〔宋〕樓鑰撰　**年譜補遺一卷祭文一卷襃賢集一卷襃賢祠
記二卷諸賢贊頌論疏一卷論頌一卷詩頌一卷祭文一卷鄱陽遺事錄一卷言行拾遺錄四
卷遺蹟一卷義莊規矩一卷**

明嘉靖范惟元等刻本

一冊　存七卷：鄱陽遺事錄一卷、言行拾遺錄四卷、遺蹟一卷、義莊規矩一卷

半葉十二行二十一字，白口，左右雙邊。版框 21.1×15.2 厘米

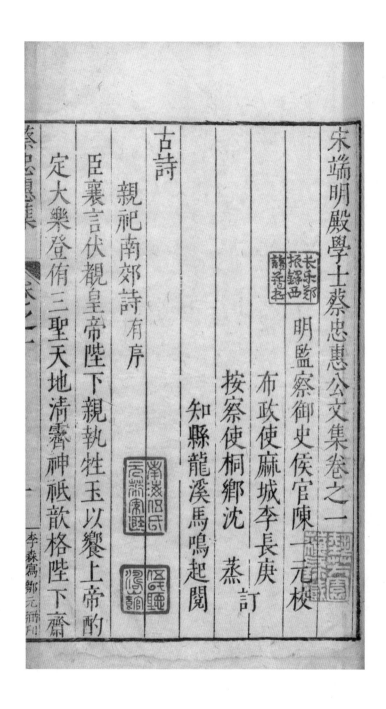

**宋端明殿學士蔡忠惠公文集四十卷** 〔宋〕蔡襄撰

明萬曆陳一元刻四十三年（1615）朱謀㙔重修本 鄭振鐸跋

五册

半葉九行十九字，白口，左右雙邊。版框 21.6×14.1 厘米

陳殿丞送行詩序

宋　蔡襄

康定元年殿中丞陳君鑄師回通判福州且去京師
朝之名卿繼作歌詩以重其行師回至官之明年發
橐中所得七十二篇并走書屬其序其篇首將刻之
石而傳於人也夫送遠之作必稱其事而附爲之辭
師回以文章中甲科間十六年而爲監郡然所治距
家纔百餘里奉母夫人官下以伸孝養之志古之人
有以親故不擇祿而仕者而師回之祿足以充其養

陳殿丞詩序〈一〉

**蔡君謨文抄不分卷**　〔宋〕蔡襄撰

明末刻本

二册

半葉九行二十字，白口，左右雙邊。版框 19.1×14.2 厘米

T02882（9958）

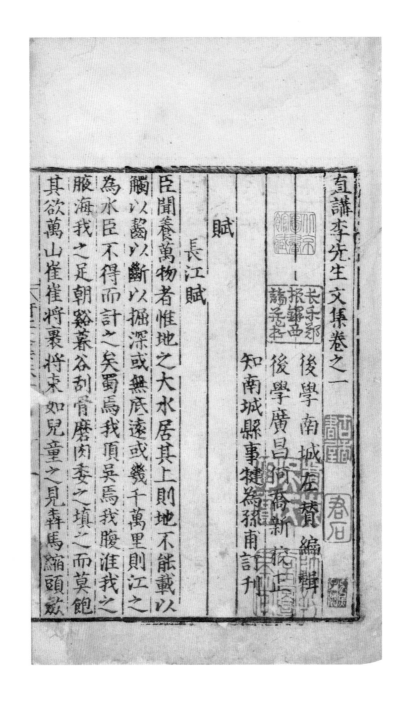

**直講李先生文集三十七卷** 〔宋〕李覯撰　**外集三卷**

明正德十三年（1518）孫甫刻本

十册

半葉十一行二十字，白口，左右雙邊。版框 16.9×12.7 厘米

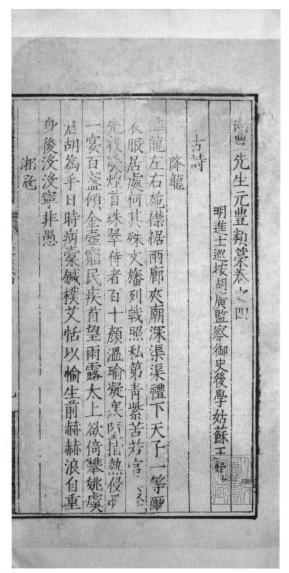

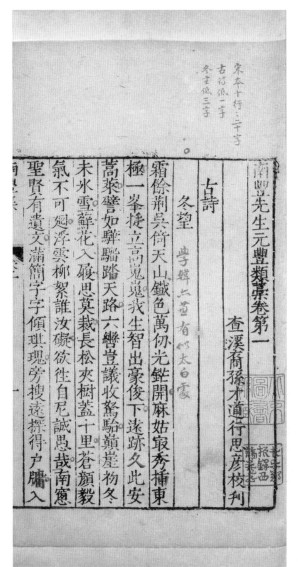

**南豐先生元豐類稿五十一卷** 〔宋〕曾鞏撰

明嘉靖王抒刻本（目録、卷一至三配明萬曆二十五年曾敏才等刻本） 郭尚先跋

十六册

半葉十一行二十字，黑口，四周雙邊。版框 18.5×14.3 厘米

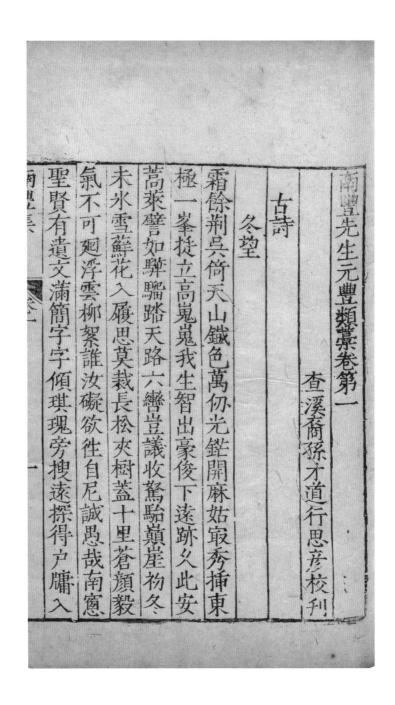

南豐先生元豐類稿卷第一

查溪裔孫才道行思彥校刊

古詩

冬望

霜餘荆吳倚天山鐵色萬仞光鋩開麻姑寂秀插東
極一峯挺立高巋巋我生智出豪俊下遠跡久此安
蒿萊譬如驊騮踏天路六轡豈議收駑駘巔崖初冬
未冰雪蘚花入硯思莫裁長松夾樹蓋十里蒼顏毅
氣不可廻浮雲柳絮誰汝礙欲徙自尼誠恩哉南窻
聖賢有遺文滿簡字字傾琪瓌旁搜遠探得户牖入

南豐先生元豐類稿五十卷　〔宋〕曾鞏撰　續附一卷

明曾思彥、曾思儀等刻本

二十四册

半葉十行二十字，白口，四周單邊。版框 18.6×14.2 厘米

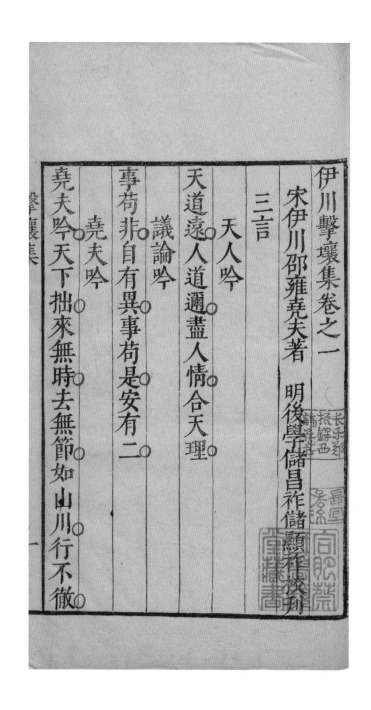

伊川擊壤集卷之一

宋伊川邵雍堯夫著 明後學儲昌祚儲顯祚校刊

三言

天人吟

天道遠人道邇盡人情合天理

議論吟

事苟非自有異事苟是安有二

堯夫吟

堯夫吟天下拙來無時去無節如山川行不徹

**伊川擊壤集八卷** 〔宋〕邵雍撰

明萬曆四十二年（1614）儲昌祚、儲顯祚刻本

八冊

半葉九行十八字，白口，四周單邊。版框 19.9×14.3 厘米

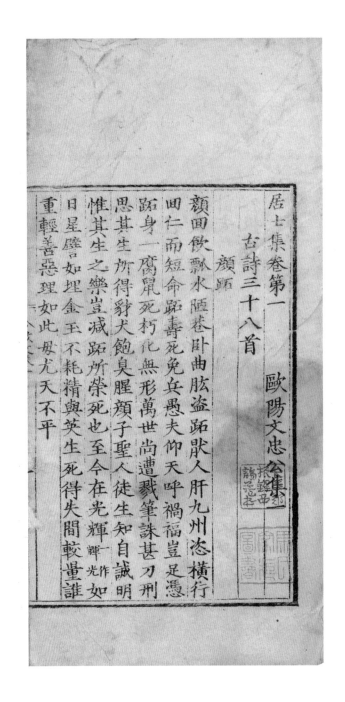

**歐陽文忠公集一百五十三卷** 〔宋〕歐陽修撰　**年譜一卷** 〔宋〕胡柯撰　**附錄六卷**

明正德七年（1512）劉喬刻嘉靖十六年（1537）季本、詹治三十九年（1560）何遷遞修本

二十四冊

半葉十行二十字，白口，四周雙邊。版框 20.3×13.1 厘米

**歐陽文忠公集一百五十三卷** 〔宋〕歐陽修撰 **年譜一卷** 〔宋〕胡柯撰 **附錄五卷**

明正德七年（1512）劉喬刻嘉靖十六年（1537）季本、詹治重修本（卷一百四十三至一百四十七配抄本）

二十四冊

半葉十行二十字，黑口，四周雙邊。版框 20.5×13.0 厘米

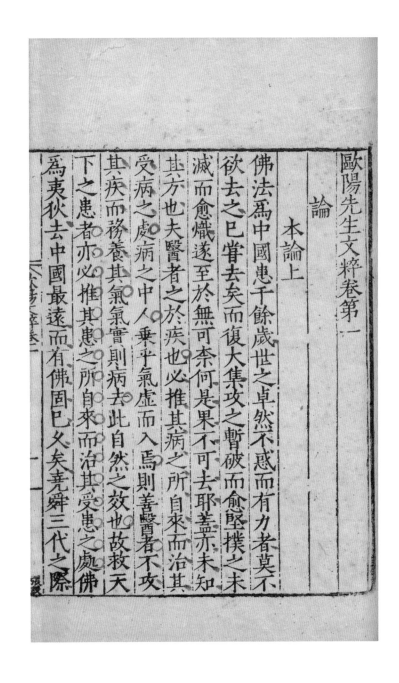

**歐陽先生文粹二十卷** 〔宋〕歐陽修撰 〔宋〕陳亮輯 **遺粹十卷** 〔宋〕歐陽修撰 〔明〕郭雲

鵬輯

明嘉靖二十六年（1547）郭雲鵬寶善堂刻本

八冊

半葉十一行二十一字，白口，左右雙邊。版框 18.5×14.6 厘米

按新聲譜遺恨已深聲更苦纖纖女手生洞房學得琵
琶不下堂不識黃雲出塞路豈知此聲能斷腸

再和明妃曲

漢宮有佳人天子初未識一朝隨漢使遠嫁單于國絕
色天下無一失難再得雖能殺畫工於事竟何益耳目
所及尚如此萬里安能制夷狄漢計誠已拙女色難自
誇明妃去時淚灑向枝上花狂風日暮起漂泊落誰家
紅顏勝人多薄命莫怨春風當目嗟

歐陽先生遺粹卷第十

吳郡雲龍
淥輯府輝

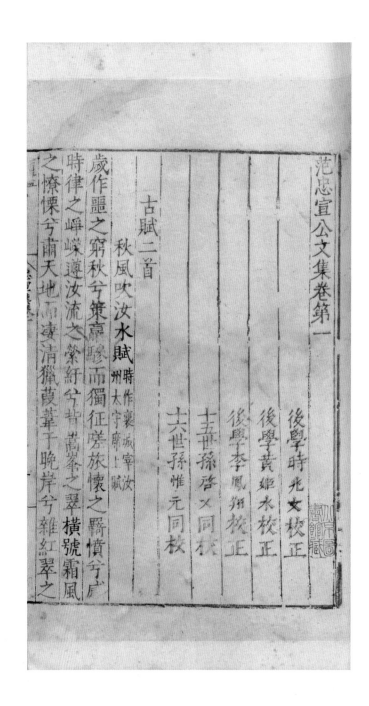

**范忠宣公文集二十卷**　〔宋〕范純仁撰

明嘉靖范惟元等刻本

八册

半葉十一行二十一字，白口，左右雙邊。版框 21.6×15.2 厘米

古詩

題南康晏史若望雲亭

游亭

光宅寺

春日晚行

新花

四皓二首

真人

寄蔡氏女子二首

夢黃吉甫

遊土山示蔡天啓祕校

臨川先生文集一百卷目録二卷　〔宋〕王安石撰

明嘉靖三十九年（1560）何遷刻本

三十二册

半葉十二行二十字，白口，左右雙邊。版框 20.3×15.9 厘米

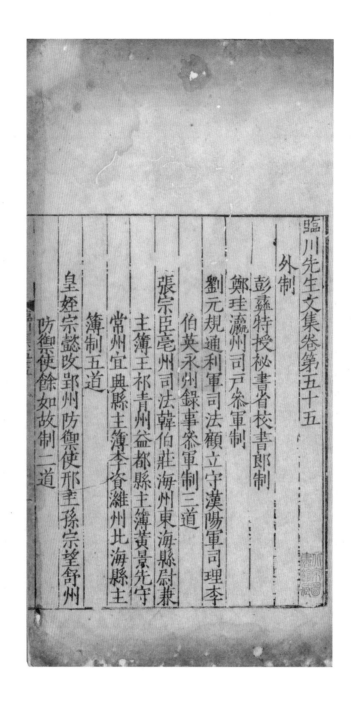

**臨川先生文集一百卷目録二卷**　〔宋〕王安石撰

明嘉靖三十九年（1560）何遷刻本

二册　存十卷：五十五至五十九、六十九至七十三

半葉十二行二十字，白口，左右雙邊。版框 21.0×16.1 厘米

臨川先生文集卷第六十九

論議

禄隱

太古

原教

原過

進說

取材

興賢

委任

知人

風俗

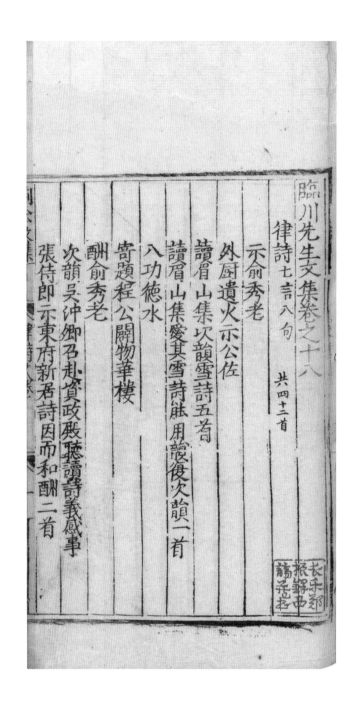

**臨川王先生荆公文集一百卷** 〔宋〕王安石撰

明嘉靖二十五年（1546）應雲鸞刻本

一冊 存十卷：十七至二十六

半葉十一行二十二字，細黑口，四周雙邊。版框18.1×12.7厘米

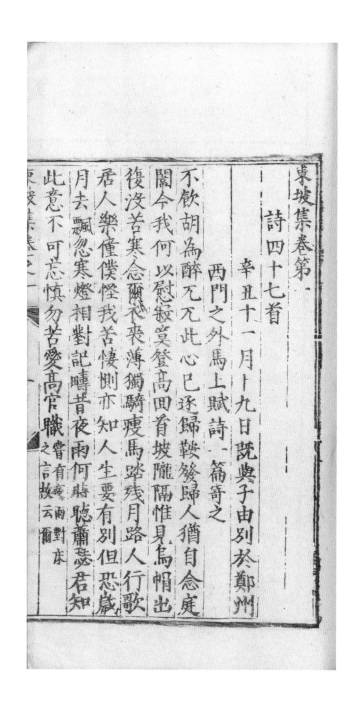

**蘇文忠公集一百十一卷** 〔宋〕蘇軾撰　**年譜一卷** 〔宋〕王宗稷撰

明嘉靖十三年（1534）江西布政司刻本

三十冊

半葉十行二十字，白口，四周雙邊。版框 20.1×12.5 厘米

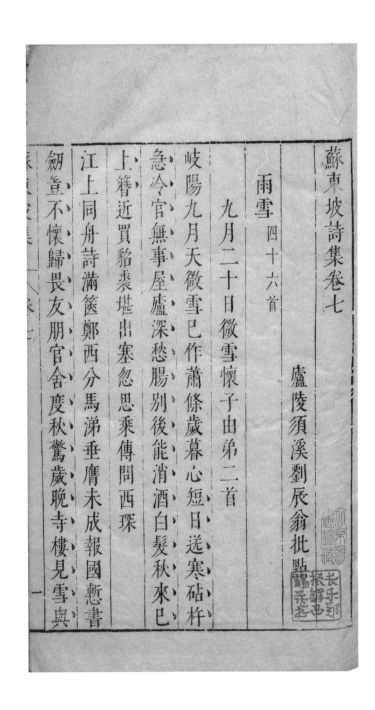

**蘇東坡詩集二十五卷** 〔宋〕蘇軾撰 〔宋〕劉辰翁批點

明天啓刻本

一冊 存二卷：七、八

半葉九行二十字，白口，四周單邊。版框 20.7×14.2 厘米

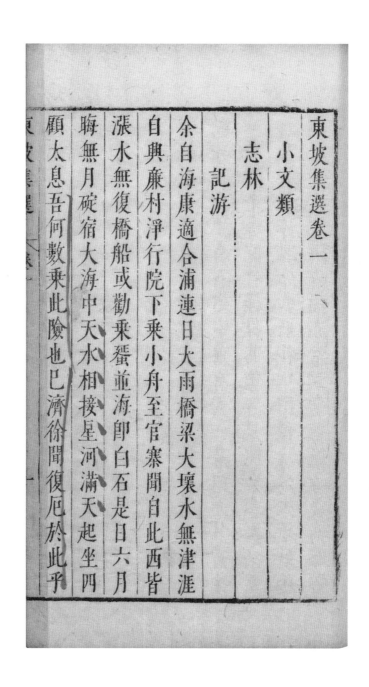

**東坡集選五十卷集餘一卷**　〔宋〕蘇軾撰　〔明〕陳夢槐輯　**年譜一卷**　〔明〕王宗稷撰　**外紀二卷**　〔明〕王世貞撰　**外紀逸編一卷**　〔明〕璩之璞撰

明末刻本

八冊

半葉九行十九字，白口，四周單邊。版框 22.1×14.4 厘米

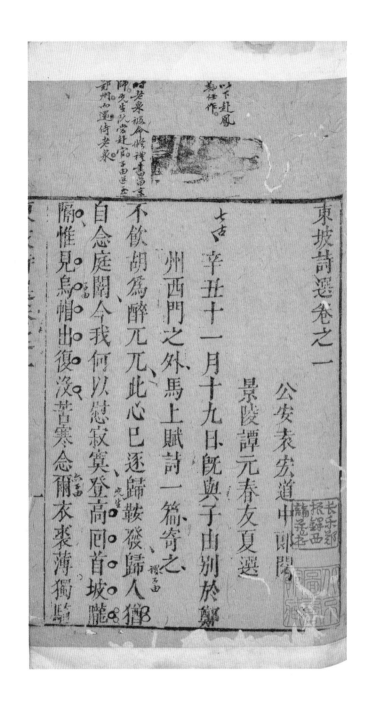

**東坡詩選十二卷**　〔宋〕蘇軾撰　〔明〕譚元春輯

明末刻清文盛堂印本

十四冊

半葉八行十七字，四周單邊，白口，無直格。版框18.8×14.2厘米

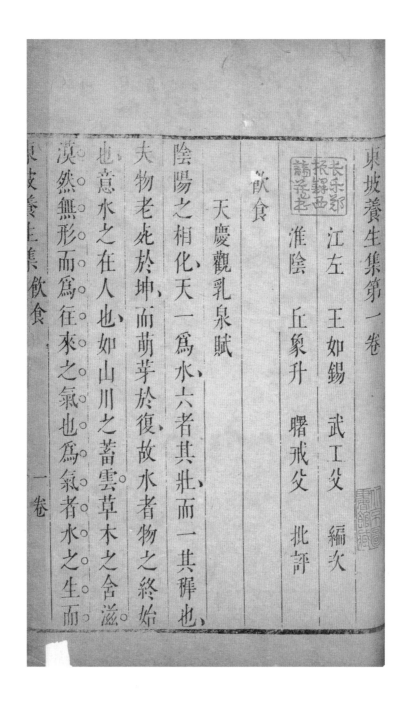

漠然無形而爲往來之氣也爲氣者水之生而

也意水之在人也如山川之蓄雲草木之含滋

夫物老死於坤而萌芽於復故水者物之終始

陰陽之相化天一爲水六者其壯而一其穉也

天慶觀乳泉賦

飲食

東坡養生集飲食　　　　　一卷

東坡養生集第一卷

　　　　江左　王如錫　武工　　編次

　　　　淮陰　丘象升　曙戒　　批評

**東坡養生集十二卷**　〔宋〕蘇軾撰　〔清〕王如錫輯　〔清〕丘象升評

清康熙三年（1664）刻本

十冊

半葉九行十八字，白口，四周單邊。版框 18.4×13.8 厘米

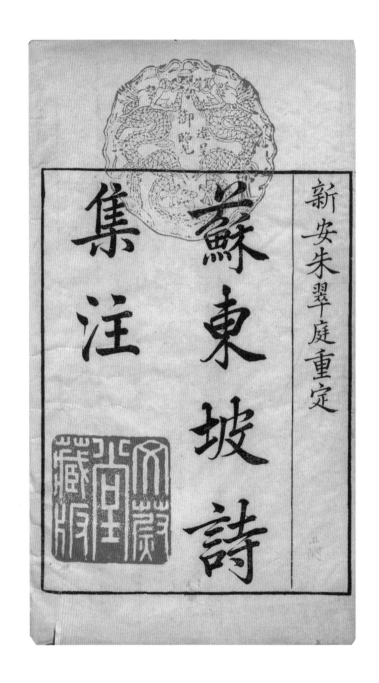

**蘇東坡詩集註三十二卷**　〔宋〕蘇軾撰　題〔宋〕呂祖謙分編　題〔宋〕王十朋纂輯　**年譜一卷**

　〔宋〕王宗稷撰

清康熙三十七年（1698）朱從延文蔚堂刻本

十冊

半葉十一行十九字，小字雙行二十八字，白口，左右雙邊。版框 18.1×14.4 厘米

蘇東坡詩集注卷第一

金華　呂　祖謙　伯恭　分編

永嘉　王　十朋　龜齡　纂輯

新安　後學朱　從延　翠庭　重校

紀行

壬寅二月有詔令郡吏分往屬縣減決四
禁自十三日受命出府至寶雞虢郿鰲屋
四縣既畢事因朝謁太平宮而宿於南谿
谿堂遂並南山而西至樓觀大秦寺延生
觀仙游潭十九日乃歸作詩五百言以記
凡所經歷者寄子由 〔趙次公〕壬寅嘉祐七年也鳳翔
有十縣曰天興曰岐山曰扶風〔文蔚堂

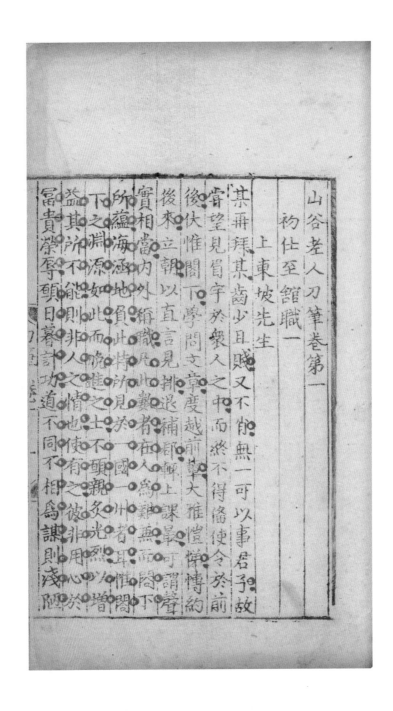

**山谷老人刀筆二十卷**　〔宋〕黃庭堅撰

明刻本

十冊

半葉十二行十九字，白口，左右雙邊。版框 16.3×11.7 厘米

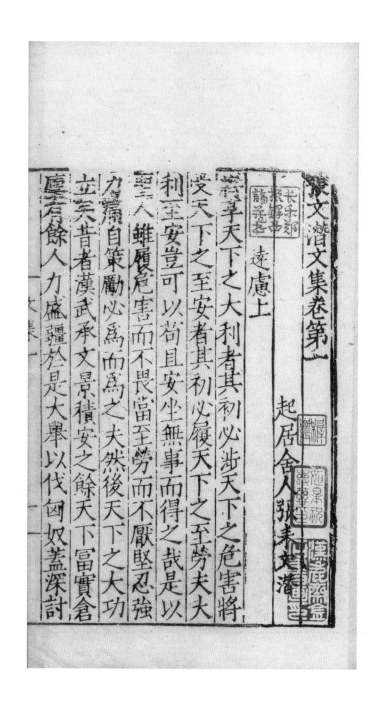

**張文潛文集十三卷**　〔宋〕張耒撰

明嘉靖三年（1524）郝梁刻本

二冊

半葉十行十八字，白口，左右雙邊。版框 19.4×13.3 厘米

**淮海後集六卷**　〔宋〕秦觀撰

明末清初刻本

四册

半葉九行二十字，白口，左右雙邊。版框 20.5×14.5 厘米

歐陽先生飄然集卷第一

西耆歐陽　徹　德明

奏議上

皇帝萬言書

上

江西撫州崇仁縣布衣臣歐陽徹謹昧死百拜望北上

書獻於

皇帝陛下臣聞履大寶之尊位而能從諫如流樂取於

人以為善者人君之德也當家國危急之際而能奮不

顧身敢為人所難者人臣之義也忘布衣之賤而盡忠

**歐陽先生飄然集七卷**　〔宋〕歐陽澈撰

清抄本

一冊　存三卷：一至三

半葉十行二十一字，無欄格

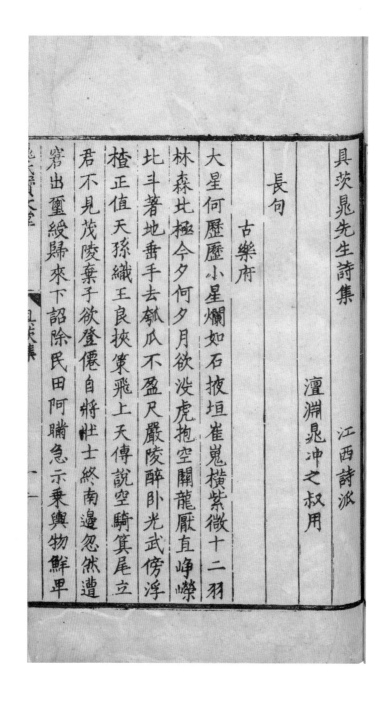

具茨晁先生詩集

江西詩派

潭淵晁冲之叔用

長句

古樂府

大星何歷歷小星爛如石披垣崔嵬橫紫微十二羽

林森比極今夕何夕月欲沒虎抱空闕龍厭直崢嶸

比斗著地垂手去瓠瓜不盈尺嚴陵醉臥光武傍浮

楂正值天孫織王良挾策飛上天傳說空騎箕尾立

君不見茂陵棄子欲登僊自將壯士終南邊忽然遣

寞出璽綬歸來下詔除民田阿瞞急示乘輿物鮮卑

**具茨晁先生詩集一卷**　〔宋〕晁冲之撰

明嘉靖三十三年（1554）晁氏寶文堂刻本

一冊

半葉十行二十字，白口，四周單邊。版框 19.8×14.5 厘米

唐先生文集卷第一

賦

南征賦

始攝提之孟冬余貟罪而南馳雪盈尺而更繁風三
日而猶猖吹體凍極而若無心怖甚而志悲凡再信而
至許覺驚魂之稍歸訖景福之遺基指空郊之荒磧
曾禾黍之無有翳桑梁之丹腹國已抱於三馬臣不
聞於一鶚豈當世之無儒抑此病之難藥道昆陽而
況歡諤悲風與悲雲階一夫之僭竊紛萬兒之煩寬
唯世祖之論功志王章之裊言既直鈎之不食終曲
突之無恩過叔子之舊邦登峴山而痛哭方關右之

唐先生文集二十卷　〔宋〕唐庚撰

清抄本　張元濟跋

六冊

半葉十一行二十字，無欄格

人之繼統心傾我后之來蘇果致宗廟降雪上雲悔

禍皇帝陛下天縱上聖運叶中興載纘璇圖增光火

德親屈鑾輿以冒犯霜露躬整師旅以殄滅犬羊然

行在久留於別都清蹕未回於魏闕逆胡尚熾群盜

繼興比聞遠近之驚傳似有東南之巡幸此誠王室

宴安之所繫天下治亂之所關仰祈聖慮之深詳宜

戒屬車之輕動且以中國之倚恃實為兩河之盛疆

前自虜騎長驅列城畏避獨懷忠憤糾進義兵力抗

賊鋒率多俘馘然久闕王師之助援已深民庶之聯

疑近者雖時遣將祖征渡河深入尚闕庸公之奏先

**宗忠簡公文集二卷**　〔宋〕宗澤撰　〔明〕張維樞輯

明萬曆三十三年（1605）宗煥刻本

一册　存一卷：二

半葉十行二十字，白口，左右雙邊。版框 20.1×14.6 厘米

T03777（9809）

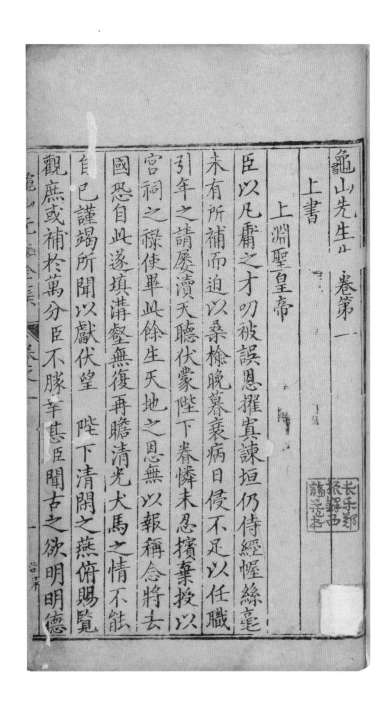

**龜山先生集四十二卷**　〔宋〕楊時撰

明萬曆十九年（1591）林熙春刻本

十二冊

半葉十行二十字，白口，四周雙邊。版框 20.0×13.8 厘米

浮溪遺集十五卷 〔宋〕汪藻撰　附録一卷

清康熙七年（1668）汪士漢居仁堂刻本

二册

半葉十行二十二字，白口，四周雙邊。版框 19.7×13.3 厘米

# 浮溪遺集卷之一

宋顯謨閣學士左太中大夫新安郡開國侯

食邑一千五百戶贈端明殿學士汪藻　著

## 詔敕

### 皇太后告天下手書

比以敵國興師都城失守徒緣宮闕旣二帝之蒙塵誣及

宗祊謂三靈之改卜衆恐中原之無統姑令舊弼以臨朝

雖義形於色而以死爲辭然事迫於危而非權莫濟內以

拯黔首將亡之命外以紓鄰國見逼之威遂成九廟之安

坐免一城之酷乃以衰癃之質起於閒廢之中迎置宮闈

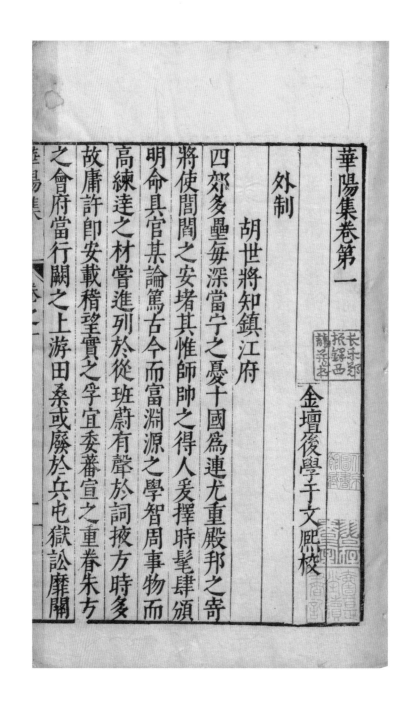

**華陽集四十卷** 〔宋〕張綱撰

明萬曆二十五年（1597）于文熙刻本　鄭振鐸跋

五冊

半葉十行二十字，白口，四周單邊。版框 20.7×14.8 厘米

華陽集の十卷宋張綱撰四庫簡目標注㕣說有鈔
本可見以明万曆刻本殊為罕見裴效先从江南
購書不少但佳者參々予得魏默深事略一册是
其中白眉頃復見以書更勝彼薄帳革行的資到的
料了張綱為南宋初的名臣其中原始材料甚
夥開卷外制里即有牛車持西制的一詔尤是
重要今春予至杭州登紫雲洞訪牛車墓細雨
霏微山容悽淡徘徊墓前彷彿犹見以民族英
雄的抗戰雄姿安也　一五五六年十二月上九日西諦

一九一八

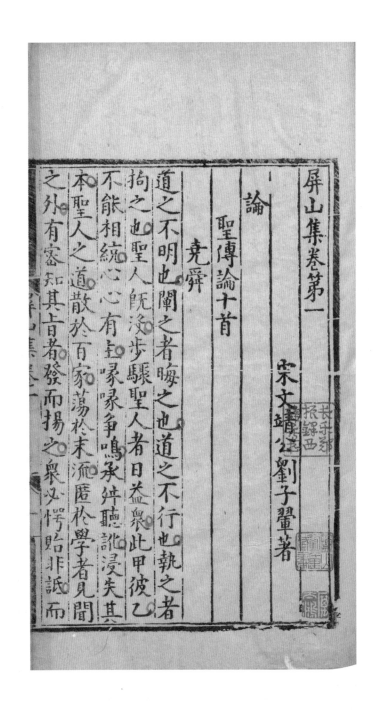

**屏山集二十卷**　〔宋〕劉子翬撰

明正德七年（1512）劉澤刻本

二冊

半葉十行十九字，黑口，四周雙邊。版框 19.0×12.9 厘米

鴻慶居士文集卷第一

表狀

和州上謝表

恭冒多罪更三黜於九年博大殊恩畀一麾於千
里戴星就道撲日臨民祇奉訓詞惟深感涕中謝
伏念臣以口耳空疎之學叅塵科第而歲月推移
之久屢玷官榮俄值飛龍利見之辰敢有屈蠖求
伸之意冒司言責糾正官邪不虞忌嫉之嫌自作
焚廬之禍然知者消未形之患當効曲突徙薪之

**鴻慶居士文集十四卷**　〔宋〕孫覿撰

明刻本

八册

半葉九行十九字，白口，左右雙邊。版框 18.6×12.7 厘米

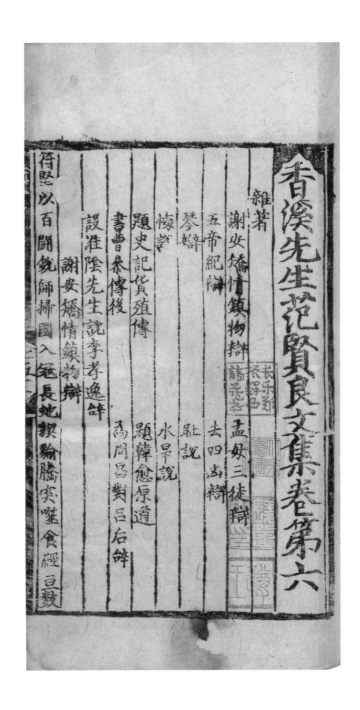

**香溪先生范賢良文集二十二卷** 〔宋〕范浚撰

明成化十五年（1479）唐韶刻遞修本

三冊　存十七卷：六至二十二

半葉十二行二十二字，黑口，左右雙邊。版框 19.3×12.9 厘米

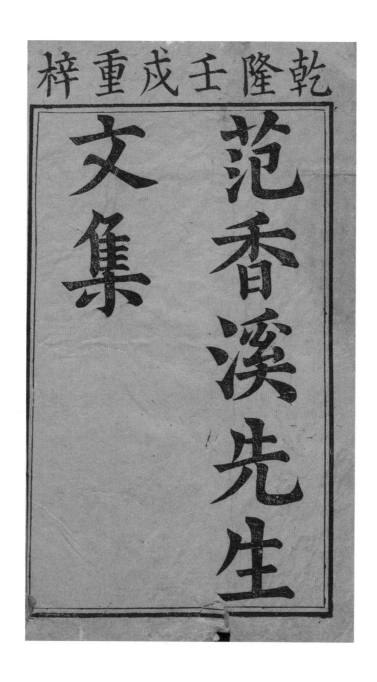

**范香溪先生文集二十二卷**　〔宋〕范浚撰　**范蒙齋先生遺文一卷**　〔宋〕范端臣撰　**范楊溪先生遺文一卷**　〔宋〕范端杲撰

清乾隆七年（1742）范文焕刻本

四册

半葉十行二十字，白口，四周雙邊，無直格。版框 19.7×12.6 厘米

16438（12418）

范香溪先生文集卷之一

心箴

茫茫堪輿俯仰無垠人於其間眇然有身是身之微
太倉稊米參爲三才曰惟心耳往古來今孰無此心
心爲形役乃獸乃禽惟口耳目手足動靜投間抵隙
爲厥心病一心之微衆欲攻之其與存者嗚呼幾希
君子存誠克念克敬天君泰然百體從令

耳目箴

他耳則耳他目則目世儒之學因人碌碌聾盲於心
聞見淺俗我目吾目我耳吾耳中人之學聞見由已

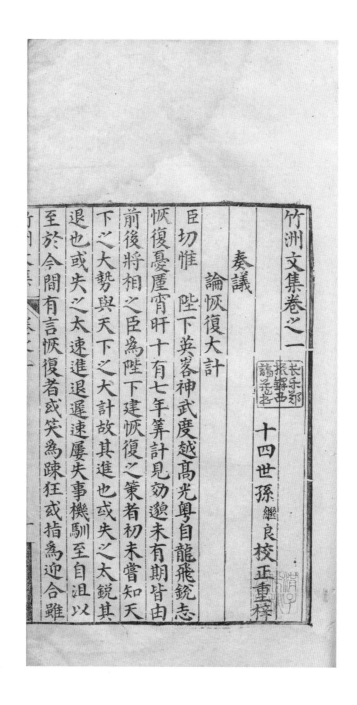

竹洲文集卷之一

奏議

　論恢復大計

　　長樂鄭　振鐸西　諦藏書

十四世孫繼良校正重梓

臣切惟　陛下英睿神武慶越高光粵自龍飛銳志
恢復憂厪宵旰十有七年籌計見効邈未有期皆由
前後將相之臣為陛下建恢復之策者初未嘗知天
下之大勢與天下之大計故其進也或失之太銳其
退也或失之太速進退遲速屢失事機馴至自沮以
至於今間有言恢復者或笑為踈狂或指為迎合雖

**竹洲文集十卷**　〔宋〕吳儆撰　**附錄一卷**

明吳繼良刻本

四册

半葉十行二十字，黑口，左右雙邊。版框 19.5×13.2 厘米

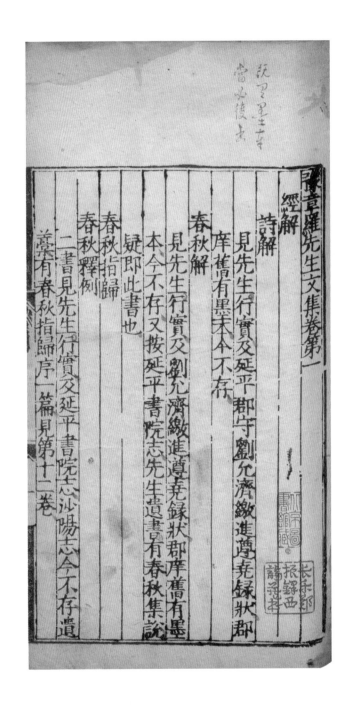

**豫章羅先生文集十七卷** 〔宋〕羅從彥撰　**年譜一卷** 〔元〕曹道振撰

明成化張泰刻本

四册

半葉十三行二十三字，黑口，四周雙邊。版框 19.8×12.9 厘米

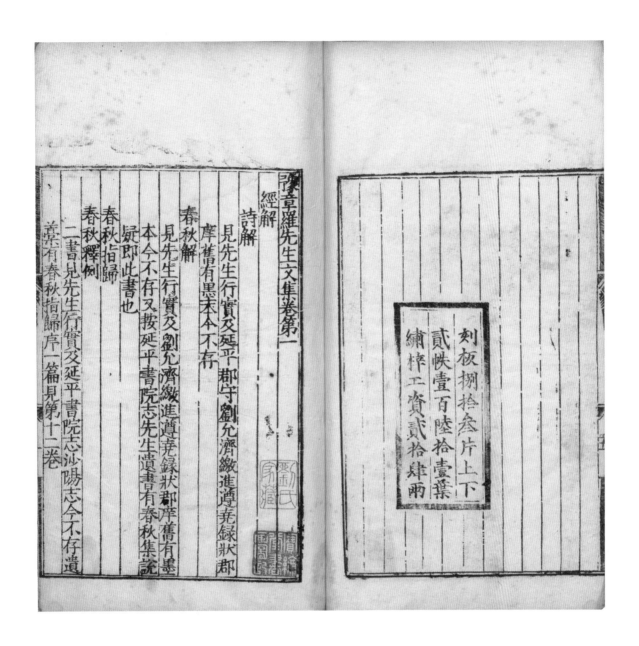

**豫章羅先生文集十七卷**　〔宋〕羅從彥撰　**年譜一卷**　〔元〕曹道振撰

明成化張泰刻本

五册　存三卷：十至十二

半葉十三行二十三字，黑口，四周雙邊。版框 19.8×12.9 厘米

T03803（11810）

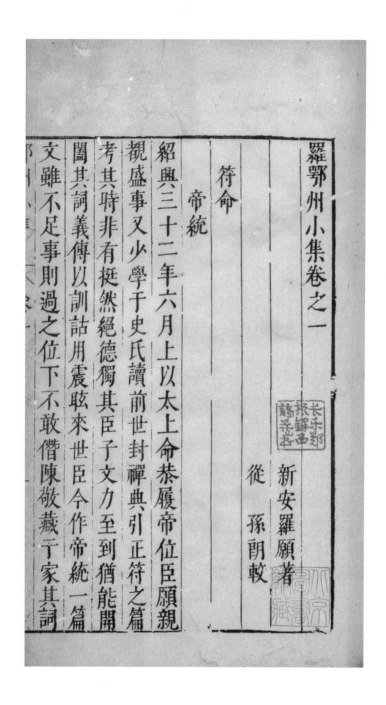

**羅鄂州小集五卷** 〔宋〕羅願撰　**附録一卷**

明天啓六年（1626）羅朗刻本

二册

半葉十行二十字，白口，四周單邊。版框 21.7×14.0 厘米

**晦庵先生朱文公文集一百卷續集五卷別集七卷目録二卷**　〔宋〕朱熹撰

清康熙二十七年（1688）蔡方炳、臧眉錫刻本

三十二册

半葉十二行二十四字，黑口，四周單邊。版框 19.7×14.6 厘米

晦庵先生朱文公文集卷第一

後學　浙西臧庸錫唱亮訂定

平江蔡方炳息關

蔡泰嘉劭淳

蔡元翼右宣校

臧長源鄁侯

賦

　白鹿洞賦

白鹿洞賦者洞主晦翁之所作也翁既復作書院洞中又賦其
事以示學者其詞曰

承后皇之嘉惠宅廬阜之南疆閔原田之告病惕農扈之非良
粵冬孟之既望鬤夙余駕乎山之塘徑北原以東驚陟李氏之崇

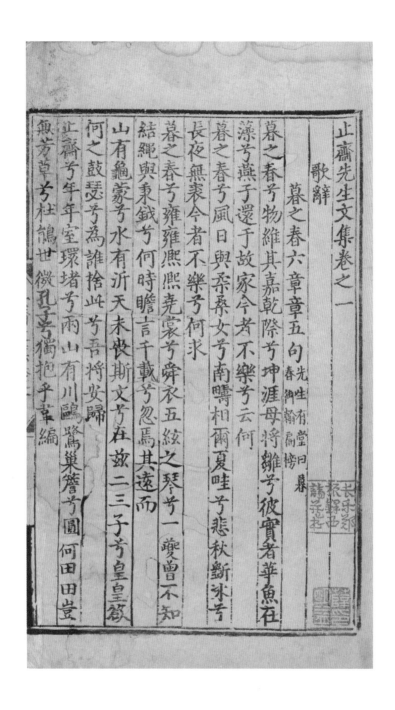

**止齋先生文集五十二卷** 〔宋〕陳傅良撰　**附録一卷**

明正德元年（1506）林長繁刻本

十四冊　存五十一卷：一至五十一

半葉十三行二十三字，黑口，四周雙邊。版框 21.6×14.2 厘米

T01595 （1995）

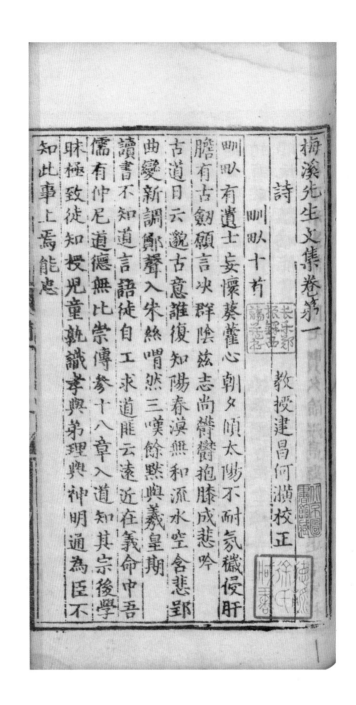

**梅溪先生廷試策一卷奏議四卷文集二十卷後集二十九卷**　〔宋〕王十朋撰　**附録一卷**

明正統五年（1440）劉謙、何瓚刻天順六年（1462）重修本

五册　存二十九卷：文集一至四、十一至二十、後集一至七、十六至二十三

半葉十一行二十一字，黑口，四周雙邊。版框 21.7×13.3 厘米

T03787（9432）

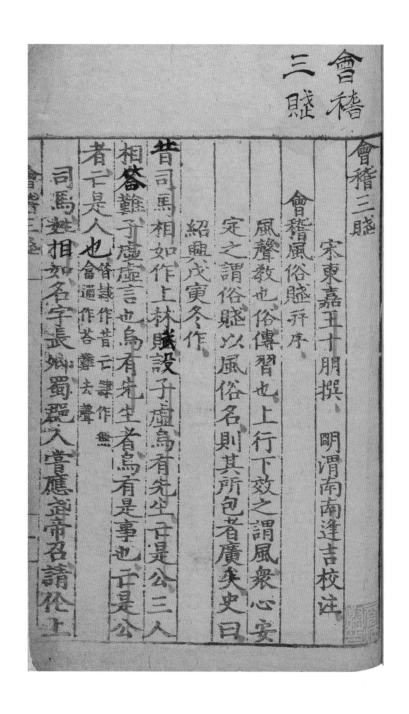

昔司馬相如作上林賦設子虛烏有先生亡是公三人

相答難子虛言也烏有有是事也亡是公

者亡是人也會通作苦聾去聲

司馬雙相如名字長州蜀郡人嘗應詔武帝召請徐上

會稽三賦一卷　〔宋〕王十朋撰　〔明〕南逢吉校註

明嘉靖二年（1523）南大吉刻本

一册

半葉十行二十一字，白口，四周單邊。版框 19.3×13.9 厘米

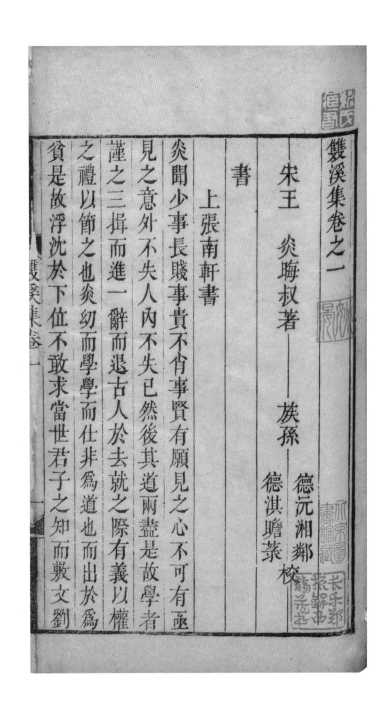

**雙溪集十二卷**　〔宋〕王炎撰

清康熙五十七年（1718）王德淇等刻本

十二冊

半葉十行二十一字，黑口，左右雙邊。版框 19.0×12.9 厘米

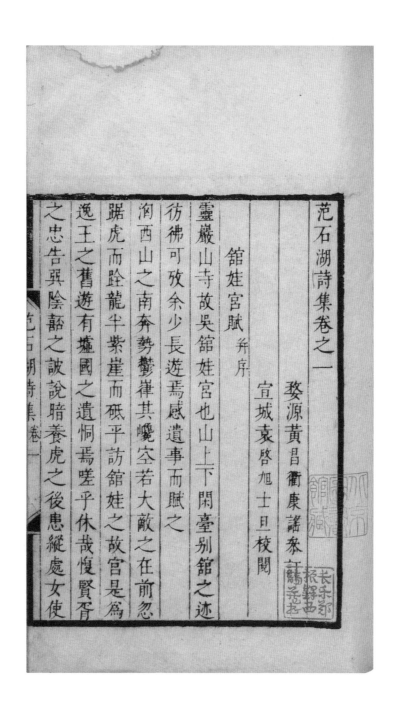

**范石湖詩集二十卷**　〔宋〕范成大撰

清康熙二十七年（1688）黃昌衢藜照樓刻本

八冊

半葉十行十九字，黑口，四周單邊。版框 17.9×13.5 厘米

**渭南文集五十卷劍南詩稿八十五卷**　〔宋〕陸游撰

明末毛氏汲古閣刻本

四十八册

半葉八行十八字，白口，左右雙邊。版框 18.9×14.3 厘米

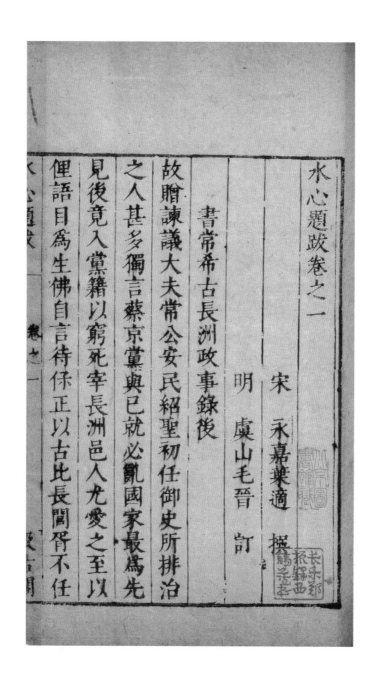

水心題跋一卷　〔宋〕葉適撰　　益公題跋十二卷　〔宋〕周必大撰　　後村題跋四卷　〔宋〕劉
克莊撰

明崇禎毛氏汲古閣刻津逮秘書本

三冊

半葉八行十九字，白口，左右雙邊。版框 18.9×13.5 厘米

竹齋先生詩集卷第一

宋　新建　裘萬頃　元量

五言古詩

行役

宿霧鎖山椒落月挂林側崎嶇歷岡巒駸駸辦阡陌秋

高風露寒道遠時序迫安得歸故園篝燈理書冊

武陽渡

一舟小如葉橫在波濤中紛紛川上人欲渡愁北風有

帆天際來漸近葭葦叢寄聲與問訊恐是陶朱公

宿佛頭塔

孤村三四家籬下盡禾黍主人慣入市能作市井語開

竹齋詩集卷一　　一

**竹齋先生詩集四卷**　〔宋〕裘萬頃撰

清康熙四十八年（1709）裘奏刻本

一冊

半葉十一行二十一字，白口，左右雙邊。版框 18.1×14.2 厘米

信天巢遺藁

高翥字九萬號菊磵行百五六府君

春日即事

人間閒日月春後乍晴陰半夜雨聲急一谿流
水深烏嘷花自發詩就客能吟短策西湖路幽
芳信意尋

送別

老去情懷怕別離年來不作送行詩人前舉似
終難信問着垂楊便可知

春日北山二首

信天巢遺藁　菊磵集　一

---

信天巢遺藁

念先賢遺稿忍使湮沒不傳遂併南仲節推縣
尉之詩同付剞劂而附質齋遞翁詩於卷尾海
內藏書家或有收其遺集者毋吝寄示獲成全
璧實至望焉康熙丁卯十二月朔日江村高士
奇

信天巢遺藁　二

---

**信天巢遺稿一卷**　〔宋〕高翥撰　〔清〕高士奇輯　**林湖遺稿一卷**　〔宋〕高鵬飛撰　**疏寮小集**
**一卷**　〔宋〕高似孫撰　**江村遺稿一卷**　〔宋〕高選、高邁等撰　〔清〕高士奇輯

清康熙二十六年（1687）高士奇刻本

一册

半葉十行十八字，白口，左右雙邊。版框 16.9×13.5 厘米

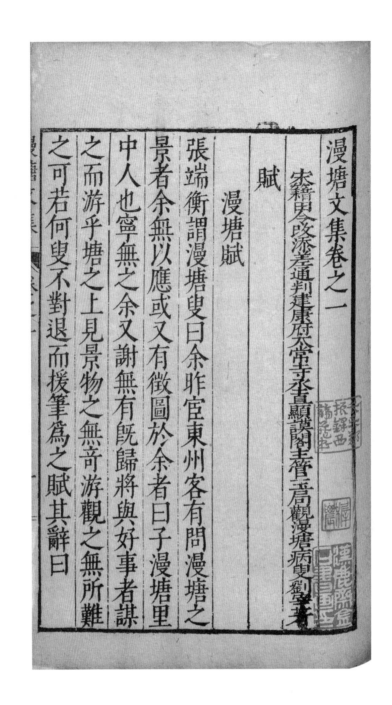

**漫塘文集三十六卷**　〔宋〕劉宰撰　**附錄一卷**

明萬曆三十二年（1604）范侖等刻本

十六冊

半葉九行十九字，白口，四周單邊。版框 21.0×14.0 厘米

楚之野貽沃野無際阪湖相連民皆堅悍強忍此天
鄙吾國以界障大江使強兵足食為進取資也時史
彌遠方以爵祿縻天下士德秀慨然謂劉壎曰吾徒
須急引去使廟堂知世亦有不肯為從官之人逐力
請出為祕閣修撰江東轉運副使江東旱蝗廣德太
平為甚德秀與晉守憲司大講荒政自領廣德太
興廣德守魏峴同以便宜發廩使教授林庠振給徵
與寧國守無善狀皆劾之而以李道傳攝徵先是都
司胡槻醉極每詡德秀遷儒試以事必敗至是政譽
日聞因倡言旱傷本輕監司好名賑贍太過使峴劾

**西山先生真文忠公文集五十五卷目録二卷**　〔宋〕真德秀撰

明萬曆二十五年（1597）景賢堂刻崇禎十一年（1638）拱極堂重修本

十四冊　存五十六卷：一至五十、五十二至五十五、目録二卷

半葉十行二十字，白口，四周雙邊。版框 19.5×14.3 厘米

西山先生真文忠公文集卷第二

對越甲藁

奏劄

戊辰四月上殿奏劄二　時為太學博士通謝
使許舍人奕四是日
出門

臣竊惟權臣用事妄開兵端南北生靈均被其毒
陛下為之肝食焦勞者二年于茲美天啟膚謀迄珍
兇惡尋盟繼好休息有期豈非天下之福我而臣區
區愚慮竊謂為國者當示人以難犯之意不可示人
以易窺之形昔春秋時晉師入齊齊使國佐求盟於

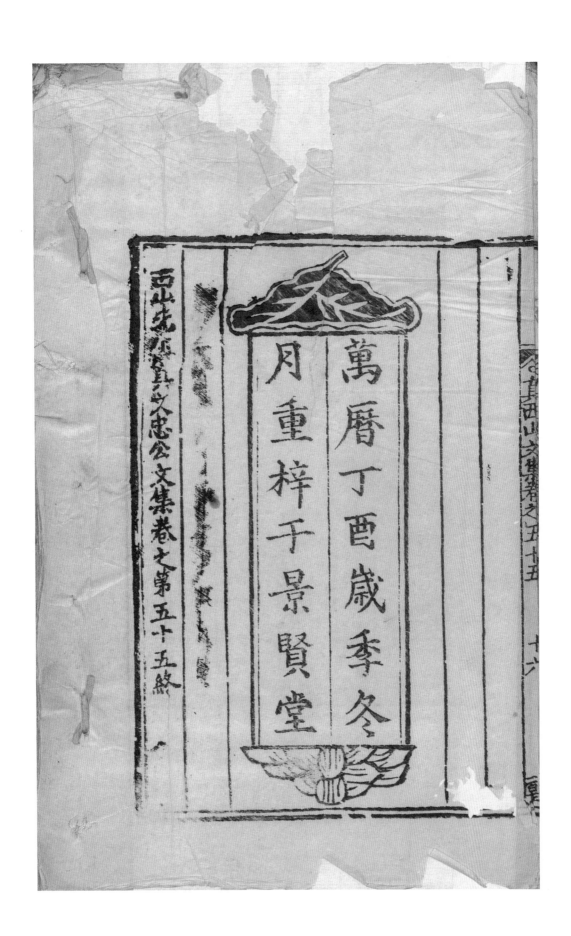

萬曆丁酉歲季冬
月重梓于景賢堂

西山先生真文忠公文集卷之第五十五終

**海瓊玉蟾先生文集六卷續集二卷**　〔宋〕葛長庚撰

明刻本

四冊

半葉九行二十字，白口，左右雙邊。版框 20.1×14.3 厘米

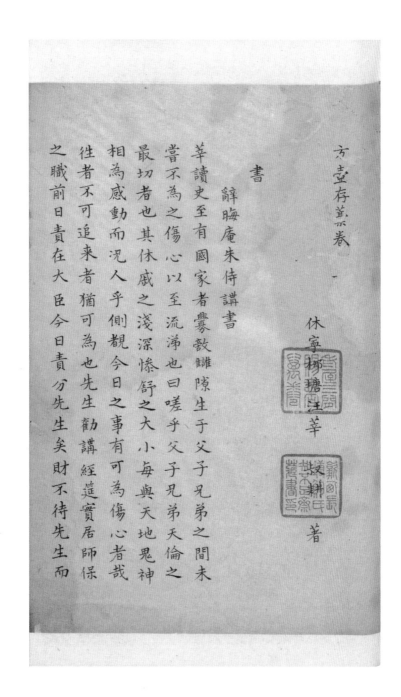

方壺存稿九卷　〔宋〕汪莘撰　附錄一卷

清抄本

二册

半葉十一行二十一字，無欄格

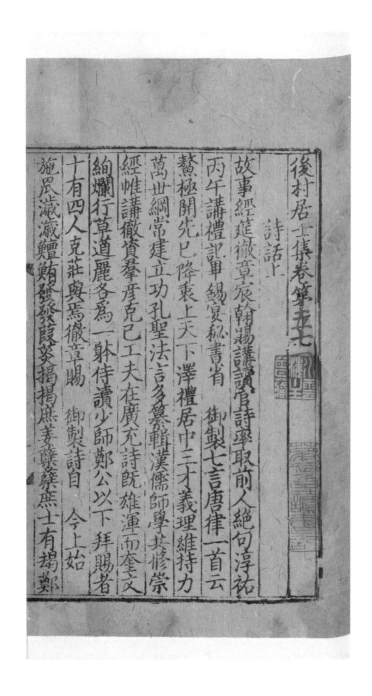

**後村居士集五十卷** 〔宋〕劉克莊撰

宋刻本

三冊 存四卷：十七至十八、四十三至四十四

半葉十行二十一字，細黑口，四周雙邊。版框 19.3×13.0 厘米

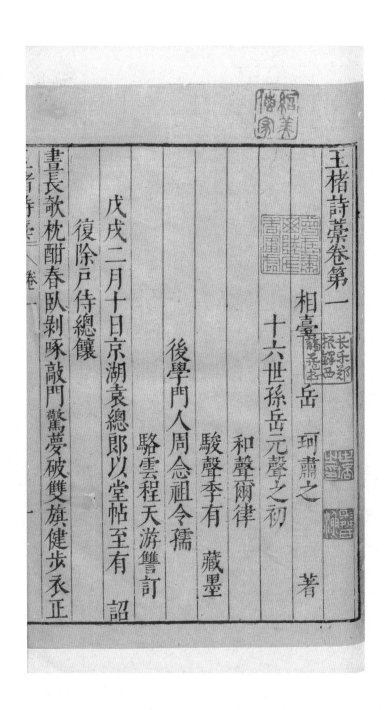

玉楮詩稿八卷　〔宋〕岳珂撰

明岳元聲、岳和聲、岳駿聲刻本　鄭振鐸跋

二册

半葉十行二十字，白口，左右雙邊。版框 20.5×14.4 厘米

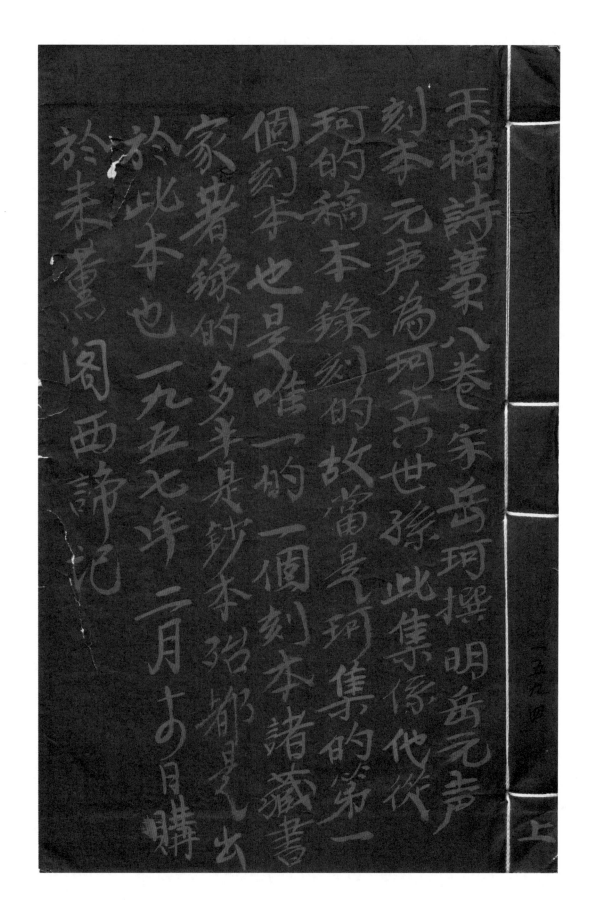

玉楮詩稾八卷　宋岳珂撰　明岳元声

刻本元声為珂十六世孫此集係他後

珂的稿本録刻的故當是珂集的第一

個刻本也是唯一的一個刻本諸藏書

家書録的多半是鈔本殆都是出

於此本也一九五七年二月予月購

於来薰閣西諦記

一五九四

上

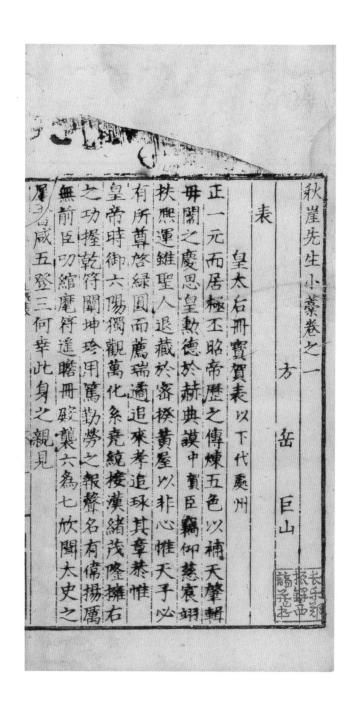

**秋崖先生小稿四十五卷**　〔宋〕方岳撰

明嘉靖五年（1526）方謙刻本

七册　存三十四卷：一至二十、三十二至四十五

半葉十二行二十字，白口，四周單邊。版框 18.4×12.5 厘米

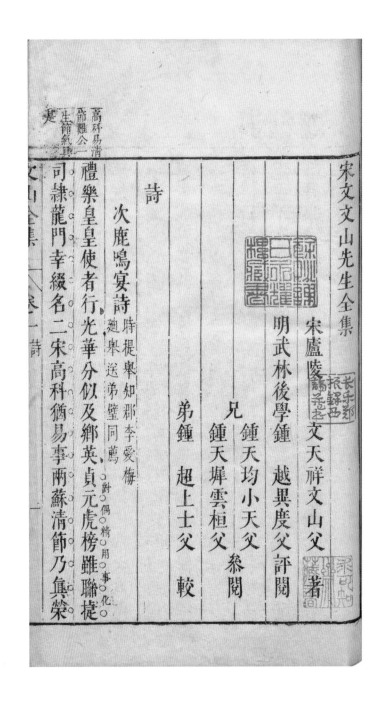

**宋文文山先生全集二十一卷** 〔宋〕文天祥撰 〔明〕鍾越輯並評

明崇禎二年（1629）鍾越刻本

八冊

半葉十行二十一字，白口，四周單邊。版框 20.5×14.6 厘米

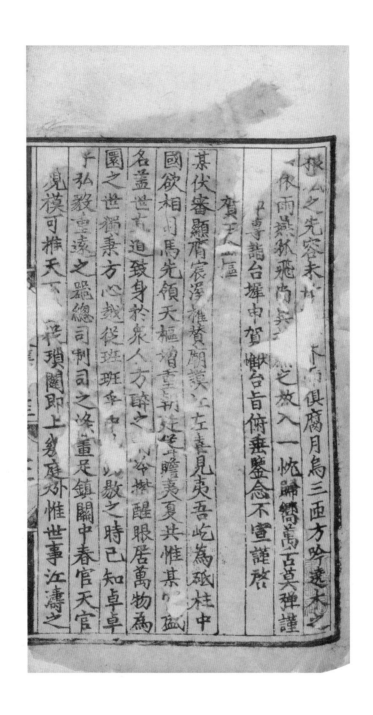

**蛟峰集七卷**　〔宋〕方逢辰撰

明天順七年（1463）方中刻本

二册　存三卷：卷三至六

半葉十行二十二字，黑口，四周雙邊。版框 20.5×12.9 厘米

咸淳集

三山菊山後人所南鄭思肖憶翁

題多景樓　時叛將劉整圍襄陽

英雄登眺處一劒獨來遊男子抱奇氣中原入遠謀

江分淮浙土天潤楚吳秋試筌斜陽外誰寬　西顧

憂

逢陳宜之　伯羲

行李苦役役相逢古潤州千金一夜醉四海十年遊

山靜鬼行月宵凉人夢秋近聞邊事急欷歔得無憂

**心史七卷**　〔宋〕鄭思肖撰

明崇禎十二年（1639）張國維刻本

二册

半葉九行二十字，白口，左右雙邊。版框 20.9×14.1 厘米

# 集

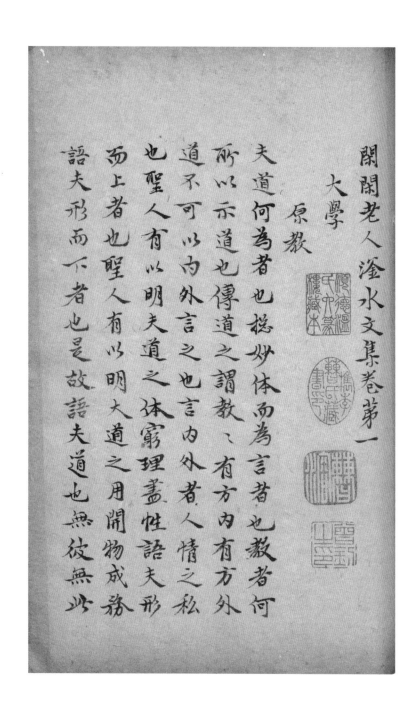

閑閑老人滏水文集卷第一

大學

原教

夫道何為者也揆妙体而為言者也教者何
所以示道也傳道之謂教、有方内有方外
道不可以内外言之也言内外者人情之私
也聖人有以明夫道之体窮理盡性語夫形
也聖人有以明大道之用開物成務
而上者也聖人有以明大道之用開物成務
語夫形而下者也是故語夫道也無彼無此

**閑閑老人滏水文集二十卷**　〔金〕趙秉文撰　**附錄一卷**

清初抄本

四冊

半葉九行十七字，無欄格

16309（10809）

# 集

集部一————元別集類

0000

# 榮祭酒遺文

元　鹽官榮　肇著

論短喪疏

臣聞人心者國家之元氣也而人心莫重於裘本夫人
莫不本於父母也無論官骸髮膚為父母精血所遺即
夫鞠育之顧復之飲食之教誨之幸其成慮其敗靡朝
靡又無有不繫于父母之懷欲報之德昊天罔極此參
義孝子所以哀哀于生我也孔子所云三年之愛為牵
我安於短喪故發是言以警醒之豈誠謂父母愛子止
有三年哉先王酌理準情而制喪服謂人子之於其父

**榮祭酒遺文一卷**　〔元〕榮肇撰

清陳鱣家抄本　清陳鱣校並序

一冊

半葉十行二十一字，無欄格

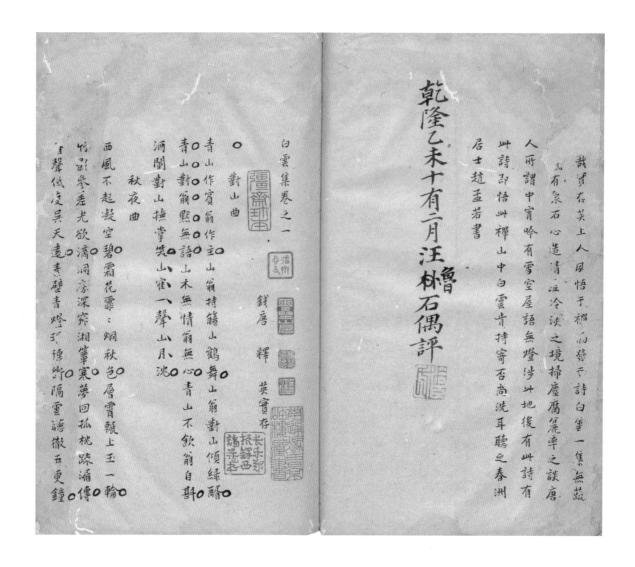

白雲集三卷　〔元〕釋英撰　題贈附錄一卷

清抄本

一冊

半葉十行二十一字，無欄格

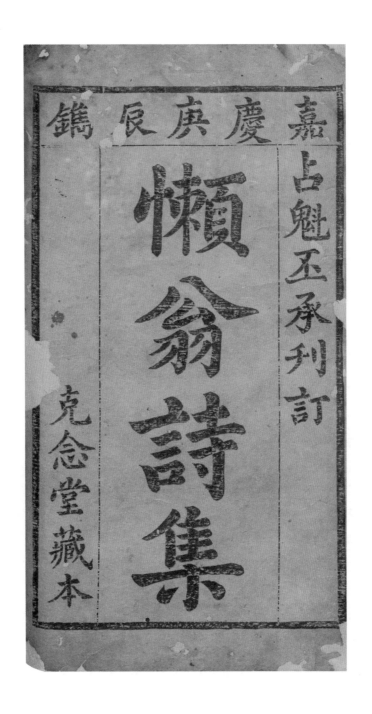

嘉慶庚辰鐫
占魁丕承刊訂
懶翁詩集
克念堂藏本

**元懶翁詩集二卷**　〔元〕董壽民撰

清嘉慶二十五年（1820）董占魁克念堂活字印本

一冊

半葉十二行二十六字，白口，四周單邊，無直格。版框 20.1×13.1 厘米

元懶翁詩集卷之上

　　　　　　　　　　　　　　　克念堂藏本

裔孫占魁玉承刊訂

　　　　裔孫　昌期月垣
　　　　　　　昌瀚海峰　同校

　　送李灈清汪樓碧游錢塘

聞君並駕亦欣然恨不相從共著鞭故國山河空自憂西湖風
景總熙緣洞ㄅ暗想呼猿客梅下遙憐放鶴仙南北高峰應好
在試參着柄問當年

　　瀘川道中

海棠睡足柳初眠好景東南二月天夾道長松嘶急雨倚空厓

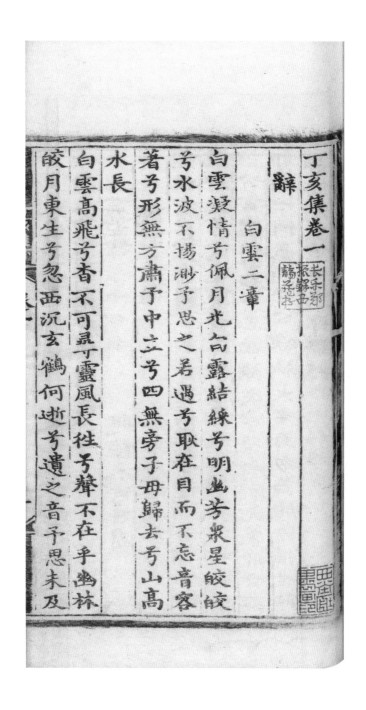

**靜修先生丁亥集六卷遺文六卷遺詩六卷拾遺七卷續集三卷** 〔元〕劉因撰 **附錄二卷**

明弘治十八年（1505）崔喦刻嘉靖十六年（1537）汪堅重修本

四冊

半葉九行二十字，黑口，四周雙邊。版框 22.5×14.6 厘米

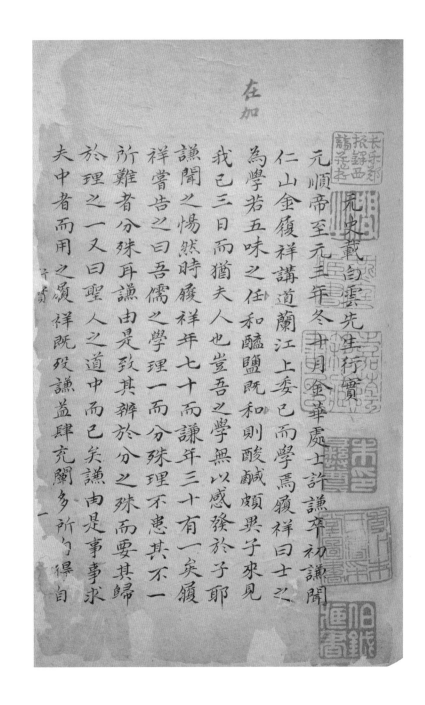

許白雲先生文集四卷　〔元〕許謙撰　附錄一卷

清初抄本　清胡宗懋校並跋

四冊

半葉十行二十字，無欄格

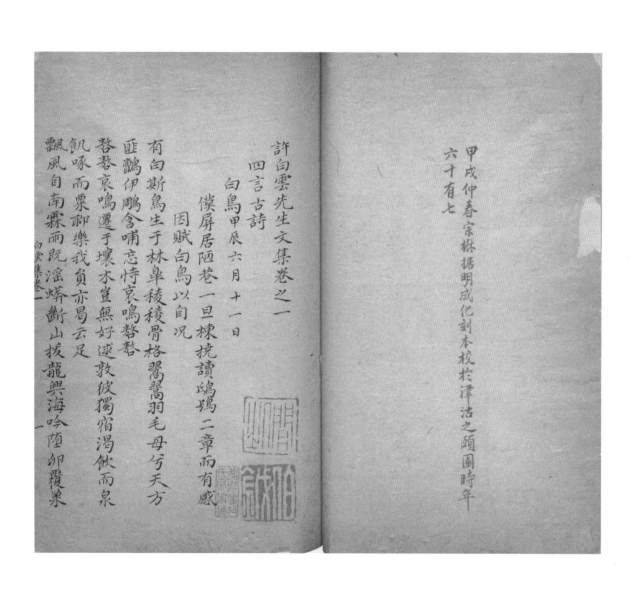

甲戌仲春宗楙据明成化刻本校於津沽之頤園時年六十有七

# 許白雲先生文集卷之一

## 四言古詩

### 白鳥甲辰六月十一日

僕屏居陋巷一旦棟撓讀鵂鶹二章而有感

因賦白鳥以自況

有白斯鳥生于林皋稜稜骨格翯翯羽毛毋兮天方

匪鶚伊鵰含哺忘恃哀鳴嗸嗸

嗸嗸哀鳴遷于壞木豈無好逑敦彼獨宿渴飲而泉

飢啄而粟聊樂我負亦曷云足

飄風自南霖雨既淫蟒斷山拔龍興海吟墮卵覆巢

書解折衷自序

伏羲神農黃帝之書是爲三墳此三皇書也少昊顓頊高
辛唐堯虞舜之書是爲五典此五帝書也至孔子始斷自
唐虞以下託於周去三墳五典所定者二帝三王書凡百
篇焉豈三墳五典簡編脫落而不可遍邪抑孔子所見但
始於唐虞也今不可考矣及秦坑焚禍作百篇之書無敢

周禮外史掌三皇五帝之書楚左史倚相亦能讀此書蓋

陳定宇先生文集卷之一

族孫嘉基毅軒訂

序

**陳定宇先生文集十六卷別集一卷**　〔元〕陳櫟撰

清康熙陳嘉基刻本

六冊

半葉十行二十二字，黑口，左右雙邊。版框 21.0×14.2 厘米

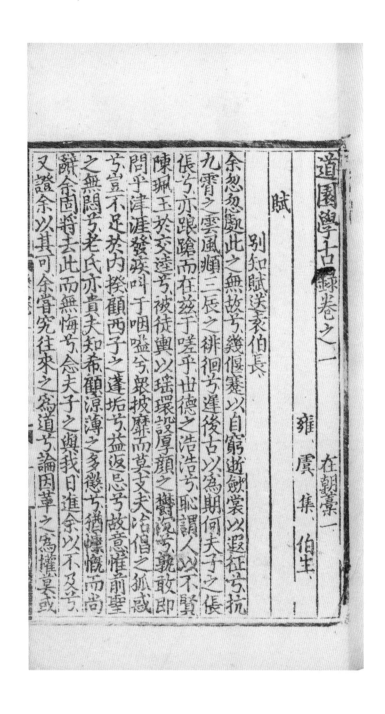

**道園學古錄五十卷**　〔元〕虞集撰

明嘉靖四年（1525）陶諧、虞茂刻本

十六冊

半葉十三行二十三字，黑口，四周雙邊。版框 19.3×13.0 厘米

翰林珠玉卷一　　邵　庵　虞　集　伯生父

四言古詩

味經堂詩有序

國子祭酒魯公伯子羣父作味經堂自爲記
以晶其子遠公嘗命遠從予游故賦此詩

維昔立聖有子過庭學禮學詩紹之丁寧面墻之窒
縣不知味親能使學不能使嗜觀于德容聽于德音
詠歌周旋寶悅我心邈乎千載聖往言在舍而不求

翰林珠玉　卷一　一

**翰林珠玉六卷**　〔元〕虞集撰

清抄本

二册

半葉九行二十字，無欄格

翠寒集

廣平宋無　子虛

烏夜啼

露犖洗天天隬水燭光燒雲半空紫西施夜醉芙
蓉洲金絲玉簧咽清秋鼛鼓鞭月行春雷洞房花
夢酣不廻宮中夜夜啼栖烏美人日日歌吳歈吳
王國破歌聲絕鬼火青熒生碧血千年壞壕耕狐
兎烏卿紙錢掛枯樹髑髏無語滿眼泥曾見吳王
歌舞時烏夜啼啼爲誰身前歡樂身後悲空留瑟

**翠寒集一卷嘯噫集一卷**　〔宋〕宋無撰

明崇禎十一年（1638）毛氏汲古閣刻元人集十種本

四冊

半葉九行十九字，白口，左右雙邊。版框 19.0×14.1 厘米

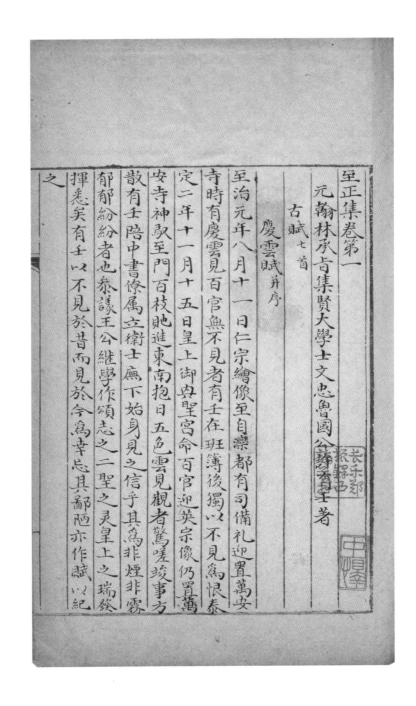

至正集卷第一

元翰林承旨集賢大學士文忠魯國公諡文忠許有壬著

古賦七首

慶雲賦并序

至治元年八月十一日仁宗繪像至自灤都有司備礼迎置萬安寺時有慶雲見百官無不見者有壬在班簿後獨以不見為恨泰定二年十一月十五日皇上御內聖宮命百官迎奘宗像仍置萬安寺神馭至門百枝虵進東南抱日五色雲見觀者驚嗟竣事方散有壬陪中書僚屬立衛士廡下始身見之信乎其為非煙非霧郁郁紛紛者也泰議王公継學作頌志之二聖之靈皇上之瑞發揮恵矣有壬以不見於昔而見於今為幸忘其鄙陋亦作賦以紀之

**至正集八十一卷** 〔元〕許有壬撰

清抄本

二十冊

半葉十二行二十五字，黑格，白口，左右雙邊。版框18.8×14.4厘米

桂隱文集卷一

元　謚文敏桂隱劉詵　著
元　賜進士門人羅如𡾋顏成于編刊
明　曾孫　三德　用敦　炌　重編
　　族孫　方興　天健　志孔　較刊

賦
　聞角有短序
予久客城中朝暮聞角念歲月易但有感而賦
孤城始秋涼月流夜懸葉鳴空疏螢入樹雲鱗鱗而不風漢耿
耿以西下鼓屢急而逈絕鐘漸遠而欲罷有聲鳴噫非咽非宅
節送轉而逾愈長哀一送而如瀉於是劉子喟然嘆曰兹非羌
人所以愁予焉者耶鰲極四立物象兩數肇帝鴻之智創忽幾

桂隱文集卷一

**桂隱文集四卷** 〔元〕劉詵撰　**附錄一卷**

清抄本

一册

半葉十二行二十四字，無欄格

蟻術詩選卷之一

　　　　　　　　　元雲間邵復孺著
　　　　　　　　　明新都汪　穆　校

五言古風

秋懷

金風應商節，近樹生秋聲。況復驟雨過，莎雞振前楹。
居在城市間，朋從少合并。豈無山林賞，乃亦無俗情。
屢消歇身世，坐無成。廣庭散短策，逍遙塵慮清。陶然繼以嘯，
孤詠聊復逐，平生。
皎皎青樓月，流光照當時。樓中人邂逅，感相遇娟。
娟耀華年。榮，美風度。邑勉在同心，誓言金石固。离居

蟻術詩選卷之一

　　　　　　　　　　　元雲間邵復孺著
　　　　　　　　　　　明新都汪　稷校

五言古風

秋懷

金風應高節庭樹生秋聲況復踈雨過莎雞振前楹

客居在城市朋從少合并雖無山林賞乃亦無俗情

芳時屢消歇身世坐無成廣庭散短策逍遙塵慮清

陶然發孤詠聊復遂平生

**蟻術詩選八卷**　〔元〕邵亨貞撰

清抄本

一冊

半葉九行二十字，無欄格

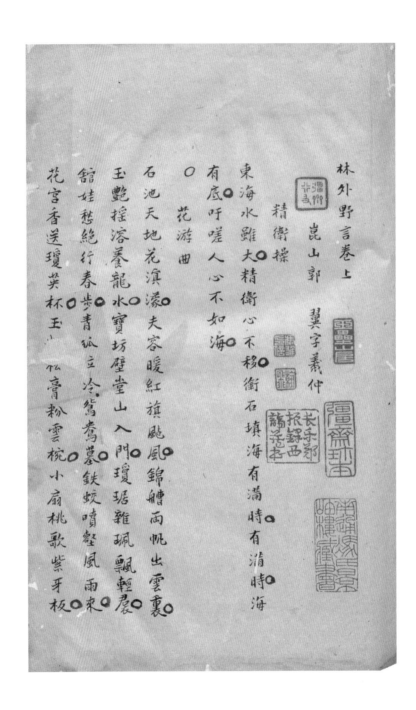

林外野言卷上

崑山郭　翼字義仲

精衛操

東海水雖大精衛心不移衛石填海有滿時有滿時海
有底吁嗟人心不如海〇

〇花游曲

石池天地花滇漾夫容暖紅旗颭風錦韆兩帆出雲裏〇
玉艷搖溶養龍水寶坊璧堂山入門瓊琚離珮飄輕塵〇
舘娃愁絕行春步青孤立冷鴛鴦墓鐵蛟噴鬐風雨來〇
花宮香送瓊英杯玉小松膏粉雲梳小扇桃歌紫牙板〇

**林外野言二卷** 〔元〕郭翼撰

清抄本

一册

半葉十行二十一字，無欄格

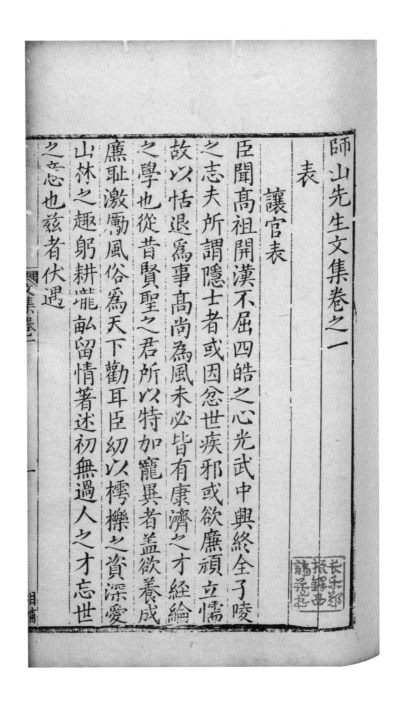

**師山先生文集八卷** 〔元〕鄭玉撰

明嘉靖十四年（1535）刻遞修本

二冊

半葉十行二十字，白口，四周單邊。版框 19.7×12.4 厘米

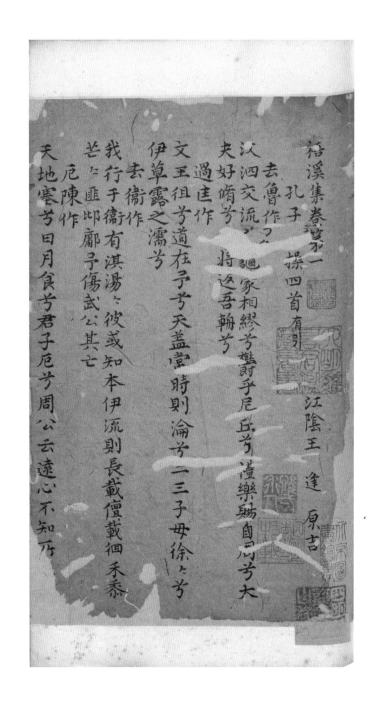

**梧溪集七卷**　〔元〕王逢撰

明抄本

二冊　存二卷：一至二

半葉十三行二十二字，無欄格

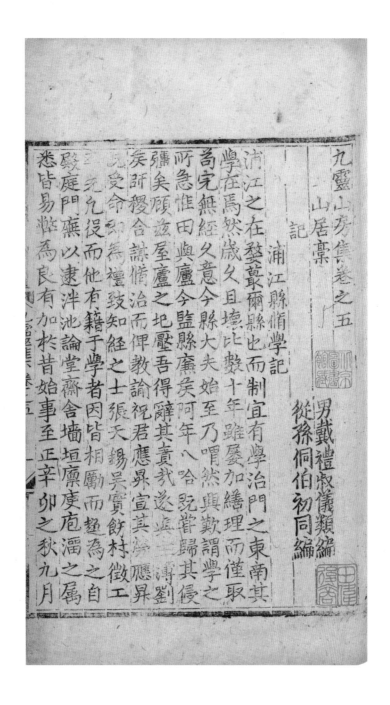

**九靈山房集三十卷**　〔元〕戴良撰

明正統十年（1445）戴統刻本

三冊　存十卷：五至十四

半葉十四行二十字，黑口，四周雙邊。版框 20.1×14.1 厘米

玉山顧　瑛氏著

至正八年戊子上巳日與楊鐵厓飲于書畫舫侍姬素雲
行揶子酒相與聯句畢鐵厓乘興奏鐵龍之簫後命素
雲行酒余口占云鐵笛一聲停素雲鐵厓擊節足成一
詩云黃公壚西逢故人坐客各以能詩聞揶漿半斗破
明月鐵笛一聲停素雲繭紙題詩寫章草瓜皮看劈辨
周文人生嘉會不有述何異市中群聚蚊伴子次韵
春水畫船如屋裏船頭吹笛隔花聞拜刀落手碎玉斗揶崟分

**玉山璞稿二卷**　〔元〕顧瑛撰

清抄本

一冊

半葉九行二十四字，無欄格

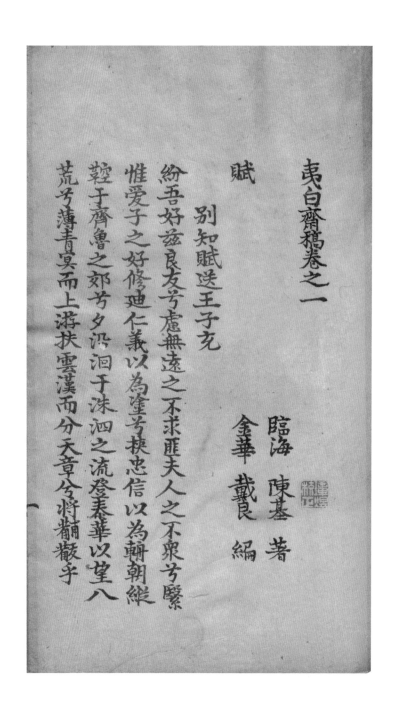

夷白齋稿卷之一

　　　　　　　　臨海　陳基　著

　　　　　　　　金華　戴良　編

賦

　別知賦送王子充

紛吾好茲良友兮慮無遠之不求匪夫人之不衆兮曒

惟爱子之好修迪仁義以為塗兮挟忠信以為輴朝緮

鞚于齊魯之郊兮夕沿洄泗之流登泰華以望八

荒兮薄青冥而上游扶雲漢而分天章兮將觀歟乎

一

**夷白齋稿三十五卷外集一卷**　〔元〕陳基撰

清抄本

六册

半葉八行二十一字，白口，無欄格

# 集

集部一———— 明別集類

〇〇〇〇

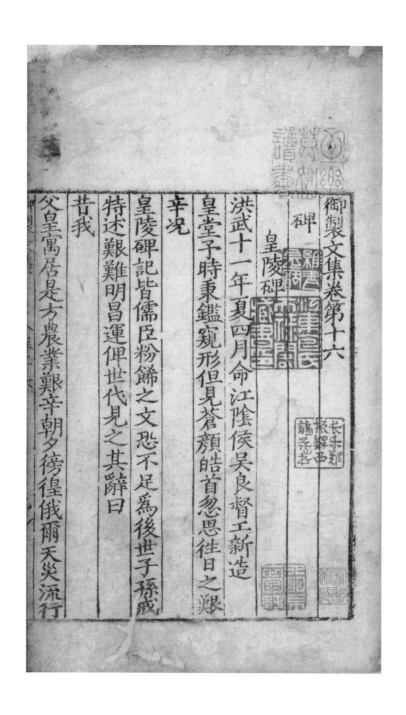

**御製文集二十卷**　〔明〕太祖朱元璋撰

明嘉靖八年（1529）唐冑刻本

一册　存五卷：十六至二十

半葉十行二十字，白口，四周單邊。版框 18.4×14.1 厘米

**御製文集三十卷**　〔明〕太祖朱元璋撰

明初刻本

一册　存一卷：丙集詩一卷

半葉十行二十字，黑口，四周雙邊。版框 27.5×17.2 厘米

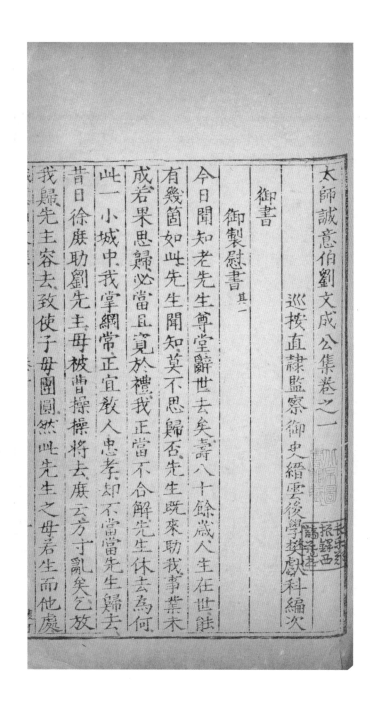

**太師誠意伯劉文成公集十八卷**　〔明〕劉基撰

明嘉靖三十五年（1556）樊獻科于德昌刻本

十六冊

半葉十行二十三字，白口，四周雙邊。版框 21.4×14.4 厘米

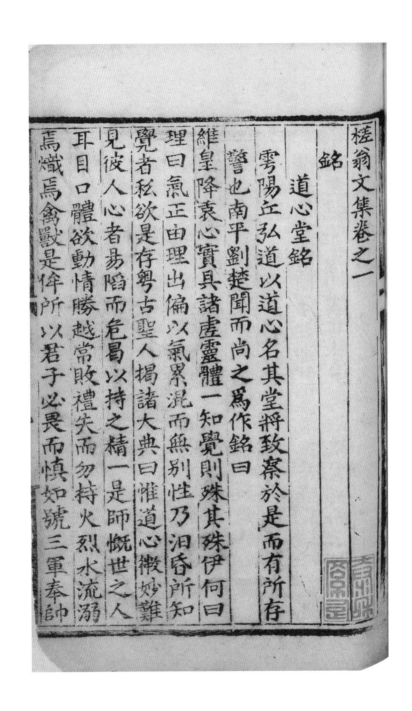

**槎翁文集十八卷**　〔明〕劉崧撰

明嘉靖元年（1522）徐冠刻本

一冊　存四卷：一至四

半葉十一行二十一字，黑口，四周雙邊。版框 21.6×14.9 厘米

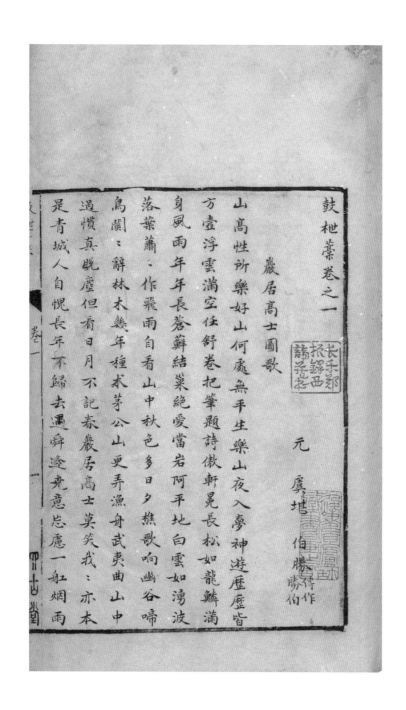

鼓枻稿六卷補遺一卷　〔明〕虞堪撰

清吳氏四古堂抄本　清吳允嘉校補，鄧邦述跋

一冊

半葉十行二十二字，白口，四周單邊。版框 18.8×13.7 厘米

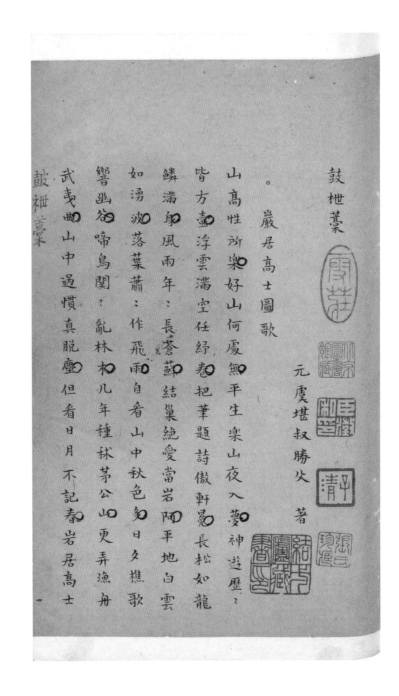

**鼓枻稿一卷**　〔明〕虞堪撰

清抄本　清鮑廷博校

二冊

半葉九行二十一字，無欄格

蒲菴詩卷之一

　　　　　　　　　　　　　　釋來復見心著

七言古體

金華山圖為宋仲珩舍人題

峩峩金華山高壓南斗上太白儲精地毓靈玉斲芙
蓉五千丈中有牧羊兒馭氣凌紫烟東來掃北海鍊
藥成飛仙呼龍畊雨開芝田至今白石如弟眠山人
結鄰近山麓積書萬卷叢無錢飢餐石中髓渴飲餘
下泉朝臨樂毅論暮校黃庭篇去年書入巖谷謁帝
蓬萊跨黃鵠五花頒誥寫龍香出入金門食天祿上

蒲庵詩

卷一

一

**蒲庵詩三卷**　〔明〕釋來復撰

清抄本

二册

半葉十行二十字，藍格，白口，四周雙邊。版框 20.4×12.9 厘米

芻蕘集卷之一

泰和周是脩　著

同郡郭子章　劉應秋　康夔相

吳郡張獻翼　王會圖　張大咸

管廷節　　姚光祚　劉養謙仝選

嗣孫周應鰲　梓

五言古詩

述懷五十三首

登高望八表世道何悠悠衰榮無定極往復更相酬誰為

陽和春及此肅殺秋人生忽如寓百歲苦不周鶴髮每先

詩頂一　一

**芻蕘集六卷**　〔明〕周是脩撰

清抄本

二册

半葉十行二十二字，無欄格

巽隱程先生詩集卷一

後學　金　檀　星輅　編輯

姪　弘勳　元功　校

五言古詩

狀元黃分韻得載字

曲江探花宴春事今安在粲粲霜下傑正色獨不改郊

林有丹桂檀芳巳千載晚節孰與倫汝價當十倍

鳳鳴梧　附考在桐鄉

梧桐生高岡亭亭凌紫霄鳴鳳丹山來依此百年喬良

材中琴瑟和聲合簫韶我非漢中郎詎識爨下焦

龍眼池　附考在桐鄉慧　雲寺雙塔左右

**巽隱程先生詩集二卷文集二卷**　〔明〕程本立撰

清康熙五十八年（1719）金檀燕翼堂刻本

四冊

半葉十一行二十一字，白口，左右雙邊。版框 17.7×13.5 厘米

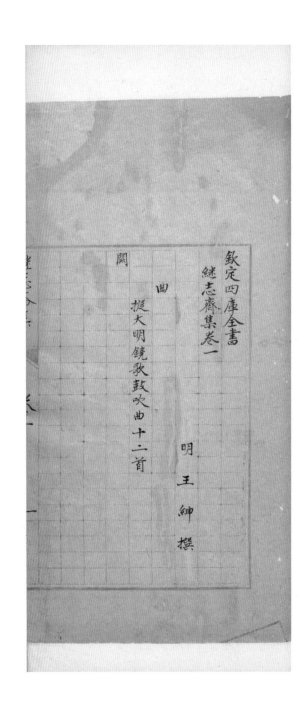

**繼志齋集十二卷**　〔明〕王紳撰

清抄本（四庫底本）

四冊　存九卷：二至九

半葉九行二十一字，小紅格，白口，四周雙邊。版框 18.2×12.4 厘米

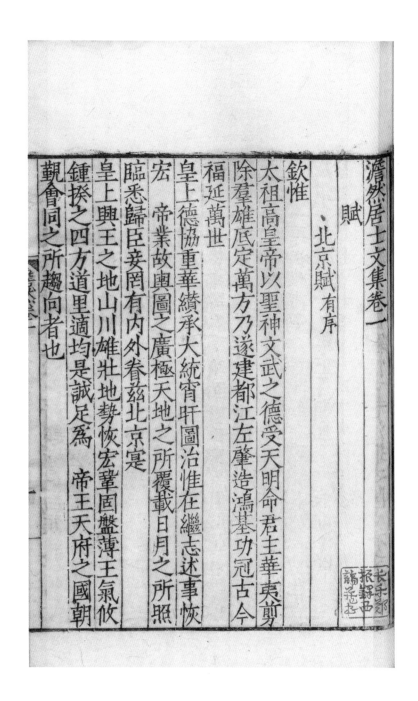

澹然居士文集卷一

賦

北京賦 有序

欽惟

太祖高皇帝以聖神文武之德受天明命君主華夷剪
除羣雄底定萬方乃遂建都江左肇造鴻基功冠古今
福延萬世

皇上德協重華續承大統宵旰圖治惟在繼志述事恢
宏

帝業故興圖之廣極天地之所覆載日月之所照
臨悉歸臣妾罔有內外眷茲北京寔

皇上興王之地山川雄壯地勢恢宏鞏固盤薄王氣攸
鍾搃之四方道里適均是誠足爲

帝王天府之國朝
觀會同之所趨向者也

---

**澹然居士文集十卷**　〔明〕陳敬宗撰

明嘉靖十四年（1535）陳文譽、來汝賢刻本

四册

半葉十三行二十一字，白口，左右雙邊。版框 20.1×15.3 厘米

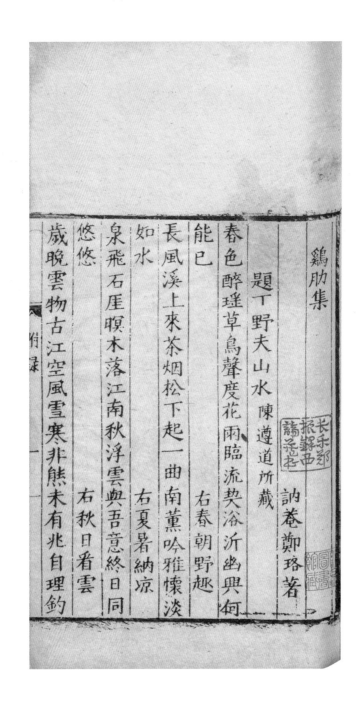

**雞肋集一卷** 〔明〕鄭珞撰

明嘉靖刻本

一冊

半葉十行十八字，白口，左右雙邊。版框 16.5×12.7 厘米

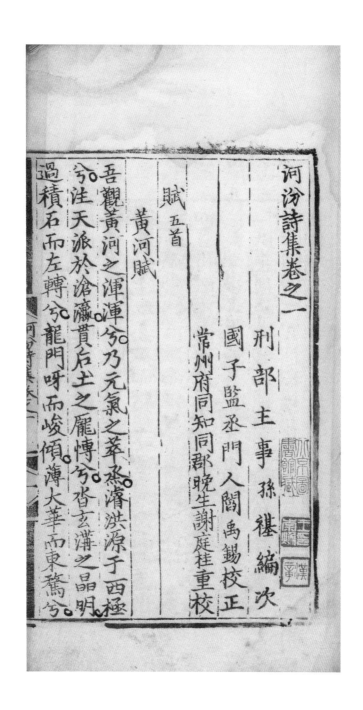

河汾詩集八集　〔明〕薛瑄撰

明成化五年（1469）謝庭桂、朱維吉刻本　書衣有墨筆題記

一冊　存三卷：一至三

半葉九行二十字，黑口，四周雙邊。版框 21.1×13.2 厘米

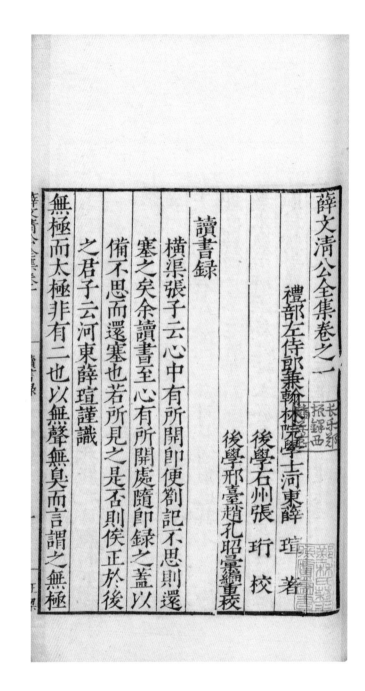

**薛文清公全集四十卷** 〔明〕薛瑄撰　　**附錄一卷**

明刻本

三册　存八卷：一至二、十八至二十、三十四至三十六

半葉十行二十字，白口，四周單邊。版框 21.5×13.4 厘米

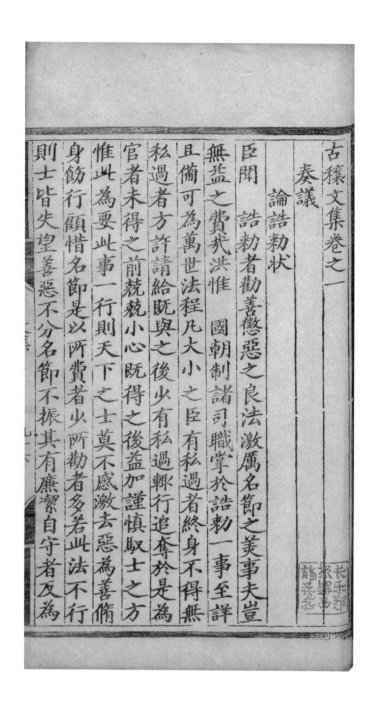

則士皆失望善惡不分名節不振其有廉潔自守者反為
身飾行顧惜名節是以所費者少所勸者多若此法不行
惟此為要此事一行則天下之士莫不感激去惡為善備
官者未得之前兢兢小心既得之後益加謹慎馭士之方
私過者方許請給既與之後少有私過輒行追奪於是為
且備可為萬世法程凡大小之臣有私過者終身不得無
無益之費矣洪惟　國朝制諸司職掌於誥勅一事至詳
臣聞誥勅者勸善懲惡之良法激厲名節之美事夫豈

論誥勅狀

奏議

古穰文集卷之一

**古穰文集三十卷**　〔明〕李賢撰

明成化十年（1474）李璋刻萬曆四十六年（1618）李弘勳重修本

六冊

半葉十一行二十二字，黑口，四周雙邊。版框 21.5×13.4 厘米

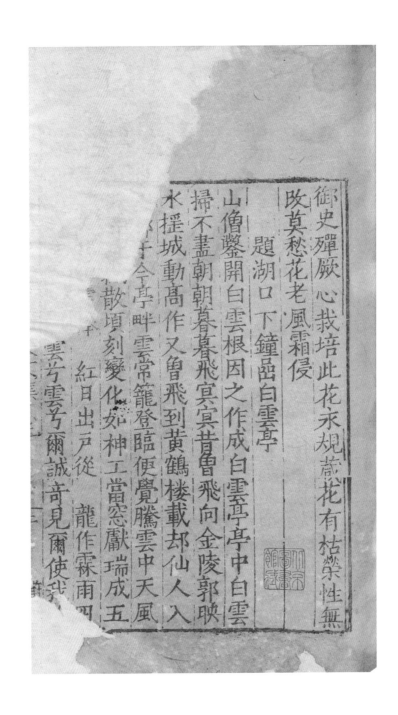

**韓襄毅公家藏文集十五卷**　〔明〕韓雍撰

明荻溪草堂刻本

一册　存三卷：二至四

半葉十行十八字，白口，左右雙邊。版框 17.1×12.6 厘米

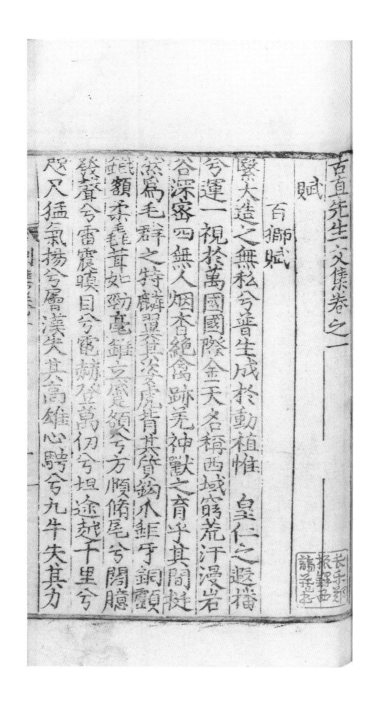

**古直先生文集十六卷**　〔明〕劉玠撰　**附録一卷**

明嘉靖三年（1524）劉銃刻本

三册　存十卷：一至五、九、十三至十六

半葉十行二十字，白口，左右雙邊。版框 18.3×12.7 厘米

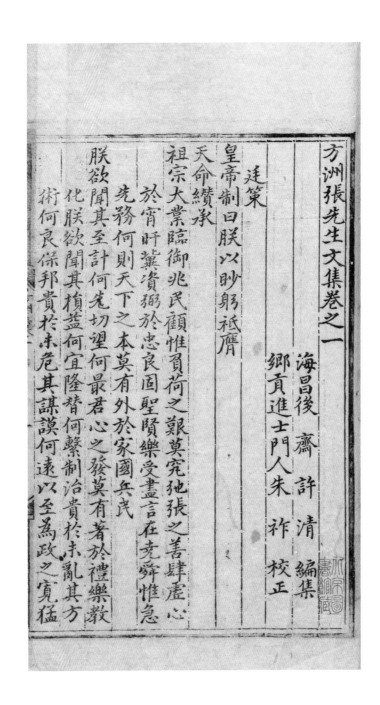

方洲張先生文集卷之一

海昌後齋　許　清　編集

鄉貢進士門人朱　祚　校正

廷策

皇帝制曰朕以眇躬祗膺

天命纘承

祖宗大業臨御兆民顧惟負荷之艱莫究弛張之善肆虞心
於宵旰葉資弼於忠良固聖賢樂受盡言在堯舜惟急
堯務何則天下之本莫有外於家國兵民
朕欲聞其至計何先切望何最君心之發莫有著於禮樂教
化朕欲聞其損益何宜隆替何繫制治貴於未亂其方
術何良保邦貴於未危其謀謨何遠以至為政之寬猛

**方洲張先生文集四十卷** 〔明〕張寧撰

明弘治五年（1492）許清刻本

五冊　存二十一卷：一至四、二十四至四十

半葉十二行二十三字，黑口，四周雙邊。版框 21.2×14.1 厘米

T03611（14922）

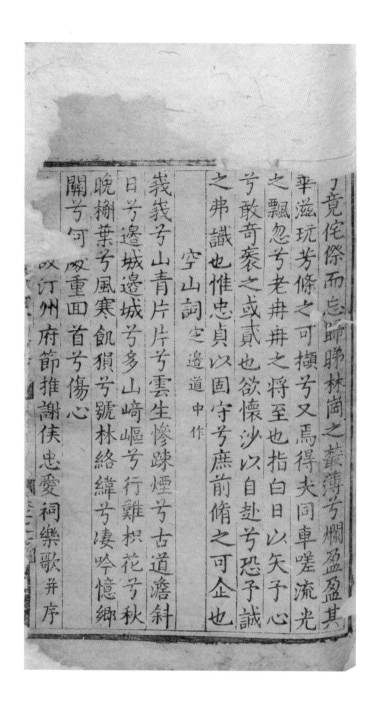

**枕肱亭文集二十卷目録二卷** 〔明〕童軒撰 〔明〕金章輯 **附録二卷**

明成化六年（1470）萬傽刻本

七册　存十三卷：詩二至十、文一至二、目録二卷

半葉十一行十八字，黑口，四周雙邊。版框 19.5×13.4 厘米

石田先生詩鈔八卷文鈔一卷　〔明〕沈周撰　〔明〕瞿式耜輯　**事略一卷**　〔清〕錢謙益輯

明崇禎十七年（1644）瞿式耜刻本　鄭振鐸跋

二冊

半葉十行二十二字，白口，四周單邊。版框 19.0×12.9 厘米

與書寫刊式樣全同牧齋初學集蓋同
是曝式耕所刻也卷首奪去錢曜之
序已為補寫訂入卷十是錢氏所輯
石田先生事略用力甚勤論述石田
生平甚詳此文當是重要的文獻也
丙辰六年七月吉日安諦記時距得
書於上海之日已兩月余矣

**石田先生集十一卷** 〔明〕沈周撰

明萬曆四十三年（1615）陳仁錫刻本　鄧邦述、鄭振鐸跋

六册

半葉九行十九字，白口，四周雙邊。版框 22.2×14.2 厘米

此集以寫本入版故自覺蕭可喜石田為明一代畫
中之聖窩及詩字可稱三絕集不分卷而分㳽蓋
寫時而分也金石宗師又見徐禎卿詩六册六與此本
刻手去白以價高未收白陽山人集列目而未見明
紹刻之先集必更精美審他日遇之當為兩畫
師破慳囊一合紹使相見也癸亥首正窗
士

予既於修綆堂得陸明卿刊白陽集茲復於遂雅齋

見石田集亦集並是明卿所刊于一見即驚為雙璧

因併收之首有鄰巨瞻手書後記已悉

珍藏書畫之記一章蓋近五十年間已歷鄧黄三

家矣巨瞻云白陽山人集刻目未見明卿刻其先集

必更精著者他日遇之當為兩西師破慳囊一介紿使

相見也予老得白陽集維乃得以巨瞻未嘗一

憲予双之矣　石田集刻本甚多花弘治正德三本名田

詩鈔　在明代畫以集中以沈唐二家為較易得文徐

予未能全得兩月之前乃得崇禎間瞿氏刻本名石田

奇多遇之者陸迢邊集別守所藏者當是孤本矣

五五二年七

月十六日西湖

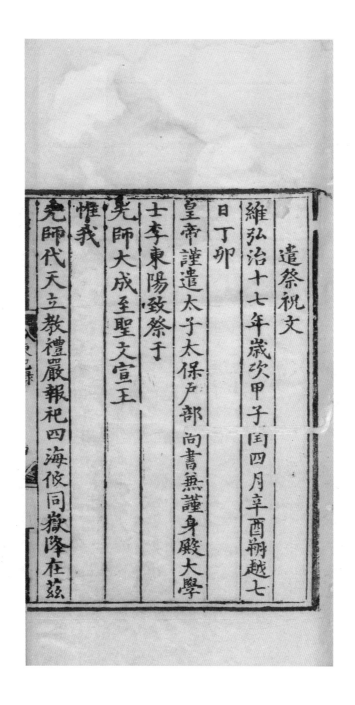

**東祀錄三卷**　〔明〕李東陽撰

明正德元年（1506）王麟刻本

一册

半葉八行十八字，黑口，四周雙邊。版框 16.4×11.6 厘米

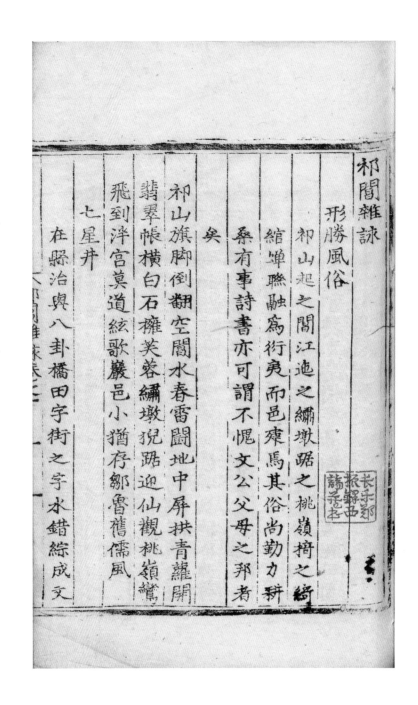

**祁閶雜詠一卷** 〔明〕汪敬撰 **續一卷** 〔明〕汪璪撰

明正德元年（1506）汪衍刻本

一册

半葉十一行二十字，白口，四周雙邊。版框 19.7×15.0 厘米

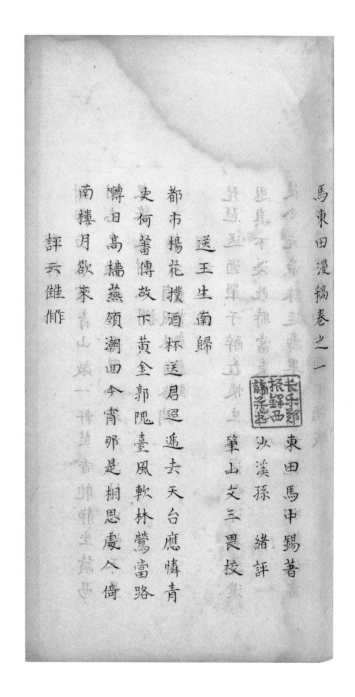

**馬東田漫稿六卷**　〔明〕馬中錫撰　〔明〕孫緒評

清抄本

三冊

半葉十行十七字，無欄格

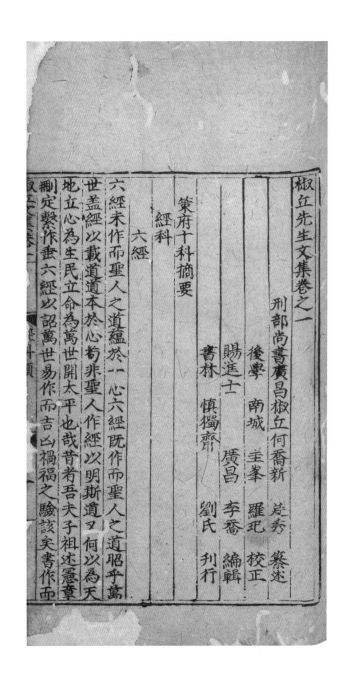

**椒丘先生文集三十四卷** 〔明〕何喬新撰 **外集一卷**

明嘉靖元年（1522）余嶝刻本（卷一至七配明書林劉氏慎獨齋刻本）

十一册

半葉十一行二十二字，黑口，四周單邊（卷一至七：半葉十二行二十五字，白口，四周雙邊）。版框
17.9×12.0 厘米

椒丘文集卷之八

長樂郭□□
旅釋甫
謙光甫

後學南城圭峰羅玘校正
知廣昌縣婺源余瑩訂刊
後學同邑黃選李喬編輯

史論

元

都元帥張弘範卒

福莫大於滅人之國無罪而滅之者陰禍尤重鍾會□□□
致力滅漢然漢之未幾會以反誅炎以謗死天道不爽矣三
如此宋室不競僻處江南正統相承百五十餘年矣其君
雖微弱然周官九伐之目宋有其一乎元人帖其強悍傳

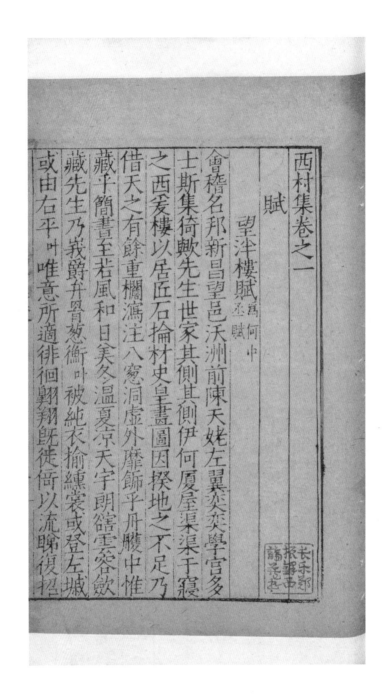

**西村集八卷** 〔明〕史鑒撰　**附録一卷**

明嘉靖八年（1529）史璧刻本

六册

半葉十行二十一字，白口，左右雙邊。版框 19.5×13.1 厘米

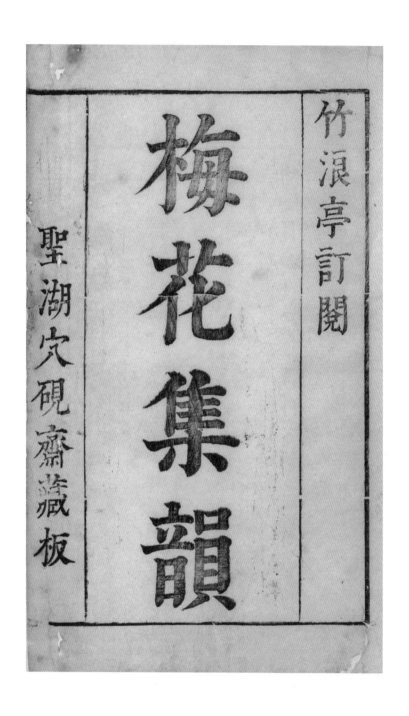

**草窗梅花集句四卷** 〔明〕童琥撰 **竹浪亭集補梅花集句一卷** 〔明〕洪九疇、程起駿撰

明崇禎十六年（1643）穴硯齋刻本

二册

半葉九行二十字，白口，四周單邊。版框 20.0×14.2 厘米

草窗梅花集句卷之一

蘭溪　童　琥廷瑞輯著

新安　洪九疇非戝訂正

同社　程起駿逸倩較閱

五言律　一百首

一

十月初寒外梅梢已著春故將天下白截斷世間塵

根老香全古心清趣自眞不同桃與李所至媚游人

梅花集句

卷一

宋邵康節　宋陳後山　宋張澤民　宋徐道暉

整菴先生存稿卷之一

記一十五首

婺源縣重建察院記

察院者故御史臺三院之一也我

朝政御史臺

為都察院其屬惟監察御史分十三道以居而三院

之制盡廢惟其銜命四出以按吏治者所至之處必

有館宇以正厥位而出政令焉乃名之曰察院蓋其

名雖仍唐宋之舊而實有不同者通建於郡邑也婺

源為南畿大邑邑有察院創自宣德年中歷歲滋久

傾頹且盡平原聶君瑄来知縣事喟曰是非所以尊

**整庵先生存稿二十卷**　〔明〕羅欽順撰

明萬曆刻本

一冊　存二卷：一至二

半葉十行二十字，白口，左右雙邊。版框 18.2×12.1 厘米

T03609（15163）

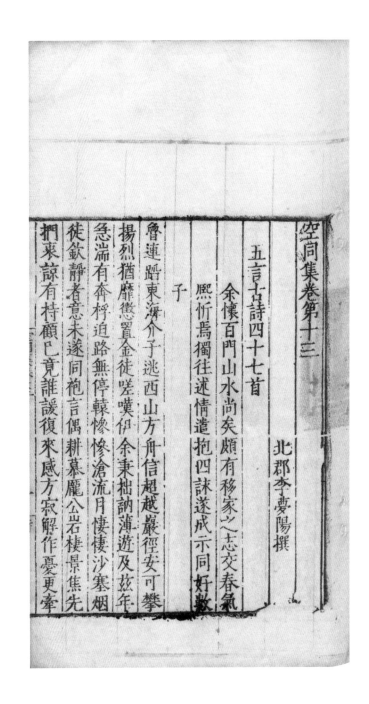

**空同集六十三卷**　〔明〕李夢陽撰

明嘉靖十一年（1532）曹嘉刻本

十冊　存四十卷：十二至十六、二十六至六十

半葉十一行二十字，白口，左右雙邊。版框 18.6×13.9 厘米

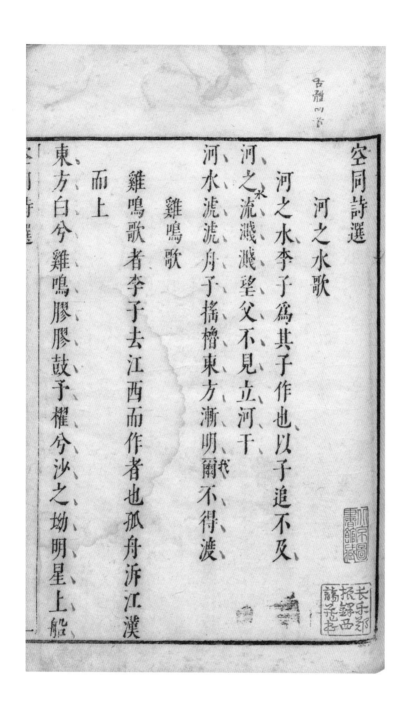

空同詩選一卷　〔明〕李夢陽撰　〔明〕楊愼評

明閔齊伋刻朱墨套印本

一册

半葉九行十九字，白口，四周單邊。版框 21.3×15.1 厘米

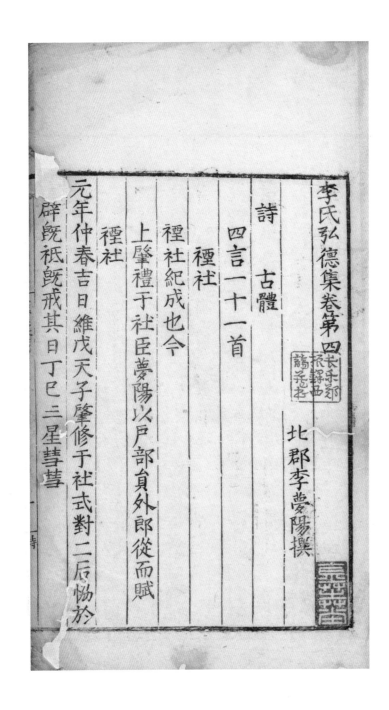

**李氏弘德集三十二卷**　〔明〕李夢陽撰

明刻本

四册　存二十三卷：四至十五、二十二至三十二

半葉十行二十字，白口，四周單邊。版框 19.5×14.3 厘米

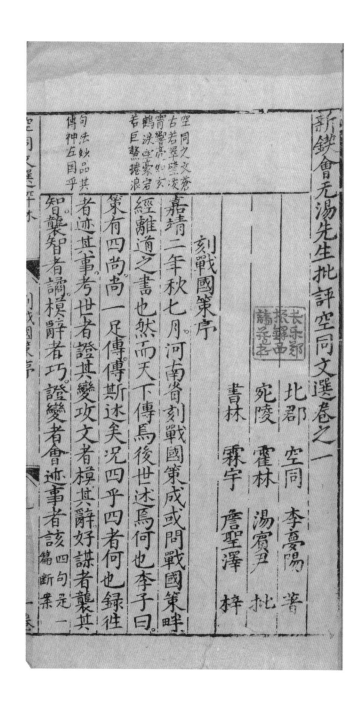

**新鍥會元湯先生批評空同文選五卷**　〔明〕李夢陽撰　〔明〕湯賓尹評

明書林詹霖宇刻本

二冊

半葉十行二十一字，白口，四周雙邊或四周單邊。眉欄鐫評。版框 21.2×12.8 厘米

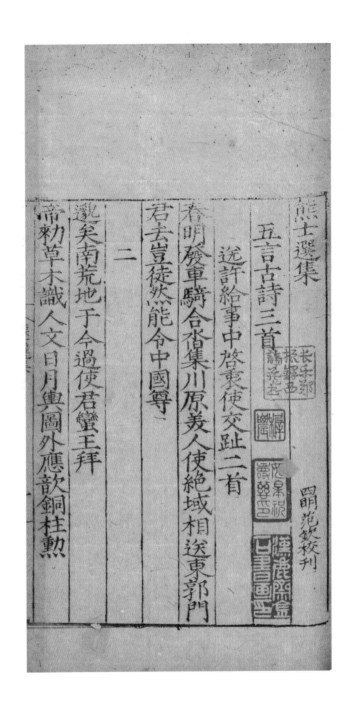

**熊士選集一卷** 〔明〕熊卓撰　**附録一卷**

明嘉靖二十二年（1543）范欽刻本

一册

半葉八行二十字，白口，四周單邊。版框 17.5×12.7 厘米

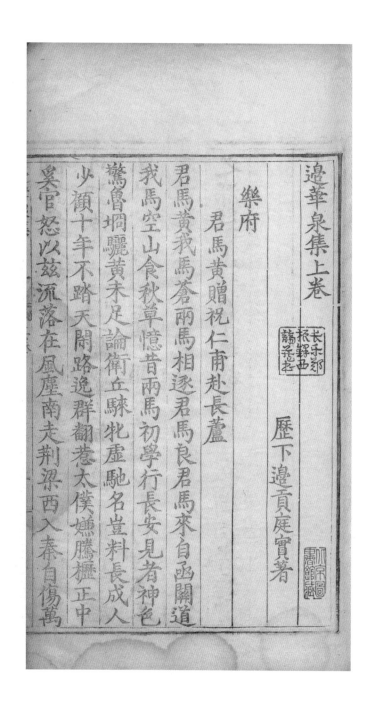

樂府

君馬黃贈祝仁甫赴長蘆

君馬黃我馬蒼兩馬相逐君馬良君馬來自函關道
我馬空山食秋草憶昔兩馬初學行長安見者神色
驚魯坰驪黃未足論衛立驍牝虛馳名豈料長成人
少顏十年不踏天閒路逸群翻惹太僕嬾騰櫪正中
吳官怒以茲流落在風塵南走荊梁西入秦自傷萬

**邊華泉集二卷** 〔明〕邊貢撰

明萬曆刻明十二家詩選本

一册

半葉九行二十字，白口，四周雙邊。版框 21.4×14.6 厘米

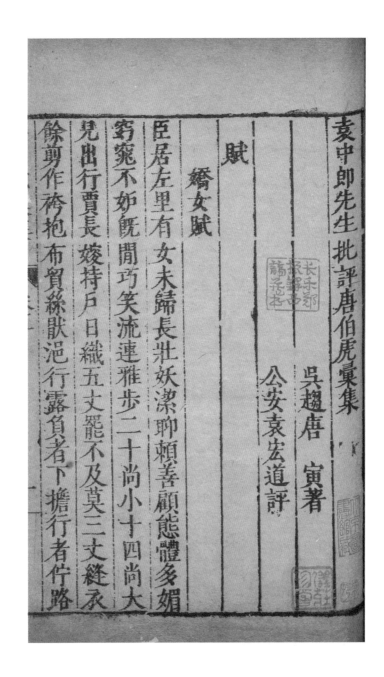

**袁中郎先生批評唐伯虎彙集四卷** 〔明〕唐寅撰 〔明〕袁宏道評 **唐六如先生畫譜三卷**

〔明〕唐寅輯 **外集一卷** 〔明〕祝允明撰 **紀事一卷傳贊一卷**

明刻本

七冊

半葉九行二十字，白口，四周單邊。版框 20.5×13.5 厘米

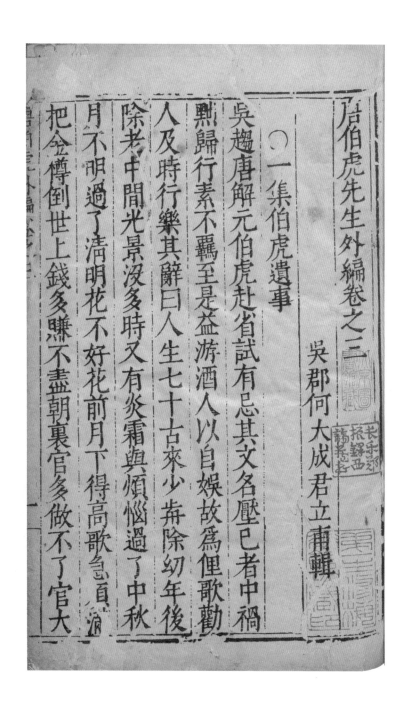

唐伯虎先生外編卷之三

吳郡何大成君立甫輯

○一集伯虎遺事

吳趣唐解元伯虎赴省試有忌其文名壓己者中禍
黜歸行素不覊至是益游酒人以自娛故爲俚歌勸
人及時行樂其辭曰人生七十古來少岍除幼年後
除老中間光景沒多時又有炎霜與煩惱過了中秋
月不明過了清明花不好花前月下得高歌急頁道
把金傳倒世上錢多賺不盡朝裏官多做不了官大

**唐伯虎先生集二卷外編五卷續刻十二卷**　〔明〕唐寅撰　〔明〕何大成輯

明萬曆刻本

三冊　存十五卷：外編三至五、續刻十二卷

半葉九行二十字，白口，四周雙邊。版框 23.0×15.5 厘米

杭雙溪先生詩集八卷 〔明〕杭淮撰

明嘉靖刻本

四册

半葉九行二十字，白口，左右雙邊。版框 18.4×13.6 厘米

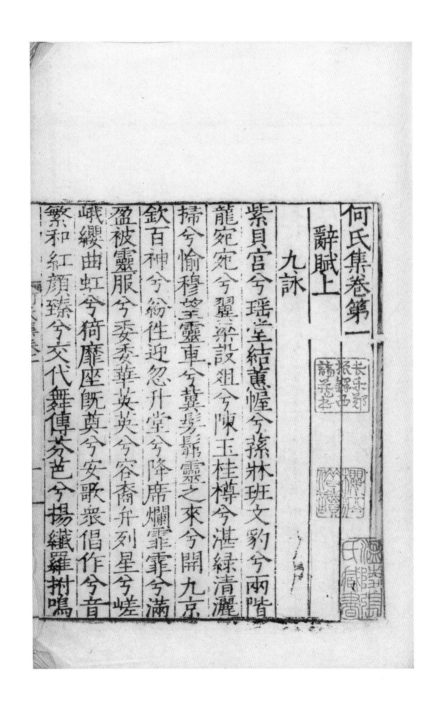

**何氏集二十六卷**　〔明〕何景明撰

明嘉靖沈氏野竹齋刻本

六冊

半葉十行十八字，白口，左右雙邊。版框 16.5×13.7 厘米

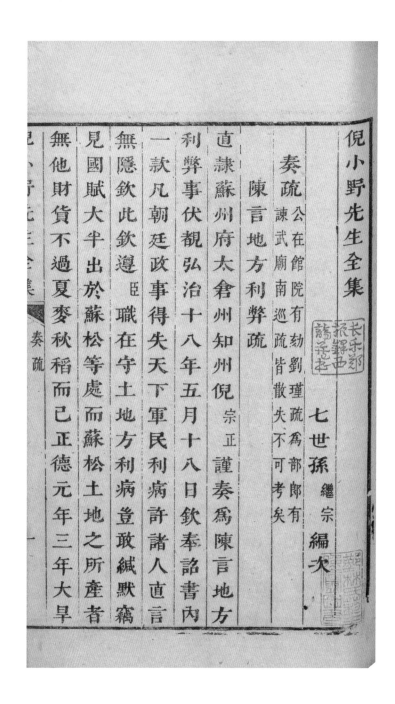

倪小野先生全集八卷　〔明〕倪宗正撰

清康熙四十九年（1710）倪繼宗刻本

八冊

半葉十行二十字，白口，四周單邊。版框 20.3×14.0 厘米

甘泉先生兩都風詠四卷 〔明〕湛若水撰

明嘉靖十四年（1535）朱敬之刻本

四冊

半葉十行二十字，白口，左右雙邊。版框 20.0×14.5 厘米

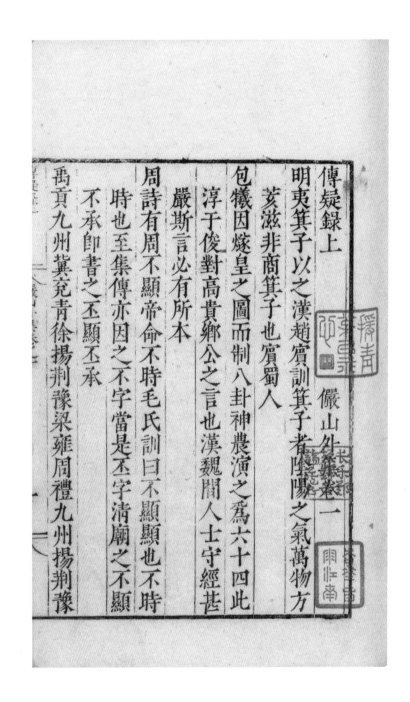

**儼山外集四十卷** 〔明〕陸深撰

明嘉靖陸楫刻本

十册

半葉十行二十字，白口，左右雙邊。版框 18.7×13.7 厘米

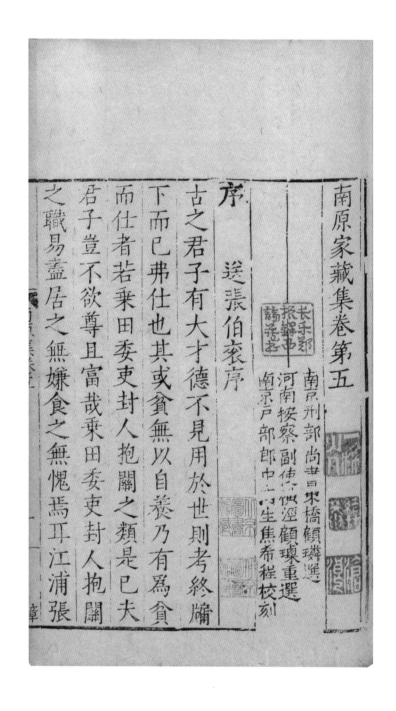

南原家藏集□卷　〔明〕王韋撰

明焦希程刻本

一冊　存二卷：五至六

半葉九行十七字，白口，左右雙邊。版框 18.5×13.9 厘米

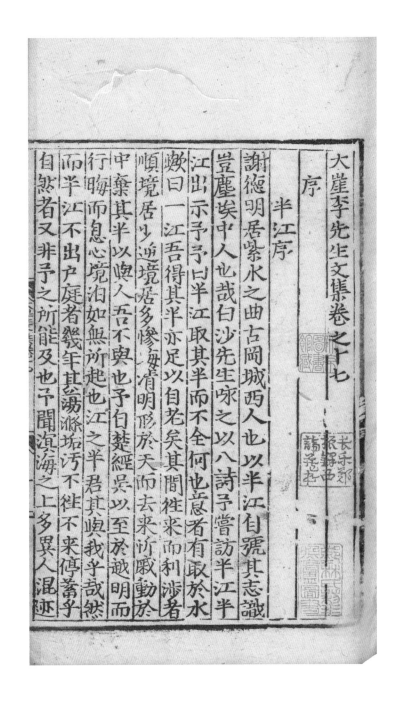

**大崖李先生文集二十卷** 〔明〕李承箕撰 **年譜一卷** 〔明〕朱整撰 **附録一卷**

明正德五年（1510）吳廷舉刻本

一册　存四卷：十七至二十

半葉十二行二十二字，白口，四周雙邊。版框19.6×13.4厘米

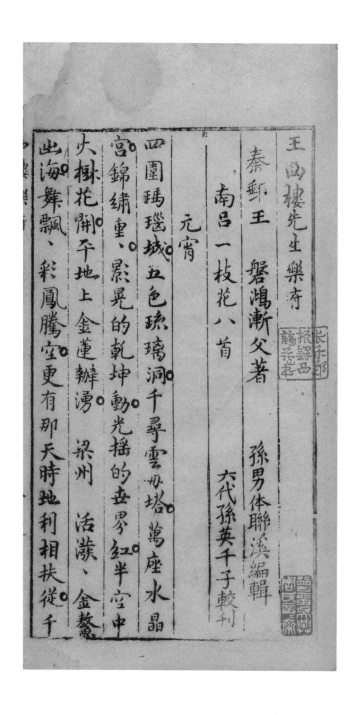

**王西樓先生詩集一卷樂府一卷**　〔明〕王磐撰

明刻清康熙三十三年（1694）王英重修王西樓先生全集本

一册

半葉十行十九字，白口，四周單邊。版框 21.3×12.7 厘米

王西樓先生詩集

高郵王磐鴻漸著　　孫男體聯溪編輯

五言絕句　　　　　六代孫英千子較刊

秋鴻圖寄田琴師

萬籟息霜空孤鴻嘯煙水下有賞音人無言并焦

尾

航隱卷爲任鎮撫題

塞血頻膏馬京塵久汩車何如人境外四海一浮

岳

折梅寄徐子仁諸君

西婁集

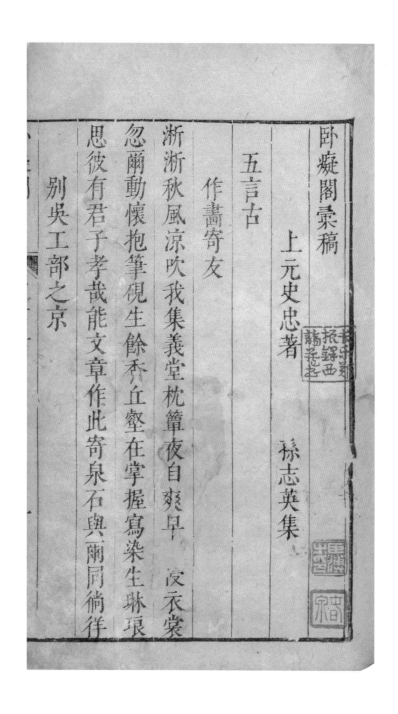

卧癡閣彙稿

上元史忠著　　孫志英集

五言古

作畫寄友

浙浙秋風凉吹我集義堂枕簟夜自爽早
忽爾動懷抱筆硯生餘喬丘壑在掌握寫染生琳琅
思彼有君子孝哉能文章作此寄泉石與爾同徜徉
別吳工部之京

**卧癡閣彙稿不分卷**　〔明〕史忠撰

清初刻本

二冊

半葉八行二十字，白口，左右雙邊。版框 20.5×12.7 厘米

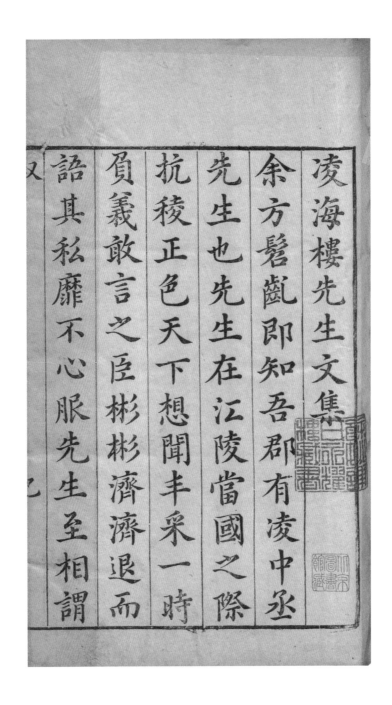

**舊業堂集十卷**　〔明〕凌儒撰

明天啓四年（1624）凌似祖刻本　鄭振鐸跋

五冊

半葉九行二十字，白口，四周單邊。版框 20.0×14.1 厘米

舊業堂集卷之一

吳陵凌儒真卿甫選

　　　　　　　梁谿沈　沈淵淵甫選

　　　　　　　壻　袁世科應舉甫訂

詩五言律九十六首　七言律九十九首

過西園

暫將塵事歇且結碧山緣寂寞開三徑逍遙續一篇
館松行處鶴河柳坐中蟬耳目都無擾清風夢葛天

對雨

鳴雨久不歇陰森起暮寒水深人到罕雲濕鳥飛難

一

明凌儒舊業堂集十卷 天啟刻

本諸家書目皆未見著錄曾

藏謝光甫処 光甫死將十載其

藏書近二年方大散出笑書為

北京中國書店形得无五八年

○月十四日过該店倾囊中金

得了西諦

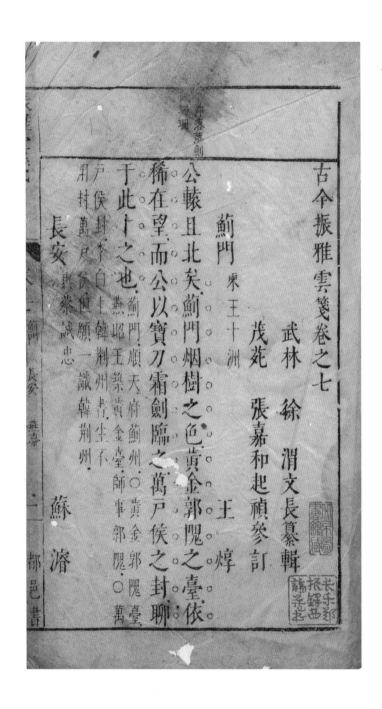

**古今振雅雲箋十卷**　〔明〕徐渭輯

明刻本

一冊　存二卷：七至八

半葉九行十八字，小字雙行同，白口，四周單邊，無直格。眉欄鑴評。版框 22.8×13.6 厘米

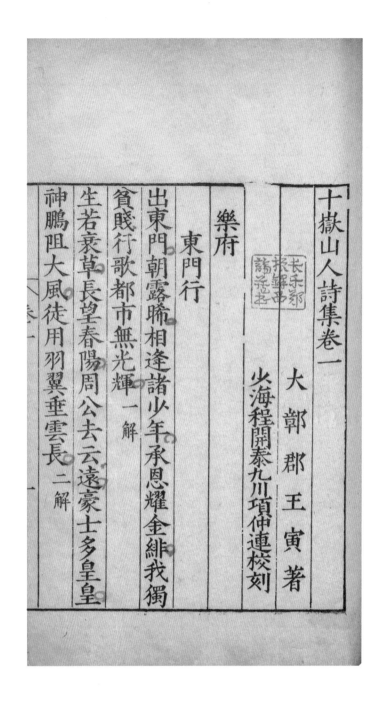

十嶽山人詩集卷一

大鄣郡　王寅　著

尐海程開泰九川項仲連校刻

樂府

東門行

出東門朝露晞相逢諸少年承恩耀金緋我獨

貧賤行歌都市無光輝　一解

生若豪草長望春陽周公去云遠豪士多皇皇

神鵬阻大風徒用羽翼垂雲長　二解

**十嶽山人詩集四卷**　〔明〕王寅撰

明萬曆程開泰、項仲連刻本

八冊

半葉九行十八字，白口，四周單邊。版框 17.1×12.8 厘米

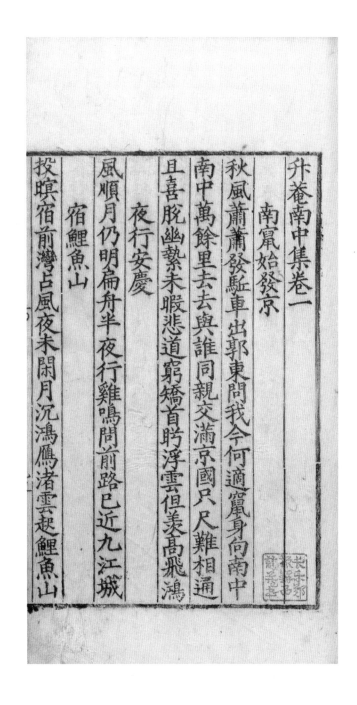

升庵南中集卷一

南冕始發京

秋風蕭蕭發駈車出郭東問我今何適竄身向南中
南中萬餘里去去與誰同親交滿京國尺尺難相通
且喜脫幽縶未暇悲道窮矯首盻浮雲但羨高飛鴻

夜行安慶

風順月仍明扁舟半夜行雞鳴間前路巳近九江城

宿鯉魚山

投暝宿前灣占風夜未閒月沉鴻鴈渚雲趣鯉魚山

**升庵南中集七卷**　〔明〕楊慎撰

明嘉靖十六年（1537）王廷刻本

一册

半葉九行二十字，細黑口，四周單邊。版框 21.1×14.2 厘米

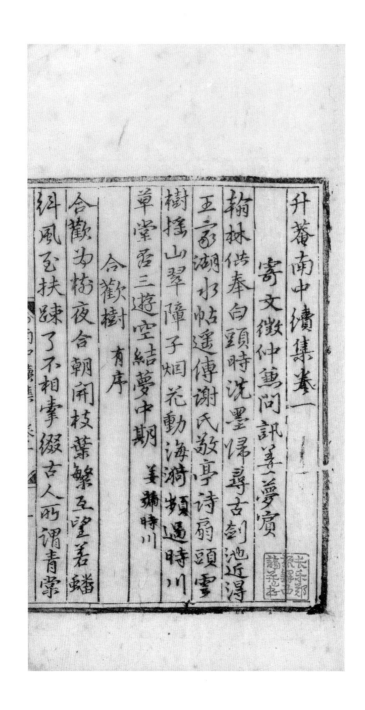

**升庵南中續集四卷** 〔明〕楊慎撰

明嘉靖刻本

一册

半葉九行十五或十六字，白口，四周雙邊。版框 20.0×14.4 厘米

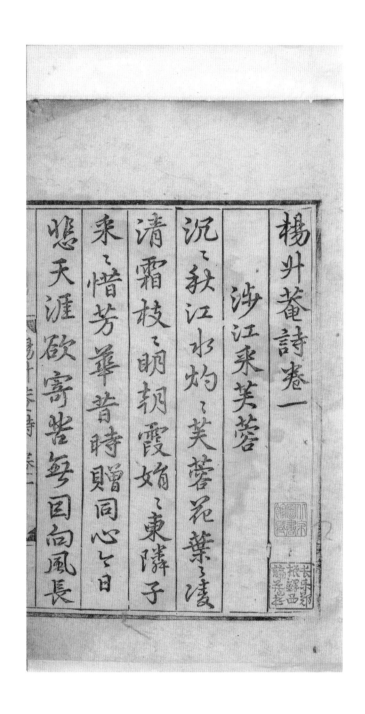

**楊升庵詩五卷**　〔明〕楊慎撰

明萬曆刻本

一册

半葉六行十或十一字，白口，四周雙邊。版框 19.6×14.3 厘米

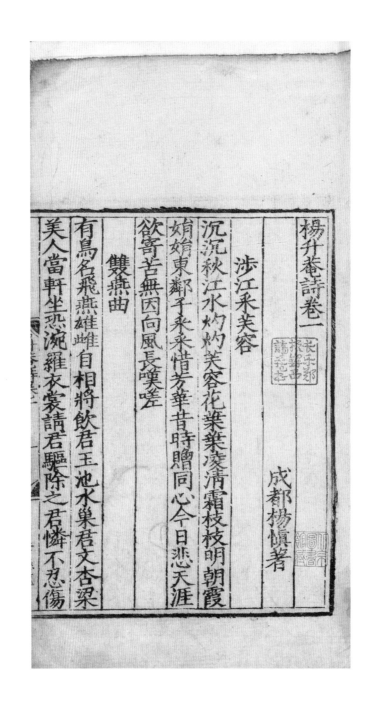

**楊升庵詩五卷**　〔明〕楊慎撰

明嘉靖二十四年（1545）譚少嵋刻本

一冊

半葉九行二十字，白口，四周雙邊。版框 18.7×14.4 厘米

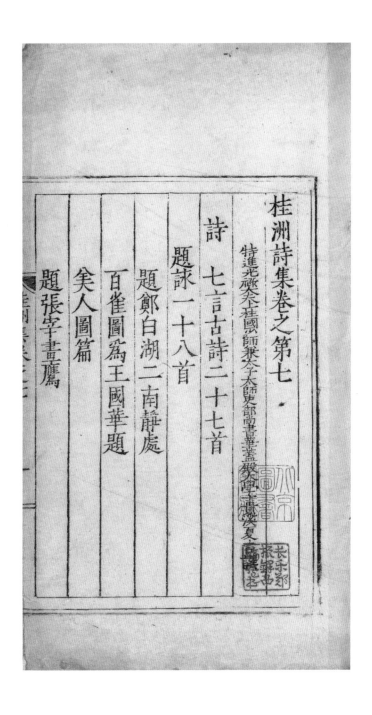

**桂洲詩集二十四卷**　〔明〕夏言撰

明嘉靖二十五年（1546）曹忭、楊九澤刻本

一冊　存四卷：七至十

半葉八行十七字，黑口，四周雙邊。版框 20.4×13.9 厘米

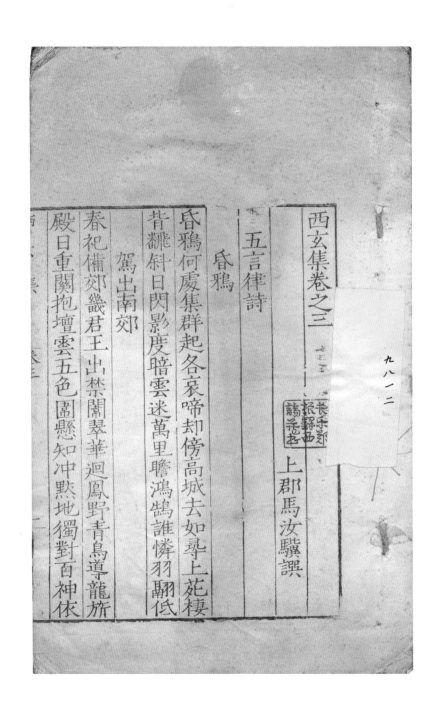

九八一二

西玄集卷之三

長安郡馬汝驥謹校西

上郡馬汝驥譔

五言律詩

昏鴉

昏鴉何處集群起各哀啼却傍高城去如尋上苑棲

昔斒斜日閃影度暗雲迷萬里瞻鴻鵠誰憐羽翮低

駕出南郊

春祀備郊畿君王出禁闈翠華迴鳳野青鳥導龍旂

殿日重闉抱壇雲五色圖懸知冲黙地獨對百神依

**西玄集十卷**　〔明〕馬汝驥撰

明刻本

一册　存三卷：三至五

半葉九行二十字，白口，四周單邊。版框 18.8×14.3 厘米

15850（9812）

起二葉太麼力

西玄集卷之五　　　　　　　上郡馬汝驥譔

七言律詩

雨

打窻鳴雨清宵徹微雨凌晨更若絲巳在他鄉偏破

夢況逢無酒強裁詩掠泥紫燕寒猶怯過水黃鸝濕

自移對此莫愁春事晚上林花樹發新枝

大駕辛榆林二首

天王冬狩駱駝城西北關河似漢京五色雲連青海

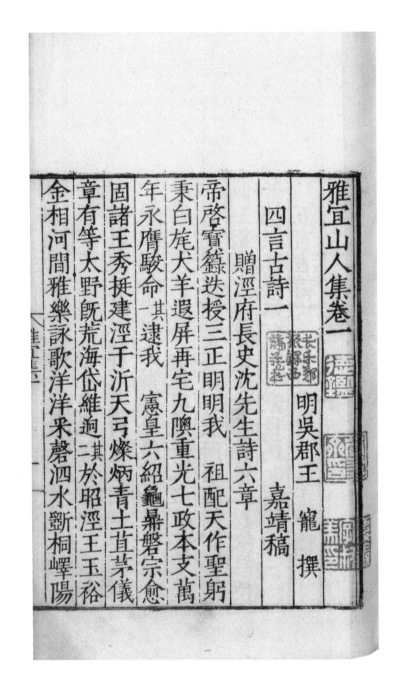

**雅宜山人集十卷** 〔明〕王寵撰

明嘉靖十六年（1537）董宜陽、朱浚明刻本

二册

半葉十行十八字，白口，左右雙邊。版框 17.4×13.8 厘米

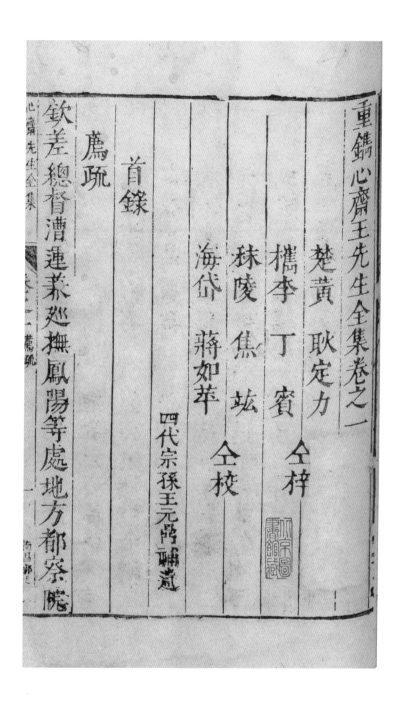

**重鐫心齋王先生全集六卷**　〔明〕王艮撰

明萬曆三十四年（1606）耿定力、丁賓刻本

一冊　存一卷：一

半葉九行十八字，白口，左右雙邊。版框 19.6×13.6 厘米

**蘇門集八卷** 〔明〕高叔嗣撰

明嘉靖十六年（1536）陳束刻本

三冊　存六卷：三至八

半葉十行十六字，白口，四周單邊。版框 16.2×14.2 厘米

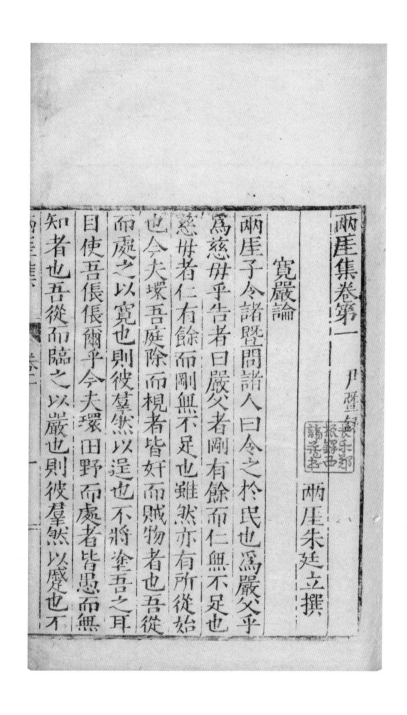

**兩厓集八卷**　〔明〕朱廷立撰

明刻本

二册　存三卷：一至三

半葉十行十九字，白口，四周單邊。版框 18.4×14.4 厘米

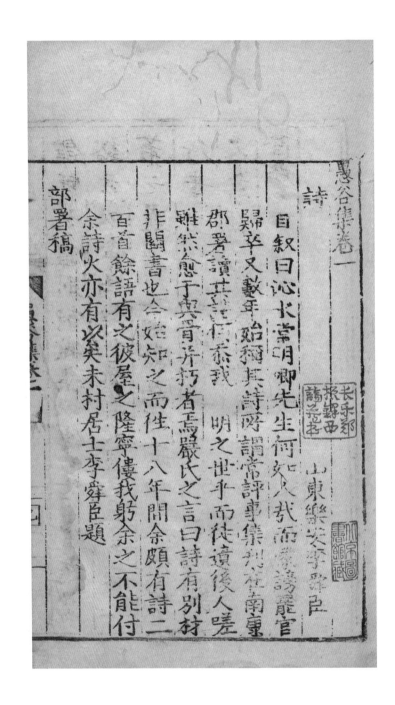

**愚谷集十卷** 〔明〕李舜臣撰

明隆慶刻本

二冊　存六卷：一至六

半葉十行二十一字，白口，四周單邊。版框 18.8×13.3 厘米

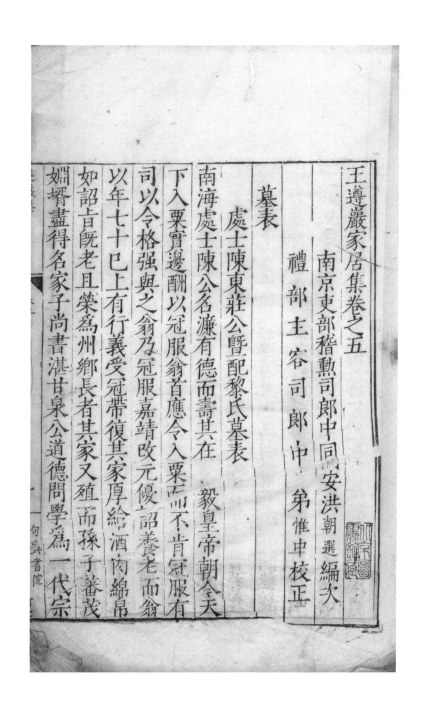

墓表

處士陳東莊公暨配黎氏墓表

南海處士陳公名濂有德而壽其在

毅皇帝朝天

下入粟賞邊酬以冠服翁首應令入粟而不肯冠服有

司以令格強與之翁乃冠服嘉靖改元優詔養老而翁

以年七十巳上有行義受冠帶復其家厚給絹酒肉綿昂

如詔旨既老且榮爲州鄉長者其家又殖而孫子蕃茂

婣壻盡得名家子尚書湛甘泉公道德問學爲一代宗

王遵巖家居集卷之五

南京吏部稽勳司郎中同安洪朝選編次

禮部主客司郎中　弟惟中校正

一句吳書院

**王遵巖家居集七卷**　〔明〕王慎中撰

明嘉靖三十一年（1552）句吳書院刻本

一冊　存三卷：五至七

半葉十一行二十一字，白口，左右雙邊。版框 19.0×14.4 厘米

戴先生諱泰字嶽宗世爲江西之永新人先生

少穎異目記千言爲文援筆立就以家難避之

襄陽襄陽人未之知也獨居敝廬中躬執爨滌

旦暮手一編朗誦不絕口旁舍人窺見異之就

問曰客何爲者自苦如是先生不應居久之士

人有知之者延致之家爲塾師遂占籍襄陽補

縣學生同輩見所業驚服稍稍從問難因折節

爲弟子先生故治易諸爲易學者爭願從先生

陸子餘集卷第二

戴先生傳

**陸子餘集八卷**　〔明〕陸粲撰

明嘉靖四十三年（1564）陸延枝刻本

四册　存六卷：二至七

半葉十行十八字，白口，左右雙邊。版框 18.8×14.1 厘米

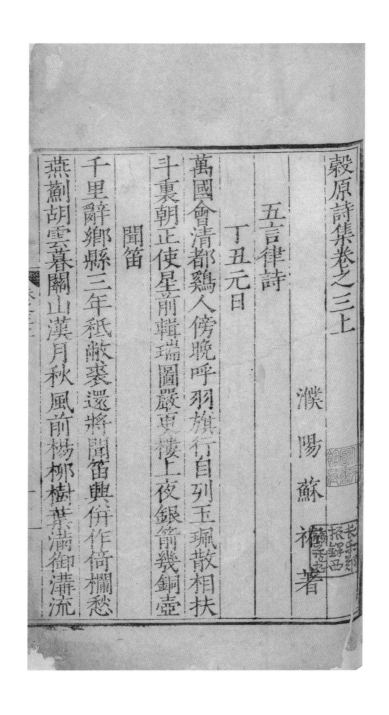

穀原詩集卷之三上

　　　　濮陽　蘇祐　著

五言律詩

丁丑元日

萬國會清都雞人傍曉呼羽旗行自列玉珮散相扶
斗裏朝正使星前輔瑞圖嚴更樓上夜銀箭幾銅壺

聞笛

千里辭鄉縣三年祗散裘還將聞笛興併作倚欄愁
燕薊胡雲暮關山漢月秋風前楊柳樹葉滿御溝流

**穀原詩集八卷**　〔明〕蘇祐撰

明嘉靖三十七年（1558）龔秉德刻本

一册　存一卷：三

半葉九行二十字，白口，四周雙邊。版框19.7×14.0厘米

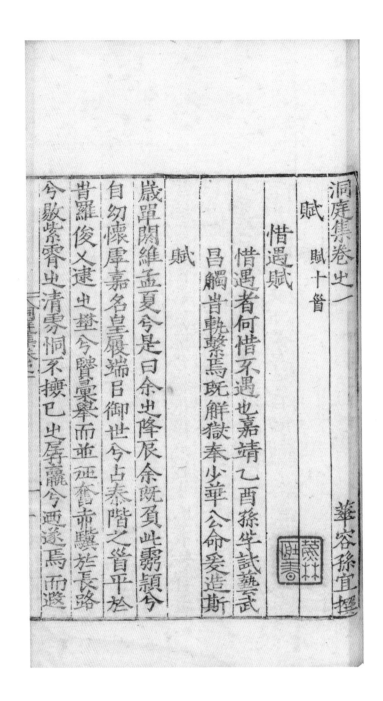

**洞庭集五十三卷** 〔明〕孫宜撰

明嘉靖二十八至二十九年（1549－1550）孫斯億刻本

四冊　存二十三卷：一至二十三

半葉十行二十字，白口，四周單邊。版框 18.3×14.1 厘米

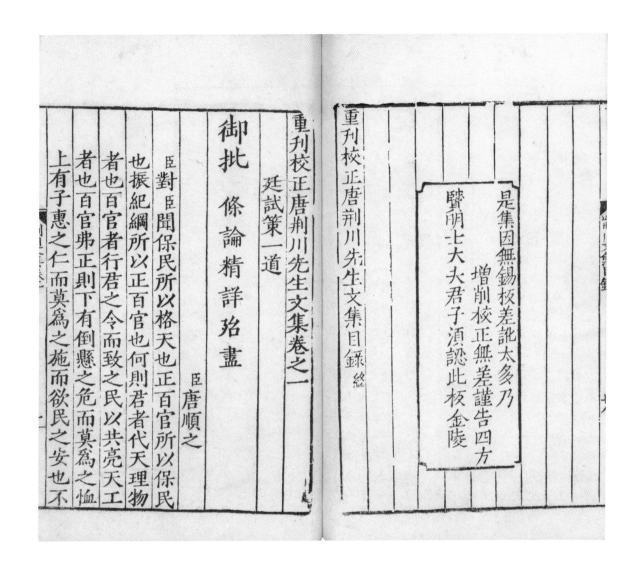

御批　條論精詳殆盡

廷試策一道

重刊校正唐荊川先生文集卷之一

御批　條論精詳殆盡

臣唐順之

臣對臣聞保民所以格天也正百官所以保民
也振紀綱所以正百官也何則君者代天理物
者也百官者行君之令而致之民以共亮天工
者也百官弗正則下有倒懸之危而莫為之恤
上有子惠之仁而莫為之施而欲民之安也不

重刊校正唐荊川先生文集目錄終

是集因無錫校差訛太多乃
增削校正無差謹告四方
賢明士大夫君子須認此板金陵

**重刊校正唐荊川先生文集十二卷續集六卷奉使集二卷**　〔明〕唐順之撰

明嘉靖二十八年（1549）安如石刻金陵書林重修本

二十四冊

半葉十行二十字，白口，四周單邊。版框 20.6×14.4 厘米

16818（14777）

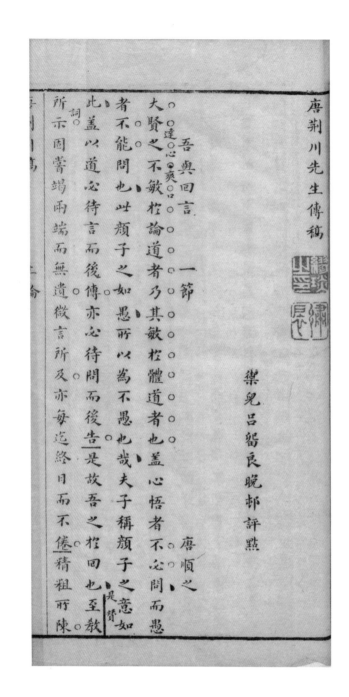

**唐荆川先生傳稿不分卷**　〔明〕唐順之撰　〔清〕吕留良評點

清康熙刻本

二册

半葉九行二十六字，白口，四周單邊，無直格。版框 21.6×11.9 厘米

世敬堂集卷一

賦

慈谿趙文華原實甫著

大駕南巡賦

皇上挾符應運龍飛叩邸德為聖人尊為天子富有四海之內宗廟饗之子孫保之尊孝之道無以尚矣然固極永思○觸物感序悠悠陵寢齒二十禩未頃刻忘也遹值太后升遐梓宮遙邁展惟聖衷至不得已乃仲春元吉大駕南狩相度靈宇區炎風日涉歷河漢九重非安馭介非遠苫露為宜驪御為羡所謂巍巍乎有天下而不與者其是之謂夫非仁孝之至孰能與於斯也已矣至止矣非恭詣寢

**世敬堂集四卷** 〔明〕趙文華撰

清抄本

二冊

半葉十一行二十二字，無欄格

玉涵堂詩選卷之一

安定　皇甫汸　選

太末　程秀民　校

贈唐授夫

楚波潋灔剛風發萬里長江坐超忽此去應尋

虎阜雲那爲獨頁金陵月晴洲之草何萋萋惜

別傷春思迷今日送君腸欲斷愁人江上鷓

鴣啼

病中二首

築室依山郭愁多病未安溪流添藥沸風葉共

**玉涵堂詩選十卷**　〔明〕吴子孝撰　〔明〕皇甫汸輯

明嘉靖刻本

二册

半葉十行十八字，細黑口，左右雙邊。版框 17.0×12.9 厘米

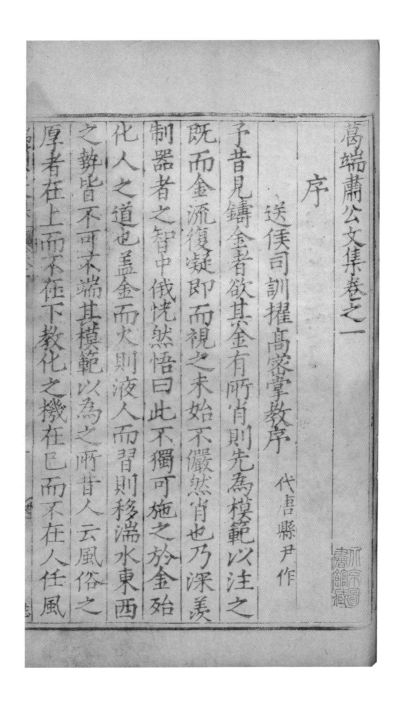

厚者在上而不在下教化之機在已而不在人任風
之勢皆不可不端其模範以為之所昔人云風俗之
化人之道也蓋金而火則液人而習則移端水東西
制器者之智中俄恍然悟曰此不獨可施之於金殆
既而金流復凝即而視之未始不儼然肖也乃深羨
予昔見鑄金者欲其金有所肖則先為模範以注之

序

送侯司訓擢高密掌教序　代吾縣尹作

葛端肅公文集卷之一

**葛端肅公文集十八卷**　〔明〕葛守禮撰

明萬曆十年（1582）刻本

五冊　存八卷：一、四至十

半葉九行二十字，白口，四周雙邊。版框 20.2×14.1 厘米

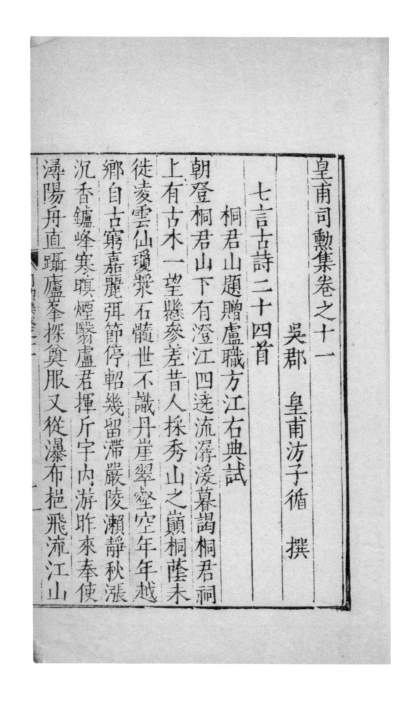

皇甫司勳集卷之十一

吳郡　皇甫汸子循　撰

七言古詩二十四首

桐君山題贈盧職方江右典試

朝登桐君山下有澄江四遶流潺湲暮謁桐君祠
上有古木一望懸參差昔人採秀山之巔桐蔭未
徒凌雲仙瓊漿石髓世不識丹崖翠壑空年年越
鄉自古窮嘉麗弭節停軺幾留滯嚴陵瀨靜秋張
況香鑪峰寒填煙翳豹盧君揮斥宇內游昨來奉使
潯陽舟直躡盧峯探奧服又從瀑布挹飛流江山

**皇甫司勳集六十卷**　〔明〕皇甫汸撰

明萬曆刻本

十二册　存四十五卷：十至十八、二十二至三十、三十四至六十

半葉十行十九字，白口，左右雙邊。版框 18.3×12.7 厘米

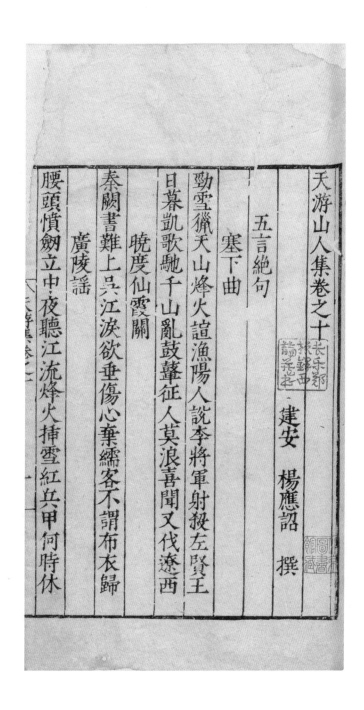

五言絶句

塞下曲

勁雪獵天山烽火諠漁陽人説李將軍射授左賢王

日暮凱歌馳千山亂鼓鼙征人莫浪喜聞又伐遼西

曉度仙霞關

秦關書難上吳江淚欲垂傷心棄繻客不謂布衣歸

廣陵謡

腰頭憤劍立中夜聽江流烽火插雪紅兵甲何時休

天游山人集卷之十

建安　楊應詔　撰

**天遊山人集二十卷**　〔明〕楊應詔撰

明刻本

二册　存四卷：十至十三

半葉十行二十一字，白口，左右雙邊。版框 19.1×13.4 厘米

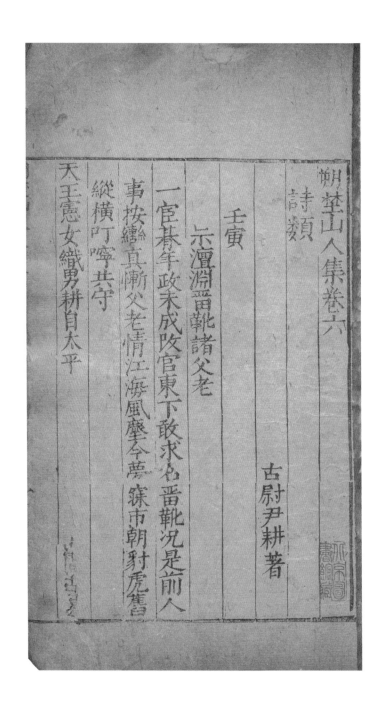

**朔埜山人集**　〔明〕尹耕撰

明崇禎十年（1637）來臨刻本

一冊　存一卷：六

半葉九行二十一字，白口，四周單邊。版框18.7×13.5厘米

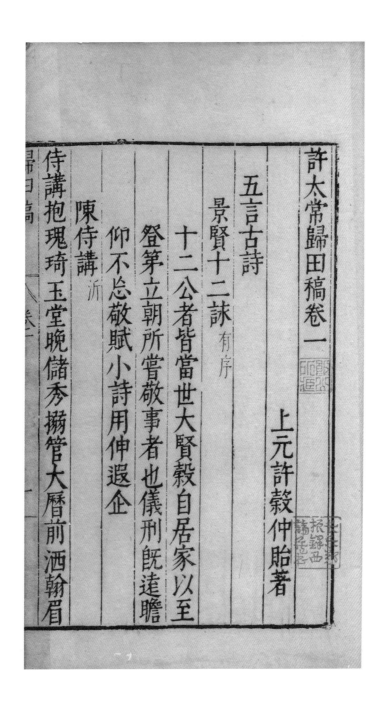

許太常歸田稿十卷　〔明〕許轂撰

明萬曆十五年（1587）卓明卿刻本

四册

半葉九行十八字，白口，左右雙邊。版框 20.1×13.2 厘米

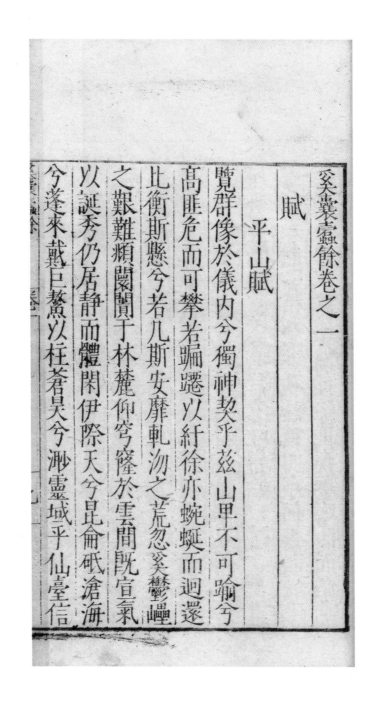

**奚囊蠧餘二十卷**　〔明〕張瀚撰

明隆慶三年（1569）張佳胤刻本

四冊　存十七卷：一至十、十四至二十

半葉九行十八字，白口，四周單邊。版框 19.7×13.6 厘米

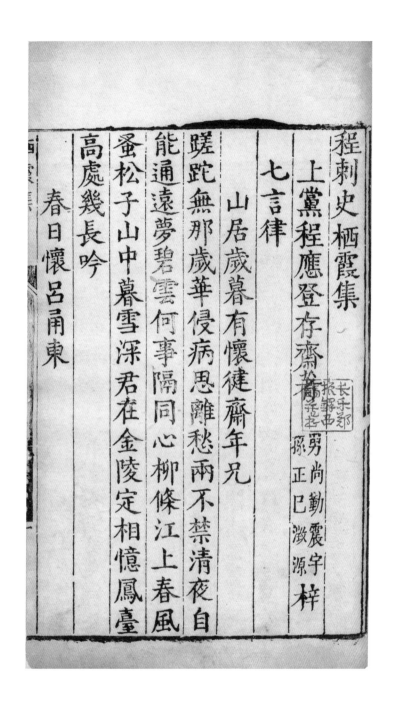

程刺史栖霞集一卷　〔明〕程應登撰

明天啓程尚勤、程正己刻清康熙二十九年（1690）程之玿重修本

四册

半葉九行十七字，白口，左右雙邊。版框 21.2×14.2 厘米

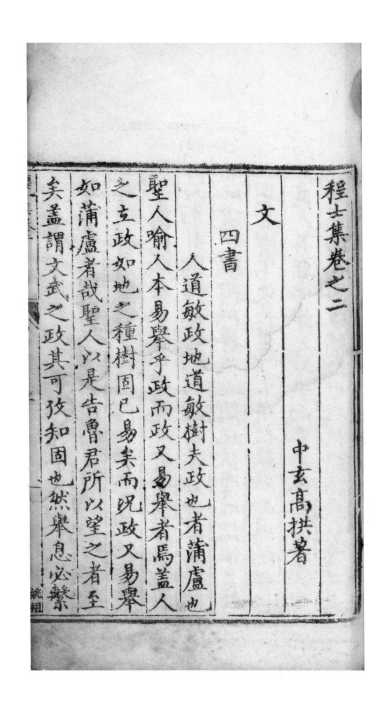

**程士集四卷**　〔明〕高拱撰

明刻本

一册　存三卷：一至三

半葉九行十八字，白口，四周雙邊。版框 19.3×14.7 厘米

何禮部集卷之一

華亭何良傅　叔皮

五言古詩

步虛詞五首

大道生天地虛無肇百靈凝眞如有象要妙自
忘形絳府丹源溢玄堂紫氣氛衆天俱寂小無

上玉虛庭

其二

虛庭聳碧霄樓閣鬱岩嶤玉燭飛烏兎靈津湧
汐潮三重階特起九轉路非遙時有香風拂惟

何禮部集十卷　〔明〕何良傅撰

明嘉靖四十五年（1566）何氏家塾刻本

一冊　存四卷：一至四

半葉十行十八字，白口，四周雙邊。版框 19.2×14.4 厘米

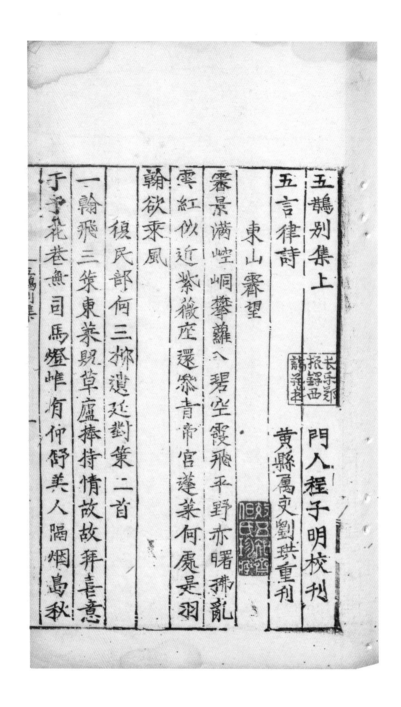

**五鵲別集二卷** 〔明〕盧寧撰

明嘉靖三十八年（1559）劉珙刻本

二冊

半葉九行十八字，白口，四周單邊。版框 19.3×13.2 厘米

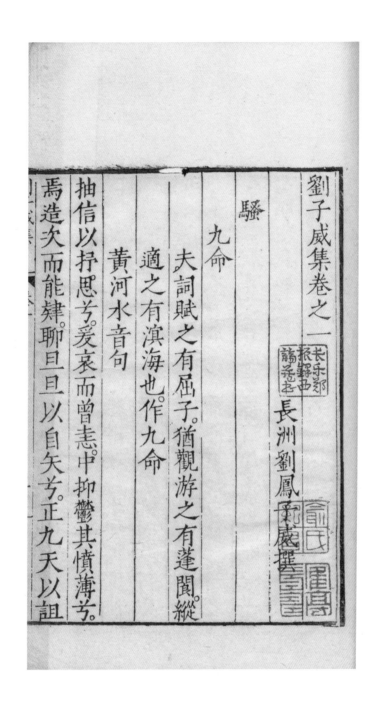

**劉子威集五十二卷** 〔明〕劉鳳撰

明萬曆刻本

十六冊 存三十二卷：一至三十二

半葉九行十八字，白口，左右雙邊。版框 19.2×13.8 厘米

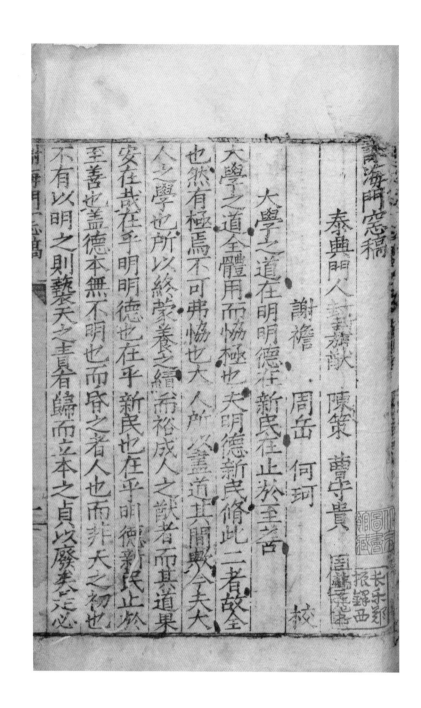

**謝海門窗稿一卷謝進士墨卷一卷** 〔明〕謝譓撰

明嘉靖二十五年（1546）謝襜刻本

一册

半葉十行二十二字，白口，四周單邊。版框 17.8×13.3 厘米

15881（9887）

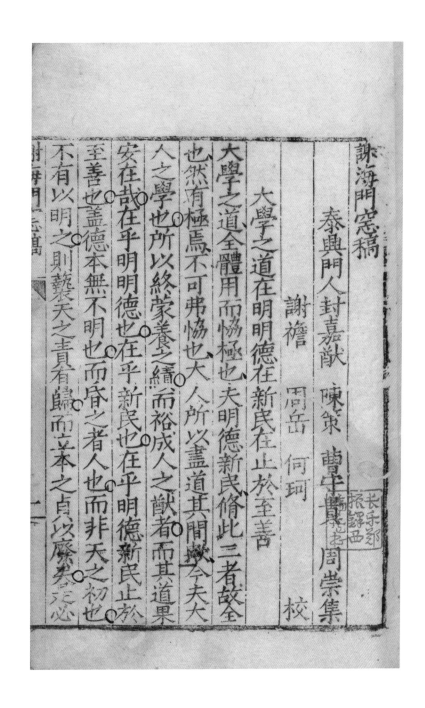

謝海門窗稿一卷　〔明〕謝諫撰

明嘉靖二十五年（1546）謝襜刻本

一册

半葉十行二十二字，白口，四周單邊。版框 17.9×13.6 厘米

古樂府

胡寬營新豐士女老幼相攜路首各知其室放

大羊雞鶩於通塗亦競識其家此善用其擬者

也至伯樂論天下之馬則若減若没若亡若失

觀天機也得其精而忘其麤在其內而忘其外

色物牝牡一弗敢知斯又當其無有擬之用矣

古之爲樂府者無慮數百家各與之爭片語之

間使雖復起各厭其意是故必有以當其無有

滄溟先生集三十卷　〔明〕李攀龍撰　　附錄一卷

明隆慶刻本

十册

半葉十行二十字，白口，左右雙邊。版框 19.9×14.8 厘米

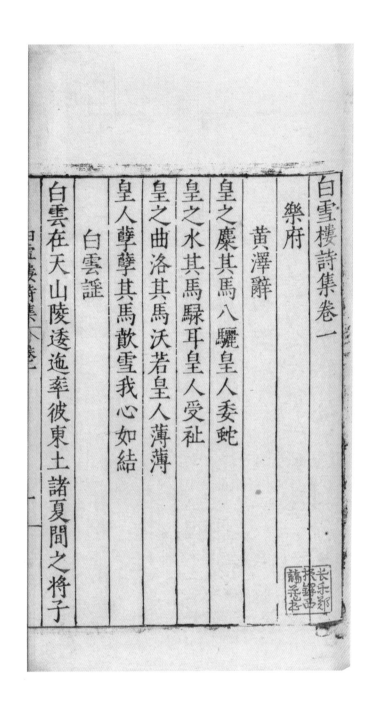

白雲在天山陵逶迤牽彼東土諸夏間之將子

白雲謠

皇人孳孳其馬歇雪我心如結

皇之曲洛其馬沃若皇人薄薄

皇之水其馬騄耳皇人受祉

皇之麋其馬八驪皇人委蛇

黃澤辟

樂府

白雪樓詩集卷一

白雲樓詩集〈卷一〉　　　一

**白雪樓詩集十二卷**　〔明〕李攀龍撰

明隆慶四年（1570）汪時元刻本

八冊

半葉九行十八字，白口，四周單邊。版框 20.5×14.3 厘米

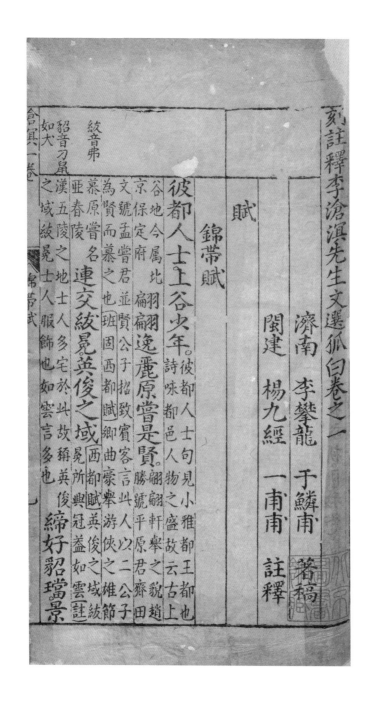

刻註釋李滄溟先生文選狐白四卷　〔明〕李攀龍撰　〔明〕楊九經註釋

明刻本

四冊

半葉十行二十字，小字雙行同，白口，四周單邊。眉欄鐫評釋。版框 20.4×12.8 厘米

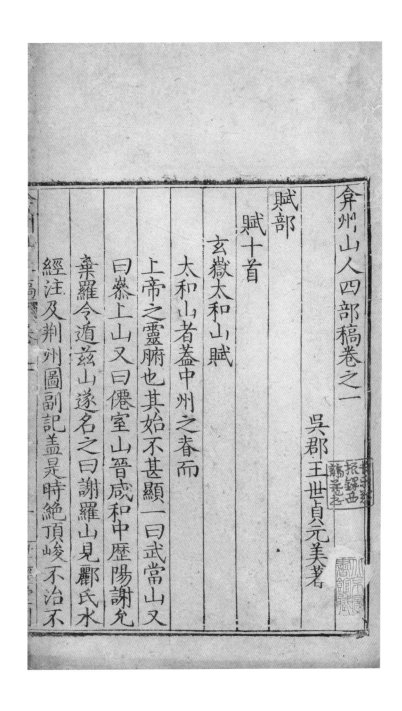

**弇州山人四部稿一百七十四卷目録十二卷**　〔明〕王世貞撰

明萬曆五年（1577）王氏世經堂刻本

五十八冊

半葉十行二十字，白口，四周雙邊。版框 20.2×15.7 厘米

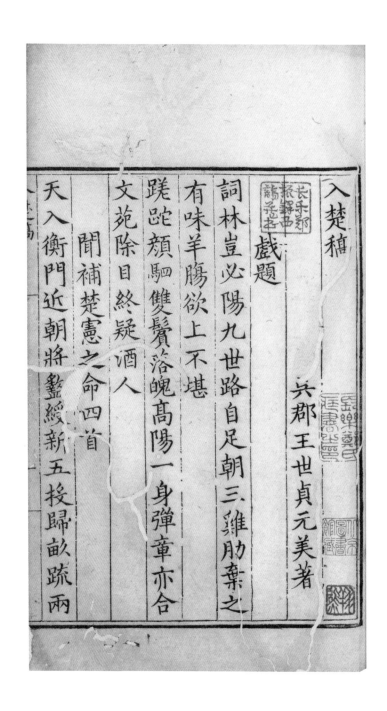

入楚稿一卷　〔明〕王世貞撰

明刻本

一册

半葉九行十六字，白口，四周雙邊。版框 19.6×14.6 厘米

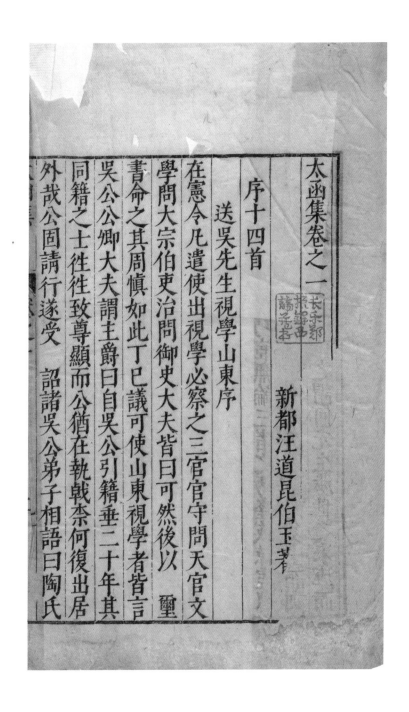

太函集卷之一

新都汪道昆伯玉著

序十四首

送吳先生視學山東序

在憲令凡遣使出視學必察之三官官守問天官文學問大宗伯吏治問御史大夫皆曰可然後以璽書命之其周慎如此丁巳議可使山東視學者皆言吳公公卿大夫謂主爵曰自吳公引籍垂二十年其同籍之士往往致尊顯而公猶在執戟奈何復出居外哉公固請請行遂受　詔諸吳公弟子相語曰陶氏

太函集一百二十卷目錄六卷　〔明〕汪道昆撰

明萬曆刻本（卷三十三至三十六配抄本）

二十八冊　存一百十六卷：一至一百十二、目錄一至四

半葉十行二十字，白口，左右雙邊。版框 20.5×13.8 厘米

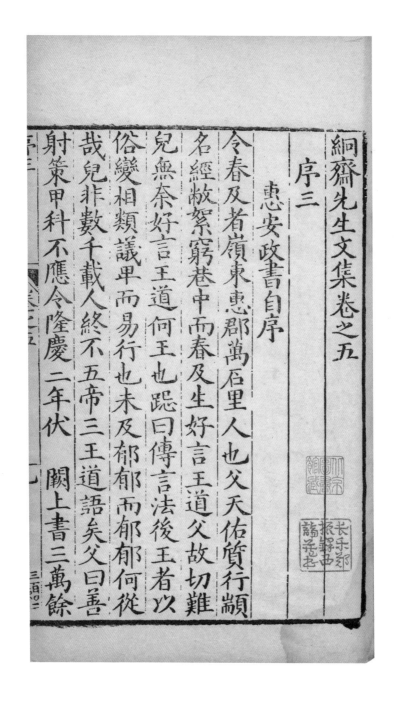

**絅齋先生文集□□卷** 〔明〕葉春及 撰

明刻本

二冊　存四卷：五至八

半葉九行十九字，白口，四周單邊。版框 20.5×14.1 厘米

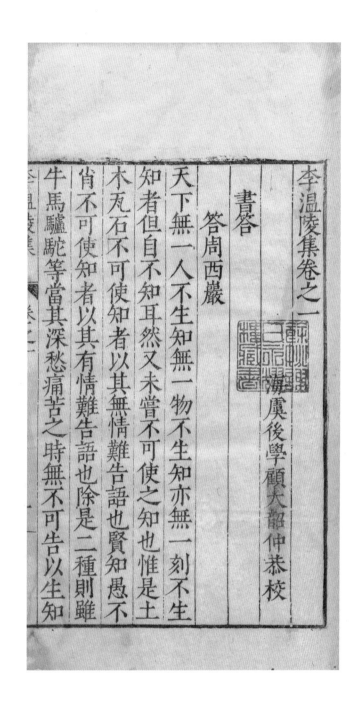

**李温陵集二十卷** 〔明〕李贄撰

明刻本

十冊

半葉九行二十字，白口，四周單邊。版框 20.5×13.6 厘米

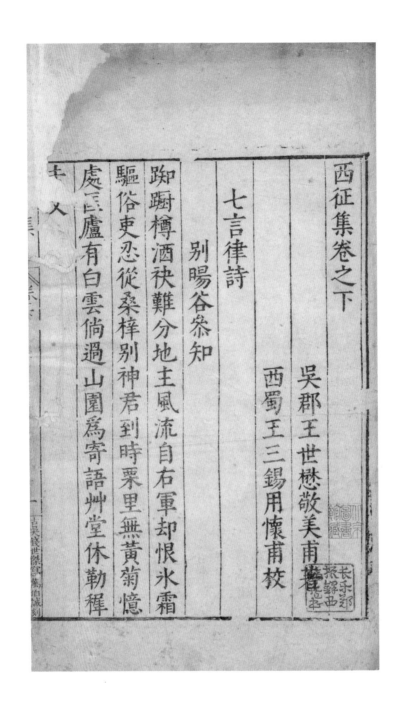

西征集卷之下

　　　　　　吳郡王世懋敬美甫著

　　　　　　西蜀王三錫用懷甫校

七言律詩

別賜谷叅知

跼蹐樽酒袂難分地主風流自右軍却恨氷霜
驅俗吏忍從桑梓別神君到時栗里無黃菊憶
處士盧有白雲倘過山園爲寄語艸堂休勒移

　　　　　　吕吳錢世傑宮纅勒伯誠刻

**西征集二卷** 〔明〕王世懋撰

明刻本

一册　存一卷：下

半葉九行十八字，白口，左右雙邊。版框 20.7×15.1 厘米

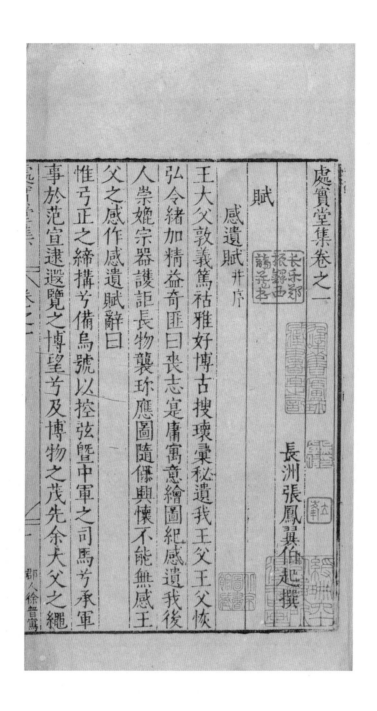

**處實堂集八卷續集十卷**　〔明〕張鳳翼撰

明萬曆刻本

八冊

半葉十行二十二字，白口，左右雙邊。版框 19.3×13.2 厘米

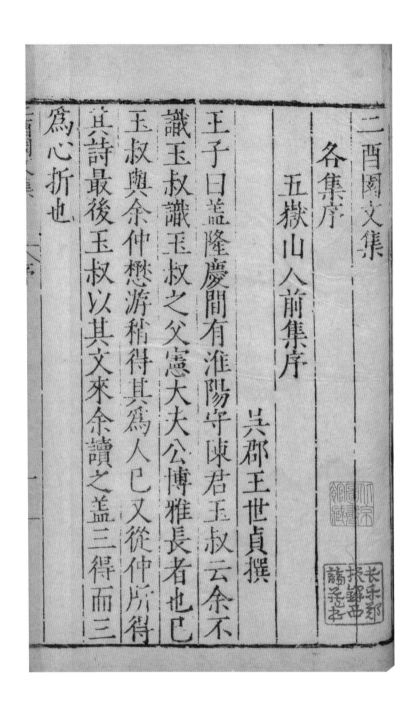

二酉園文集

各集序

五嶽山人前集序

　　　　　　　　吳郡王世貞撰

王子曰蓋隆慶間有淮陽守陳君玉叔云余不

識玉叔識玉叔之父憲大夫公博雅長者也已

玉叔與余仲懋游稱得其爲人已又從仲所得

其詩最後玉叔以其文來余讀之蓋三得而三

爲心折也

二酉園文集十四卷詩集十二卷續集二十三卷　〔明〕陳文燭撰

明天啓三年（1623）陳之邁刻本

十九冊

半葉九行十八字，白口，左右雙邊。版框 19.3×13.5 厘米

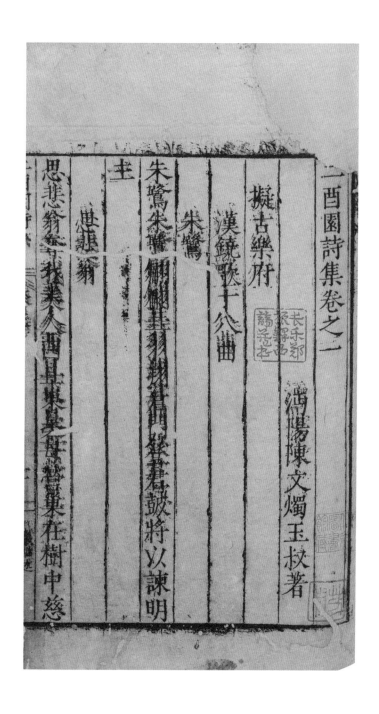

**二酉園文集十四卷詩集十二卷續集二十三卷** 〔明〕陳文燭撰

明天啓三年（1623）陳之遴刻本

二十二冊 存三十四卷：文集一至十、詩集一至六、續集一至十八

半葉九行十八字，白口，左右雙邊。版框 19.3×13.6 厘米

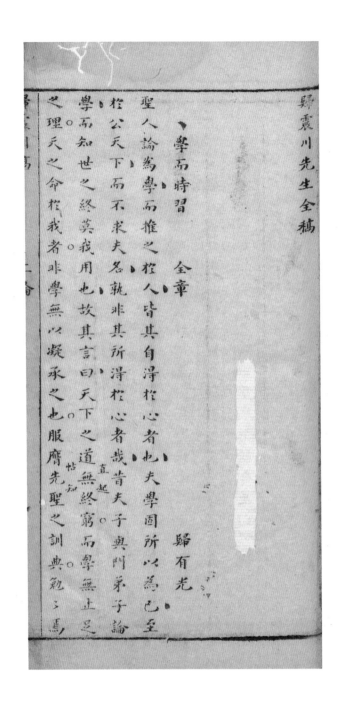

**歸震川先生全稿不分卷**　〔明〕歸有光撰　〔清〕呂留良評

清康熙十八年（1679）呂氏天蓋樓刻本

四冊

半葉九行二十六字，白口，四周單邊，無直格。版框 21.4×11.9 厘米

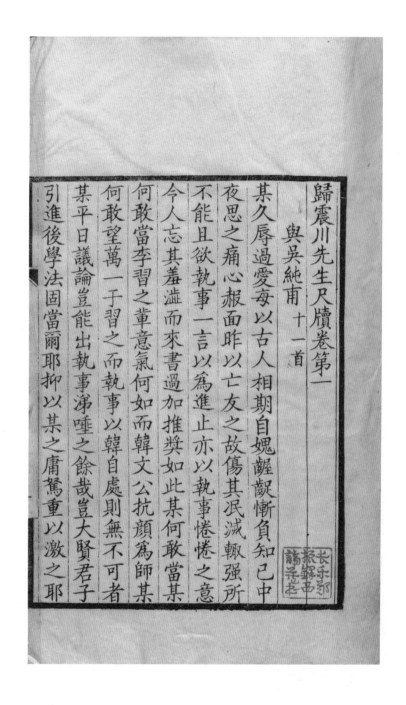

**歸震川先生尺牘二卷** 〔明〕歸有光撰

清康熙三十八年（1699）顧氏如月樓刻本

一册

半葉十行二十字，黑口，左右雙邊。版框 18.3×13.7 厘米

16932（1819）

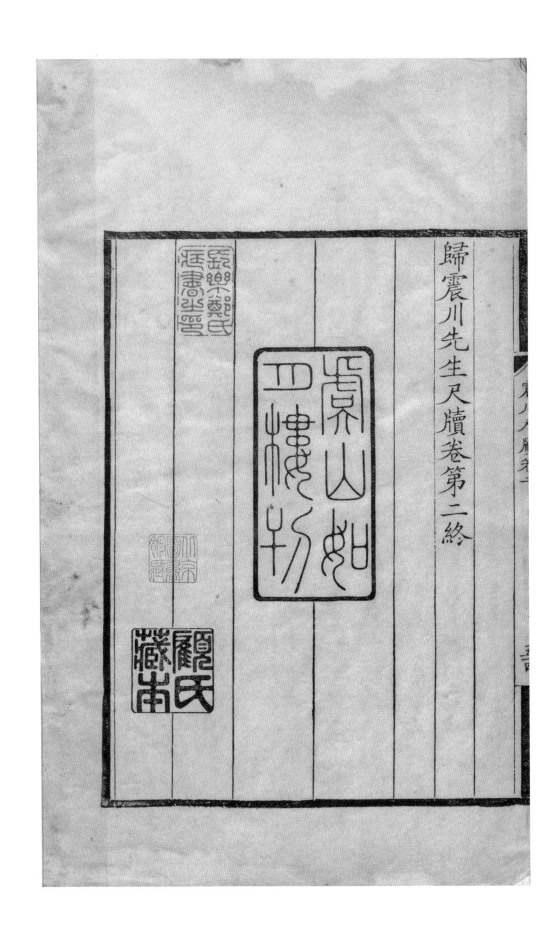

歸震川先生尺牘卷第二終

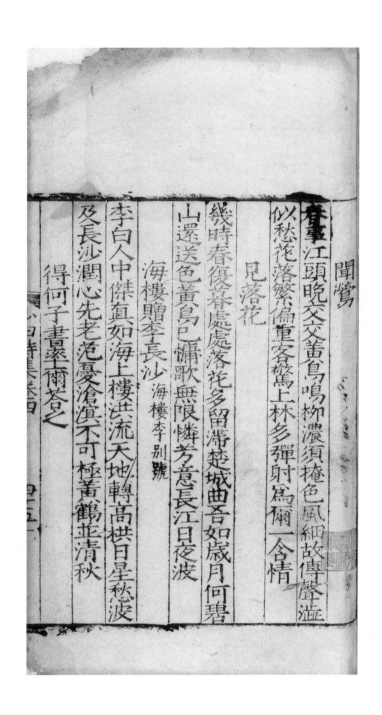

鄭少白詩集□卷　〔明〕鄭允璋撰

明刻本

一册　存四卷：四至七

半葉十行二十一字，白口，四周單邊。版框 17.4×12.8 厘米

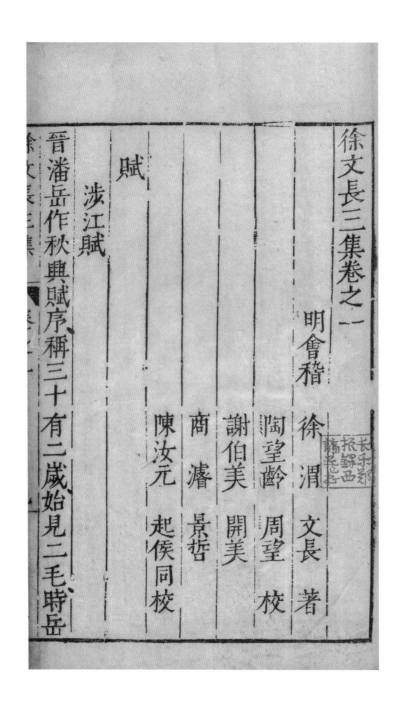

**徐文長三集二十九卷文長雜紀二卷**　〔明〕徐渭撰

明萬曆二十八年（1600）商維濬刻四十七年（1619）印本

十冊

半葉九行二十字，白口，四周單邊。版框 21.3×14.3 厘米

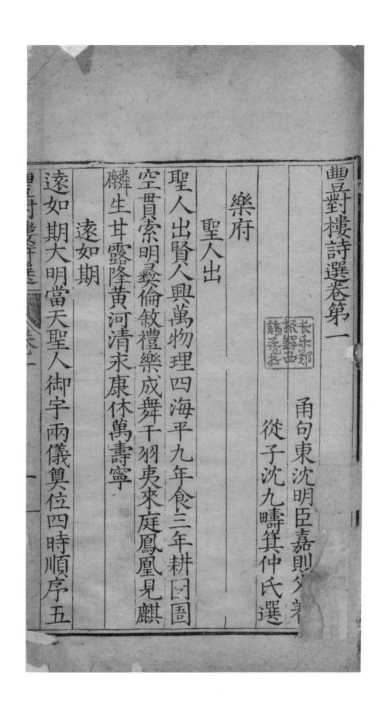

**豐對樓詩選四十三卷**　〔明〕沈明臣撰　〔明〕沈九疇輯

明萬曆二十四年（1596）陳大科、陳堯佐刻本

十二册

半葉十行二十字，白口，四周雙邊。版框 20.0×14.4 厘米

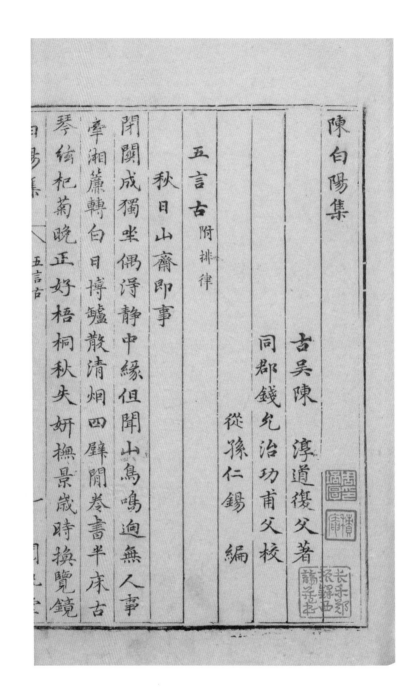

**陳白陽集十卷**　〔明〕陳淳撰　**附録四卷**

明萬曆四十三年（1615）陳仁錫閱帆堂刻本　鄭振鐸跋

四册

半葉九行十九字，白口，四周雙邊。版框 22.3×14.2 厘米

孫助廉語予云近得一明代畫家陳白陽集

予心動欲索閱之果是道遺集也乃其

以稍陳仁錫所鐫寫刻甚精首有錢功父文

亭人間恐無第二本乃購得之為書有

所得畫人集之冠先是於上海修文堂得耕石

齋五田詩鈔大類牧齋初學集當是公所

寫已是得意今複收更勝石田詩鈔一籌

共畫人集不可多得幸非付人所著愛豈

不難徐～聚～

一五八年七月廿六日西諦

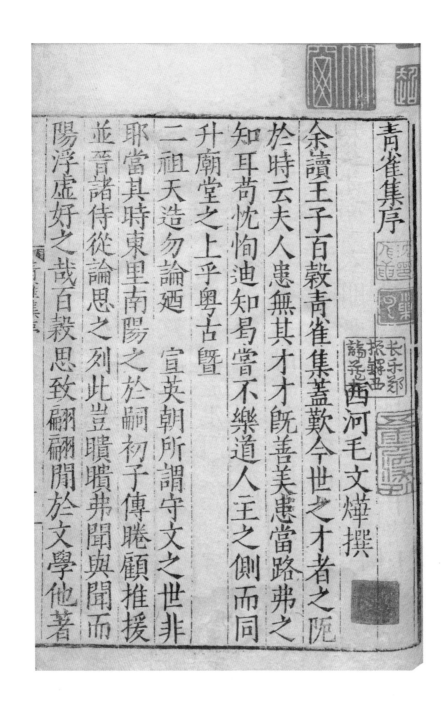

**青雀集二卷**　〔明〕王穉登撰

明隆慶四年（1570）朱宅快閣刻本

一册

半葉十行十八字，白口，左右雙邊。版框 19.2×13.5 厘米

**屠先生評釋謀野集四卷**　〔明〕王穉登撰　〔明〕屠隆評釋

明宏遠堂熊雲濱刻本

四册

半葉十行二十一字，白口，四周單邊，無直格。版框 18.5×13.1 厘米

# 屠先生評釋謀野集卷一

太原王穉登撰

## 寄前太守蔡公

明公解郡時穉登病臂劇甚不能卧轅下也知己之感缺然未伸至今念之即頭面皆赤近讀邸報莫不錯愕出而稱下直迥而宜黜然中公以墨得無已甚吾儕小人不敢知第識曾參不殺人也留牀載居之事古人誇以為榮有如今日安能免文法哉一麾烏足重輕公公直作浮雲視之耳頃名僧計吏行過廣平將謁明公公對顧君當慨然王生無奇哉而使渤海公至此詩一篇

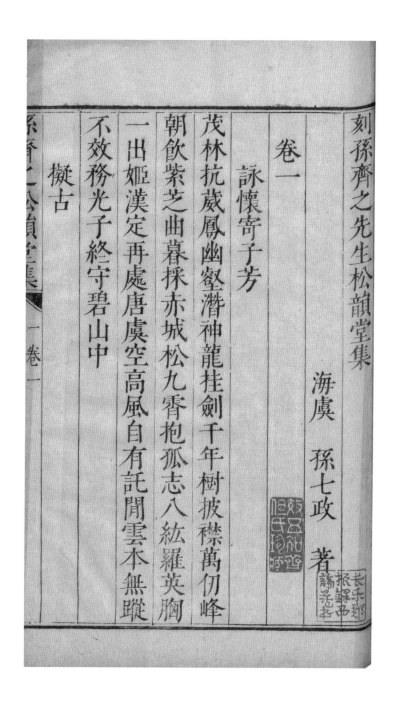

擬古

不效務光子終守碧山中
一出姬漢定再處唐虞空高風自有託閒雲本無蹤
朝飲紫芝曲暮採赤城松九霄抱孤志八紘羅英胸
茂林抗葳鳳幽壑潛神龍挂劍千年樹披襟萬仞峰

詠懷寄子芳

卷一

刻孫齊之先生松韻堂集

海虞　孫七政　著

**刻孫齊之先生松韻堂集十二卷**　〔明〕孫七政撰

明萬曆四十五年（1617）孫朝肅刻本

二冊

半葉九行二十字，白口，四周雙邊。版框 21.8×15.0 厘米

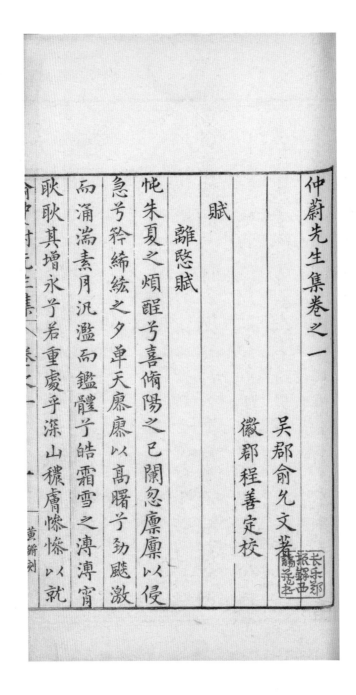

**仲蔚先生集二十四卷** 〔明〕俞允文撰　**附録一卷**

明萬曆十年（1582）程善定刻本

七冊　存二十卷：一至五、十至二十四

半葉九行十八字，白口，四周單邊。版框 20.0×14.4 厘米

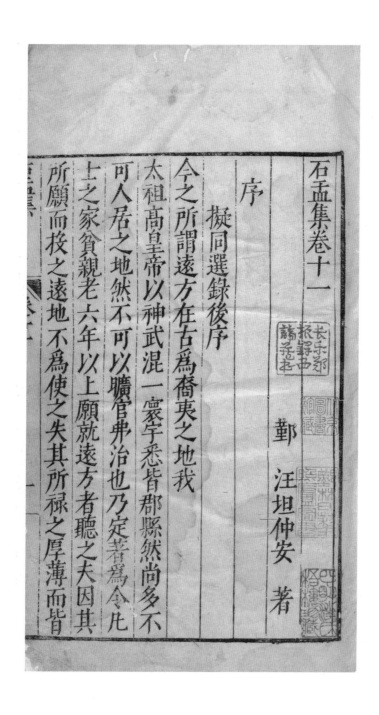

石孟集卷十一

郢　汪坦仲安　著

序

擬同選錄後序

今之所謂遠方在古為喬夷之地我

太祖高皇帝以神武混一寰宇悉皆郡縣然尚多不

可人居之地然不可以曠官弗治也乃定著為令凡

上之家貧親老六年以上願就遠方者聽之夫因其

所願而授之遠地不為使之失其所祿之厚薄而皆

**石孟集十七卷**　〔明〕汪坦撰

明萬曆刻本

一册　存四卷：十一至十四

半葉九行二十字，白口，左右雙邊。版框 19.9×13.1 厘米

**喙鳴文集二十一卷** 〔明〕沈一貫撰

明刻本

三冊　存六卷：一至四、十四、十五

半葉九行十九字，白口，左右雙邊。版框 20.4×13.6 厘米

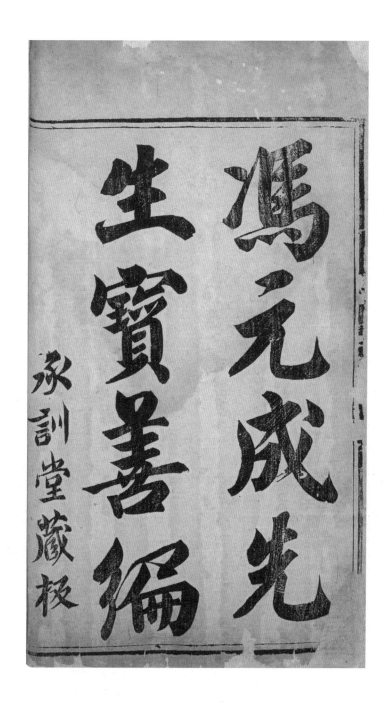

馮元成寶善編選刻二卷　〔明〕馮時可撰

明承訓堂刻本　鄭振鐸跋

四冊

半葉八行十六字，白口，左右雙邊。版框 20.4×13.5 厘米

15466（1965）

馮元成寶善編選刻卷上

吳郡馮時可元成甫著

從孫善世紫賢甫恭較

中丞荊川唐先生傳

往先君廷尉與毘陵荊川先生交最善常
率先兄京兆行可事先生爲門人京兆從
先生于陳渡十陽羨最久所聽其聲律瞻
其身度最多常以語時可櫄子其最熟府

余曾見明馮時可寶善編惜失收不知為何人所

取此馮氏寶音編選刻二卷乃其續集也世無

知者元元年一月十日过隆福寺修綆堂見

案上澹生堂抄本薩天錫集錢求赤校韓柳文

等巳悉為他人揳足先得頗感懊惱最

後見此書乃攜之歸此明人傳記書實

求大有用也時春色蒼茫將雪未雪復

求詢肇其母自不淺彼橫通者況惟知肇收

書而收以書囬未必知書文匹真實用处

也西諦記

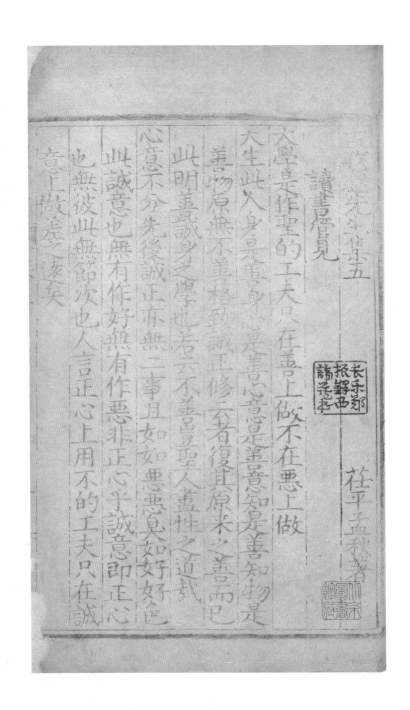

**孟我疆先生集八卷**　〔明〕孟秋撰

明萬曆十四年（1586）孟化鯉等刻藍印本

一册　存四卷：五至八

半葉十行二十二字，白口，四周雙邊。版框 21.2×14.5 厘米

轉情集卷上

俞山　費元禄

無學著

轉情

夫形載情行如魚在水情從境觸若草逢春魚與水
而相忘草何春而不發是以傷今吊古除非宛炮能
消送遠登高木易醇醪釋憾余自離褫孤惟號筆硯
嘗憨特甚不登季女之床癡絕可憐未割變童之袖
然而清風朗月輒悒悒而與哀墊草間花亦寥寥而
寄恨王子之貔偶嬰美疢遂受天刑既斷業緣等宛
灰之苑溺旋鐘幽憤若卧橋而生枝無體無方恍惚

**轉情集二卷**　〔明〕費元禄撰

明刻本

一册　存一卷：上

半葉十行二十字，白口，四周單邊。版框 22.0×14.5 厘米

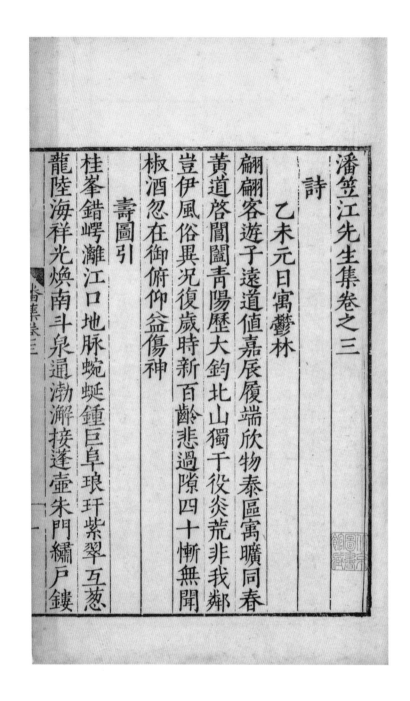

潘笠江先生集卷之三

詩

乙未元日寓鬱林

翩翩客遊子　遠道值嘉辰
履端欣物泰　區寓曠同春
黃道啓閶闔　青陽歷大鈞
北山獨干役　炎荒非我鄰
豈伊風俗異　况復歲時新
百齡悲過隙　四十慚無聞
椒酒忽在御　俯仰益傷神

壽圖引

桂峯錯崿灘江口　地脉蜿蜒鍾巨阜
琅玕紫翠互葱蘢　陸海祥光煥南斗
泉通渤澥接蓬壺　朱門繡戶鏤

**潘笠江先生集十二卷**　〔明〕潘恩撰

明嘉靖萬曆遞刻潘恭定公全集本

三冊　存十卷：三至十二

半葉十行二十字，白口，左右雙邊。版框 19.7×14.7 厘米

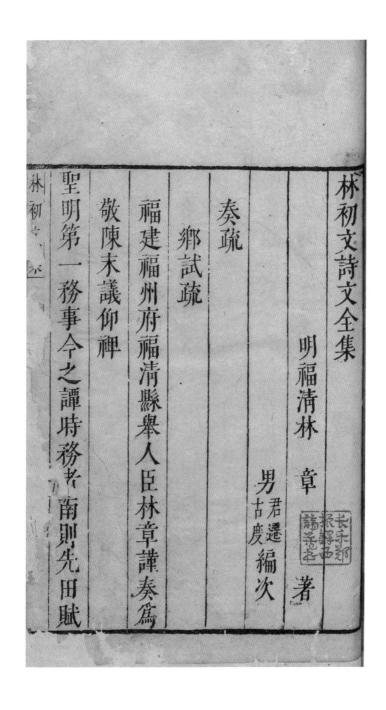

**林初文詩文全集十五卷** 〔明〕林章撰

明天啓四年（1624）刻本

九册

半葉八行十七字，白口，四周單邊。版框 18.8×13.5 厘米

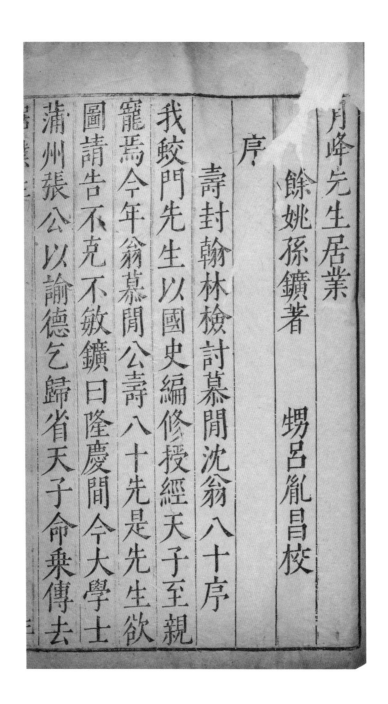

月峰先生居業四卷　〔明〕孫鑛撰

明萬曆刻本

二冊　存二卷：三至四

半葉八行十六字，白口，四周單邊。版框 24.6×15.5 厘米

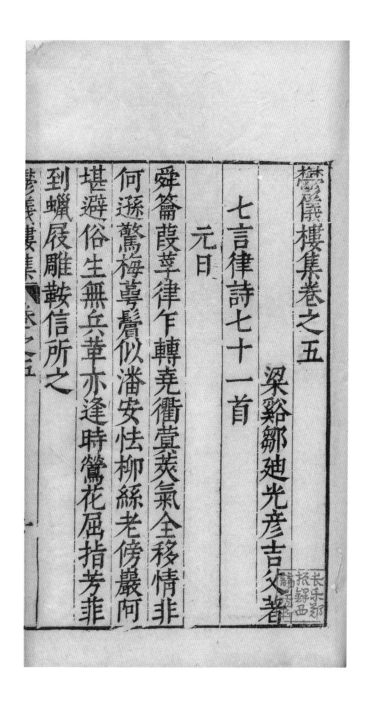

鬱儀樓集卷之五

梁谿鄒迪光彥吉父著

七言律詩七十一首

元日

愛篇葭葦律乍轉堯衢賞菉氣全移情非
何遜驚梅蕚鬢似潘安怯柳絲老傍巖阿
堪避俗生無兵革亦逢時鶯花屈指芳菲
到蠟屐雕鞍信所之

**鬱儀樓集五十四卷**　〔明〕鄒迪光撰

明萬曆刻本

五冊　存十二卷：四至十二、二十五至二十七

半葉八行十六字，白口，四周單邊。版框 19.1×12.9 厘米

**夢白先生集三卷**　〔明〕趙南星撰

明挹霞閣刻本

三冊

半葉九行十八字，白口，左右雙邊。版框 21.1×14.3 厘米

夢白先生集卷之一　書札

高邑趙南星夢白甫著

門人李　標

王則古

梁　慈

梁　志校

與申相公老師

自乙亥奉書迄今未賡一詞于左右誠不敢數
以無用小札瀆侍者聖荅也茲者聞老師入相

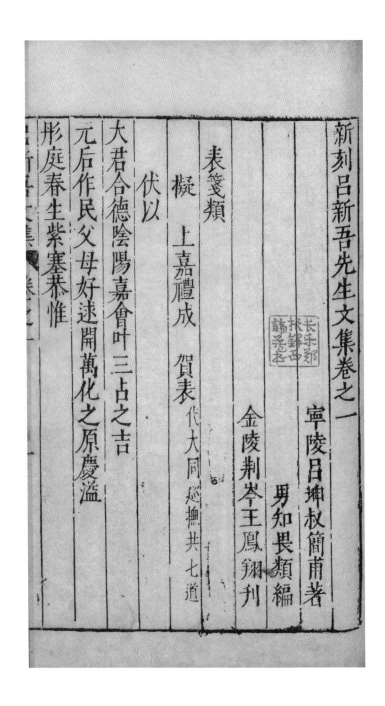

新刻呂新吾先生文集卷之一

寧陵呂坤叔簡甫著

男知畏類編

金陵荆岑王鳳翔刊

表箋類

擬　上嘉禮成　賀表　代大同總撫共七道

伏以

大君合德陰陽嘉會叶三占之吉

元后作民父母好逑開萬化之原慶溢

形庭春生紫塞恭惟

**新刻呂新吾先生文集十卷**　〔明〕呂坤撰

明萬曆王鳳翔刻本

八册

半葉十行二十字，白口，四周單邊。版框 21.9×14.6 厘米

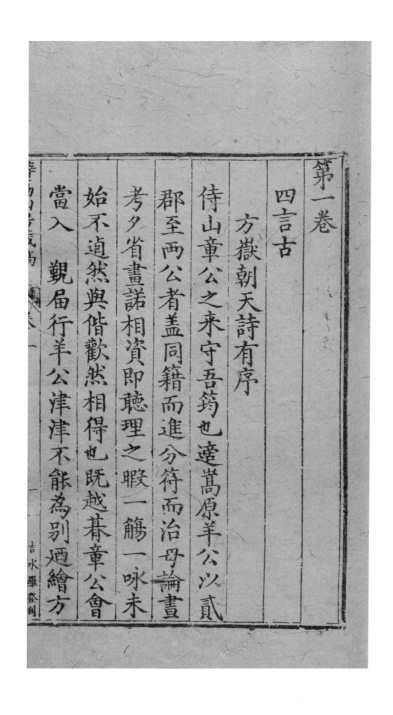

四言古

方嶽朝天詩有序

侍山章公之來守吾筠也　達嵩原羊公以貳
郡至兩公者蓋同籍而進　分符而治母論畫
考夕省畫諾相資即聽理之暇一觴一詠未
始不追然與偕歡然相得也　既越碁章公會
當入　覲屆行羊公津津不能為別酒繪方

第一卷

**薜荔山房藏稿十卷**　〔明〕敖文禎撰

明萬曆牛應元刻本

十三冊　存九卷：一、三至十

半葉八行十八字，白口，四周雙邊。版框 21.5×14.7 厘米

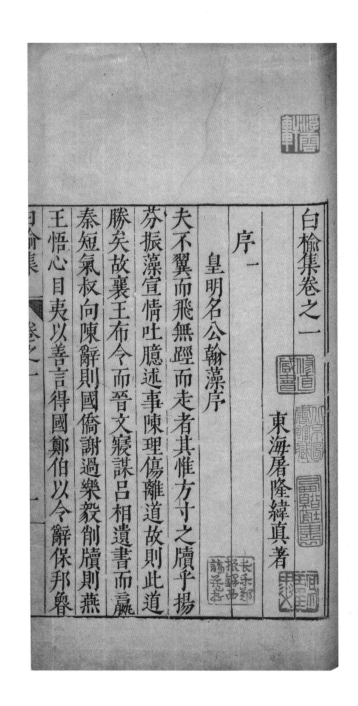

**白榆集二十八卷**　〔明〕屠隆撰

明萬曆二十二年（1594）程元方刻本

十二册

半葉九行十八字，白口，左右雙邊。版框 18.5×13.6 厘米

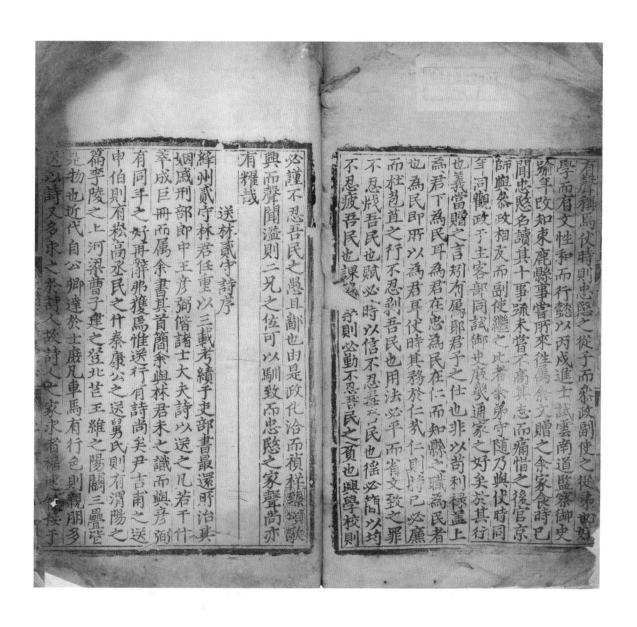

**楊文懿公文集三十卷** 〔明〕楊守陳撰

明弘治十二年（1499）楊茂仁刻本

一冊 存五卷：十六至二十

半葉十二行二十二字，黑口，四周雙邊。版框 19.5×13.9 厘米

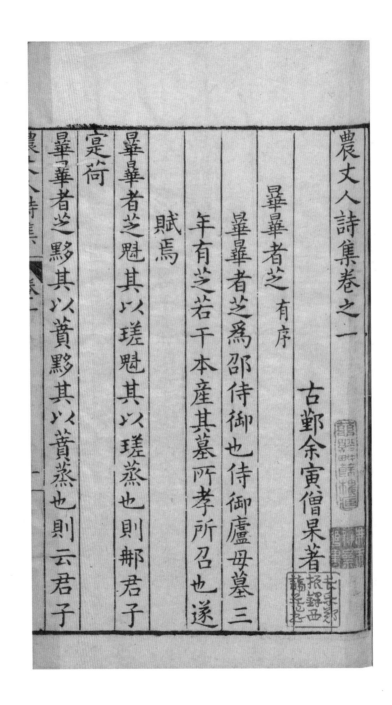

農丈人詩集八卷 〔明〕余寅撰

明萬曆刻本

二冊

半葉九行十八字，白口，左右雙邊。版框 20.0×13.6 厘米

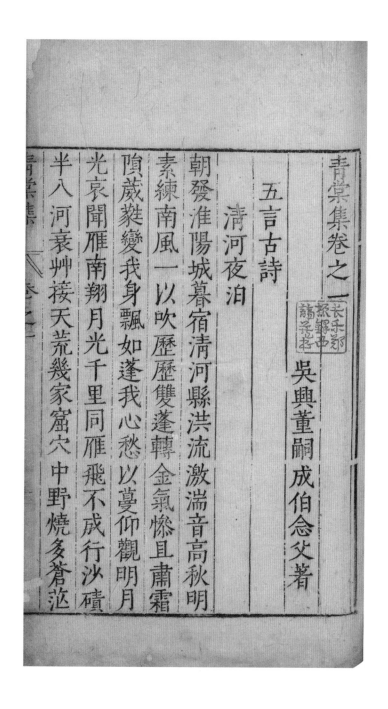

青棠集卷之一

吳興董嗣成伯念父著

五言古詩

清河夜泊

朝發淮陽城暮宿清河縣洪流激湍音高秋明

素練南風一以吹歷歷雙蓬轉金氣慘且肅霜

隕葳蕤變我身飄如蓬我心愁以蔓仰觀明月

光哀聞雁南翔月光千里同雁飛不成行沙磧

半入河襄艸接天荒幾家窟穴中野燒多蒼茫

青棠集　　卷之一

青棠集八卷　〔明〕董嗣成撰

明刻本

二册　存三卷：一至三

半葉九行十八字，白口，左右雙邊。版框 19.3×13.9 厘米

負苞堂詩選卷之一

吳興　臧懋循晉叔甫著

五言古詩

商山行

漢興四遺老聲名溢寰區採芝以爲食高蹈商
山隅帝命屢不就寧復顧苞苴白鶴摩青雲緗
羅安可圖酈矦畫秘計遣使遺之書衣冠毲闕
庭日與太子俱嫚罵誠足辱仁孝亦何須雖有

負苞堂詩選　卷一

**負苞堂詩選五卷文選四卷**　〔明〕臧懋循撰

明天啓元年（1621）臧爾炳刻本

四册

半葉八行十八字，白口，四周單邊。版框 20.3×13.8 厘米

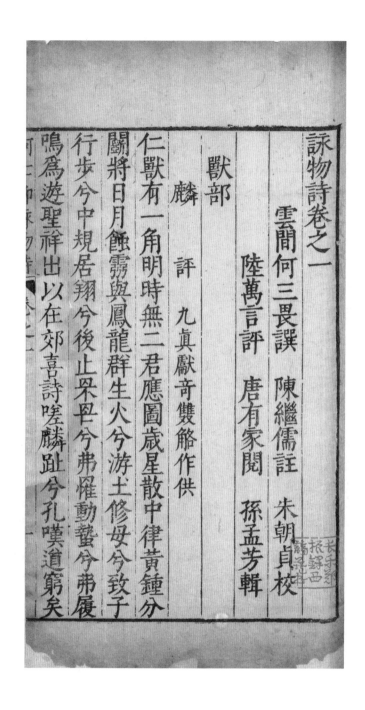

詠物詩卷之一

　　　　　雲間何三畏譔　陳繼儒註

　　　　　　　　　　　　　　　　　朱朝貞校

　　獸部　　陸萬言評　唐有家閱　孫孟芳輯

　　　麟

　　評　九眞獻奇雙觡作供

仁獸有一角明時無二君應圖歲星散中律黃鍾分

關將日月飽霑與鳳龍群生火兮游土修母兮致子

行步兮中規居翔兮後止呆兮弗罹動蟄兮弗屐

鳴爲遊聖祥出以在郊喜詩嗟麟趾兮孔嘆道窮矣

**詠物詩六卷**　〔明〕何三畏撰　〔明〕陳繼儒註　〔明〕陸萬言評

明萬曆二十五年（1597）刻本

一冊

半葉九行二十字，小字雙行同，白口，四周單邊。版框 21.1×13.8 厘米

此身忽堕草堂底呼兒滿酌金匜危痛飲大叫

蘇運使東歸

狂且癡乾坤無慮不可樂江湖廊廟何猜疑

丈夫負奇氣變化如神龍有時奮雷雨四海無

乾封翻然抱珠去九澤藏深睡君不見蘇運使

早年挾筴見　天子一日聲名滿燕市花縣緫

看潘令春秋曹更識臯陶理一廛出守江南城

再訝中州竹馬迎詔問河東阻盐榷庭臣交薦

頏名行君來談笑徒耳耳坐令國用如山起政

龍塢集五十五卷　〔明〕王時濟撰

明刻本

三冊　存十六卷：詩十七、二十二至二十六，文二十至二十九

半葉九行十八字，白口，四周單邊。版框 19.6×14.4 厘米

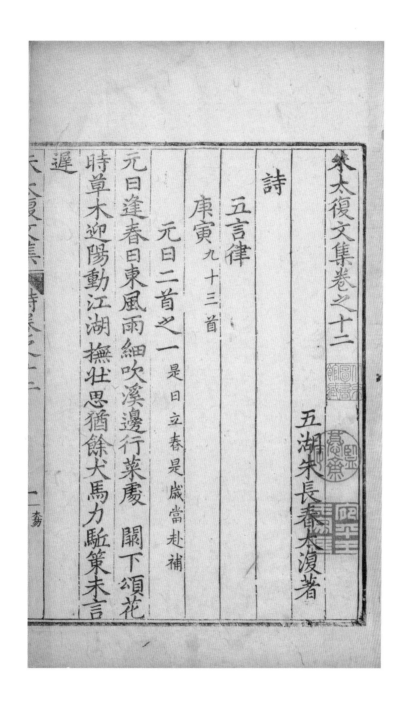

**朱太復文集五十二卷目録五卷**　〔明〕朱長春撰

明萬曆刻本

五册　存三十卷：十二至三十、三十七至四十七

半葉九行二十字，白口，四周雙邊。版框20.6×14.5厘米

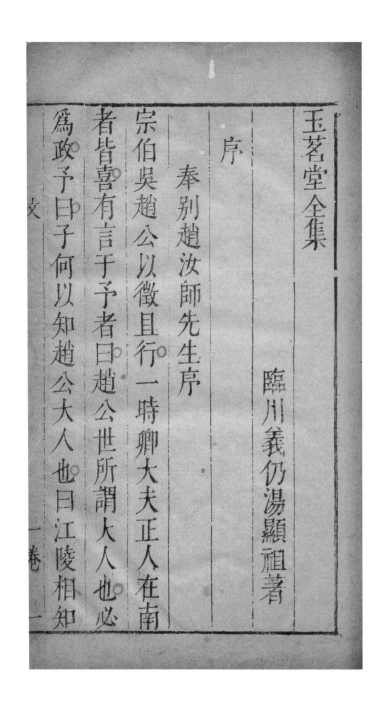

**玉茗堂全集四十六卷** 〔明〕湯顯祖撰

明天啓刻本

三十册 存四十卷：文集十六卷、詩集十八卷、賦集六卷

半葉七行十八字，白口，四周單邊。版框 22.0×13.1 厘米

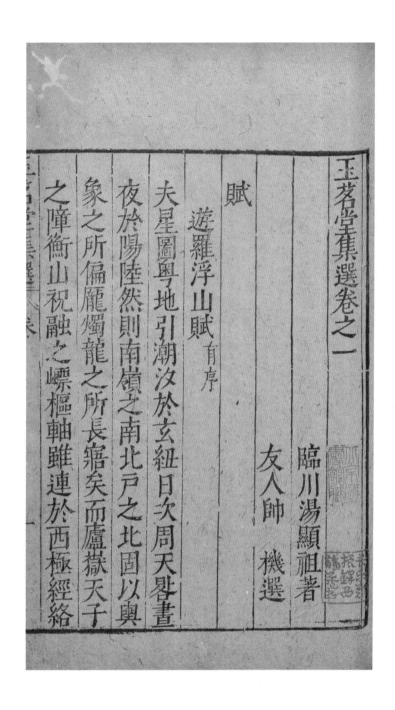

**玉茗堂集選十五卷**　〔明〕湯顯祖撰

明萬曆三十四年（1606）周如溪刻本

六冊

半葉九行十八字，白口，左右雙邊。版框 20.2×14.7 厘米

湯海若問棘郵草

臨川湯顯祖義仍父著

山陰徐　渭文長父批釋

張汝霖蕭之父校

賦

廣意賦 并序

粤余小子，姓於天乙，以施於尼父，則我之自出，鴻矣而六藝於茲闕然，此豈稱爲明神後乎，恐後來者不知有小子人生何常語曰樂調過盛然，鄒敵聚肩，不義喘而數夷語是，好高之心，勝出亦莒，堆坯剪揷，者之所能

**湯海若問棘郵草二卷**　〔明〕湯顯祖撰　〔明〕徐渭評

明刻本

一册

半葉九行二十字，白口，四周單邊。版框 21.1×13.9 厘米

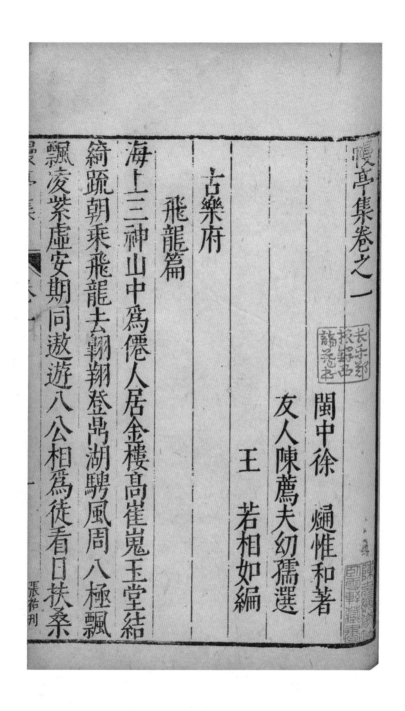

**幔亭集十五卷**　〔明〕徐熥撰　〔明〕陳薦夫輯

明萬曆二十九年（1601）王若刻本　鄭振鐸跋

八冊

半葉九行十八字，白口，四周單邊。版框 19.7×13.7 厘米

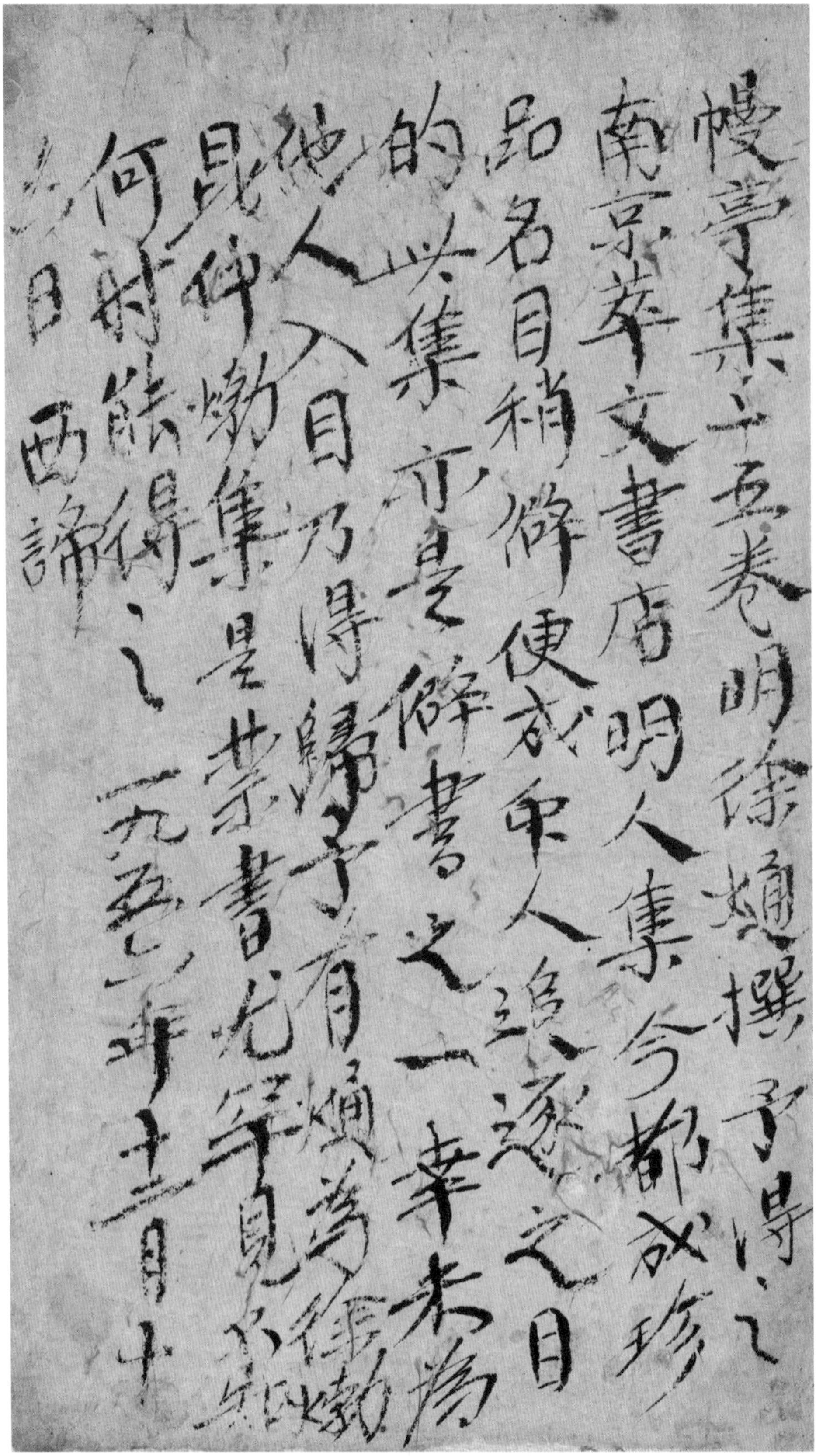
幔亭集二十五卷明徐熥撰予得之
南京萃文書店明人集今都成珍
品名目稍僻便成史人追逐之目
的此集亦是僻書之一幸未為
他人目乃得歸予有熥弟徐𤊹
昆仲物集是世業書允罕見不知
何時能得之　一九五三年十二月十
八日　西諦

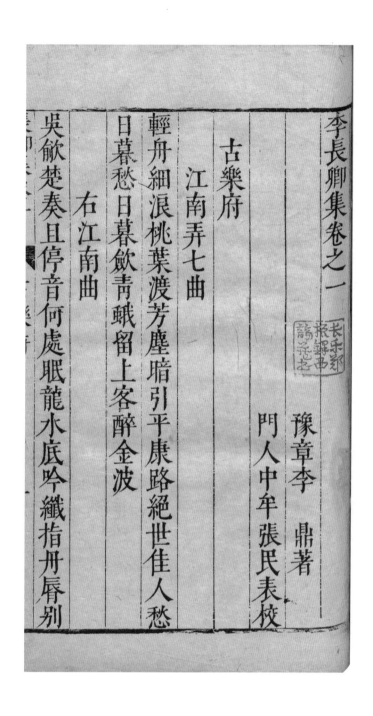

右江南曲

江南弄七曲

古樂府

李長卿集卷之一

豫章李　鼎著

門人中牟張民表校

輕舟細浪桃葉渡芳塵暗引平康路絕世佳人愁

日暮愁日暮歙青甋留上客醉金波

吳歙楚奏且停音何處眠龍水底吟纖指卅脣別

**李長卿集二十八卷**　〔明〕李鼎撰

明萬曆四十年（1612）李嗣宗刻本

十册　存十九卷：一至十九

半葉九行十九字，白口，左右雙邊。版框 20.9×13.5 厘米

15878（9892）

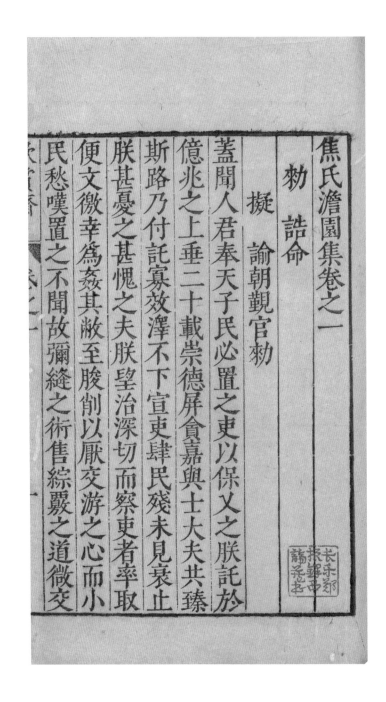

**焦氏澹園集四十九卷** 〔明〕焦竑撰

明萬曆三十四年（1606）黃雲蛟刻本

十二册　存三十八卷：一至三十一、三十五至四十一

半葉九行十九字，白口，四周單邊。版框 20.6×13.9 厘米

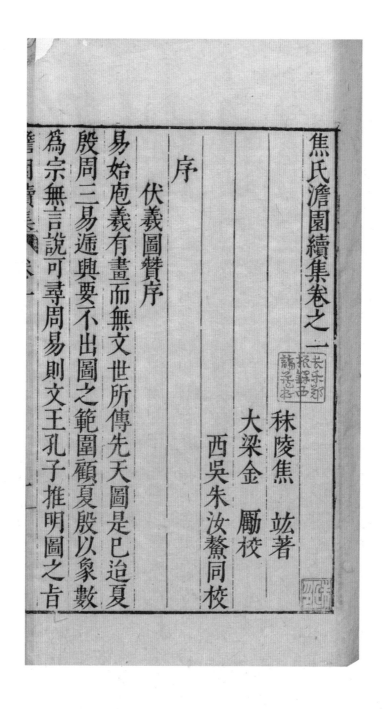

焦氏澹園續集卷之一

秣陵焦　竑著

大梁金　勵校

西吳朱汝鼇同校

序

伏羲圖贊序

易始庖羲有畫而無文世所傳先天圖是巳迨夏殷周三易遞興要不出圖之範圍顧夏殷以象數爲宗無言說可尋周易則文王孔子推明圖之旨

**焦氏澹園續集二十七卷**　〔明〕焦竑撰

明萬曆三十九年（1611）金勵、朱汝鼇刻本　鄭振鐸跋

四冊

半葉九行十九字，白口，四周單邊。版框 21.2×13.8 厘米

一〇〇四〇

焦竑澹園續集二十七卷　明刊本　共書多殘缺

目入全燬目中故傳本甚罕見予舊

有不全本澹園集故於富甫晉書社見

此續集即復收之明人集浩如烟海四

庫失收者多矣　或出於有意　或出於無

意当时の庫館區詆諆　明人著作無所

不用其極是有有其政治作用今日我

輩已乏實事求是為許多明代作家

鳴不平也　一九五〇年十二月二十五日　西諦

小窗自紀四卷清紀不分卷別紀四卷艷紀不分卷　〔明〕吳從先撰

明萬曆吳從先霞漪閣刻本

二十八冊　存九卷：自紀四卷、清紀不分卷、別紀四卷

半葉八行十八字，白口，四周單邊，無直格。版框 21.4×13.8 厘米

T01120（9566）

小窗自紀卷之一

延陵吳從先著 平湖俞恩燁

福胸張榜選 武林沈明龍校

雲間陳繼儒訂 武林何偉然

雜著

容有躭寐者貽語之云瘦到梅花應有骨逸

○明月且當痕。○

同

○

雅樂而以禁淫何如溪響松聲使人清聽自遠

自紀 禊

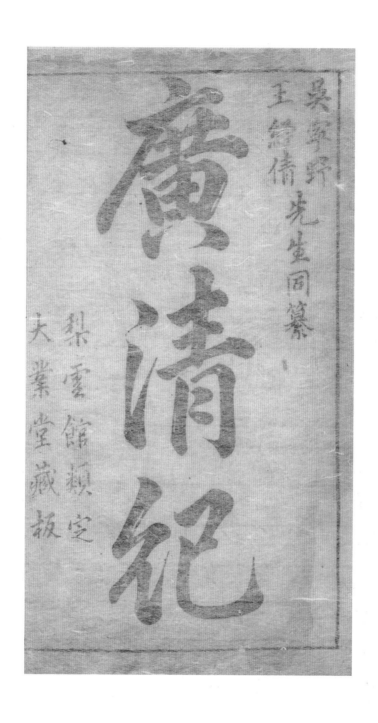

**梨雲館廣清紀四卷**　〔明〕吴從先、王緣督撰

明梨雲館刻本

八册

半葉八行十八字，白口，四周單邊，無直格。版框 21.4×13.8 厘米

梨雲館廣清紀卷之一

古歙吳從先寧野　纂　　西湖何偉默仙郎　恭閱

江都王緣督經倩　　　　　宣城郭化肩吾

南雍周文煒如山校鐫

清語

與梅同瘦、與竹同清、與柳同眠、與桃李同笑、居

熙花裏神仙與鶯同聲、與燕同語、與鶴同唳、與

鸚鵡同言如此話中知己。

山翠飛簷花光颭几清僧拂硯靜女裁箋。

**容臺文集九卷詩集四卷別集四卷**　〔明〕董其昌撰

明崇禎三年（1630）董庭刻本

十册

半葉八行十九字，白口，左右雙邊。版框 19.3×13.4 厘米

容臺文集卷之一

　　華亭董其昌著　　篆孫庭輯

序

本草綱目序

郡國立醫學祀三皇神農黄帝是皆有當於醫庖

羲氏則未有知其踪來者也吾聞五帝之書謂之

三墳三墳言大道也道莫大於易近取諸身則爲

素問遠取諸物則爲本草蓋説卦所謂於木爲堅

容臺集　　　卷一　　　一　　　金泰輝寫

容臺文集九卷　〔明〕董其昌撰

明崇禎三年（1630）董庭刻本

六冊　存八卷：一至八

半葉八行十九字，白口，左右雙邊。版框 19.4×13.5 厘米

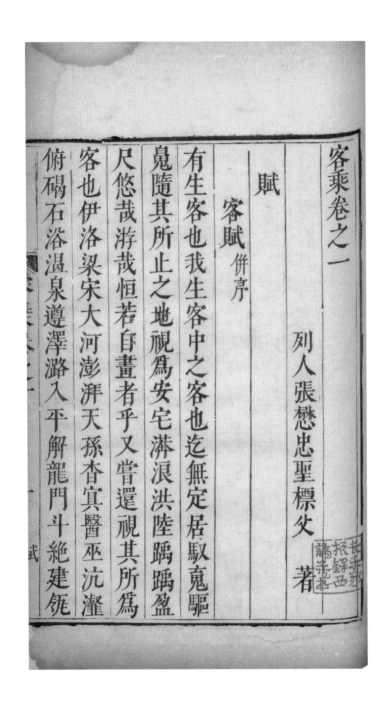

**客乘二十八卷** 〔明〕張懋忠撰

明崇禎刻本

六册

半葉九行十八字，白口，四周雙邊。版框 19.7×13.7 厘米

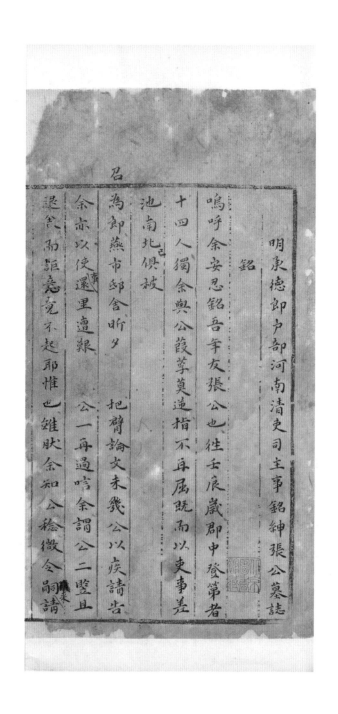

明承德郎戶部河南清吏司主事銘紳張公墓誌

銘

嗚呼余安忍銘吾年友張公也往壬辰歲郡中登第者
十四人獨余與公蔎孳莫逆指不再屈旣而以吏事差
池南北俱被

為郎燕市邸舍昕夕　把臂論文未幾公以疾請告

余亦以使還里遭艱　公一再過嗟余謂公二豎且

退矣而詎意竟不起耶惟也雖歎余知公穩徵令嗣請

召

**石隱園藏稿不分卷**　〔明〕畢自嚴撰

明末抄本

二册

半葉八行二十一字，白口，四周單邊。版框 20.1×12.6 厘米

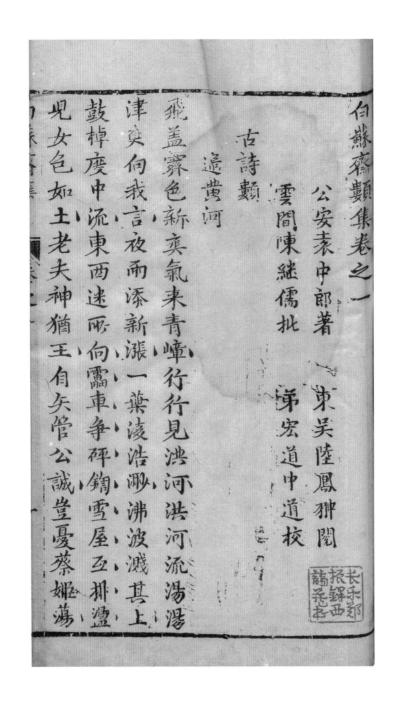

白蘇齋類集二十二卷 〔明〕袁宗道撰

明刻本

三冊

半葉九行二十字，白口，左右雙邊，無直格。版框 21.3×13.7 厘米

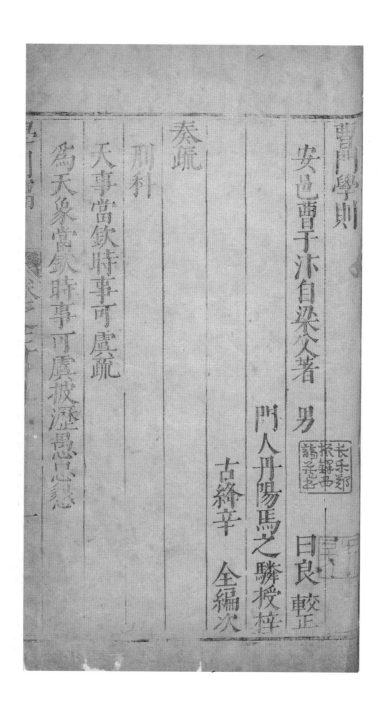

**曹門學則四卷**　〔明〕曹于汴撰

明馬之驊刻本

一册　存二卷：三至四

半葉八行二十字，白口，四周雙邊。版框 21.4×13.8 厘米

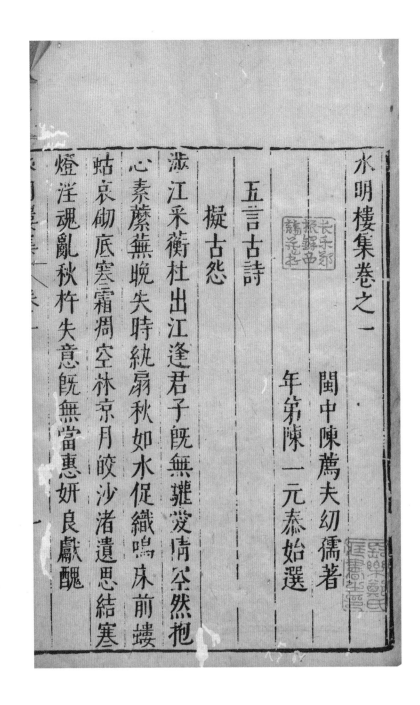

**水明樓集十四卷** 〔明〕陳薦夫撰

明萬曆刻本　鄭振鐸跋

六冊

半葉九行十八字，白口，左右雙邊。版框 20.3×14.5 厘米

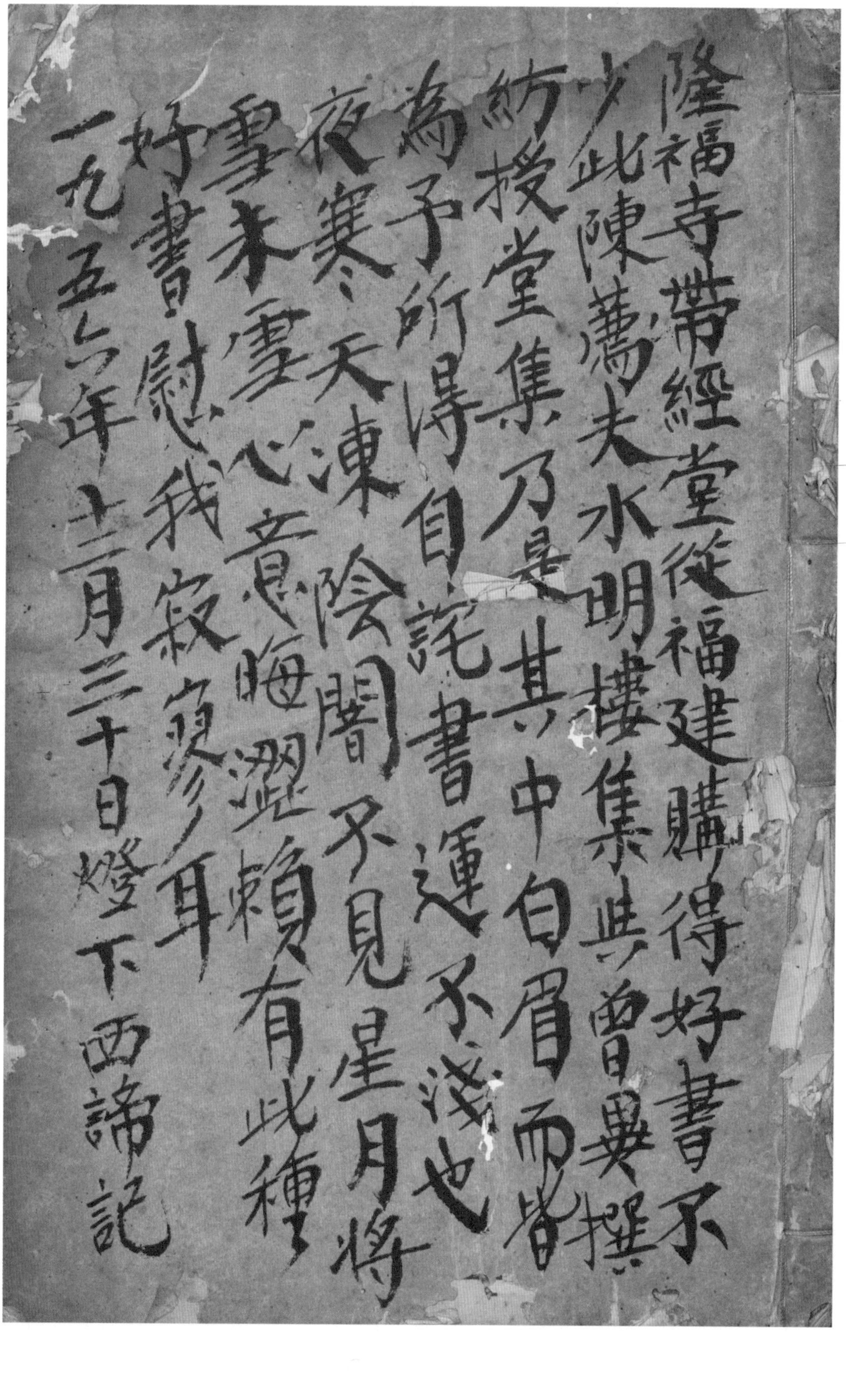

隆福寺帶經堂從福建購得好書不
少此陳蕭夫水明樓集與曾要撰
紉授堂集乃是其中自眉而皆
為予所得自詫書運不淺也
夜寒天凍陰闇不見星月將
雲來雲心意晦澀賴有此種
好書慰我寂寥參耳
一九五〇年十二月三十日燈下西諦記

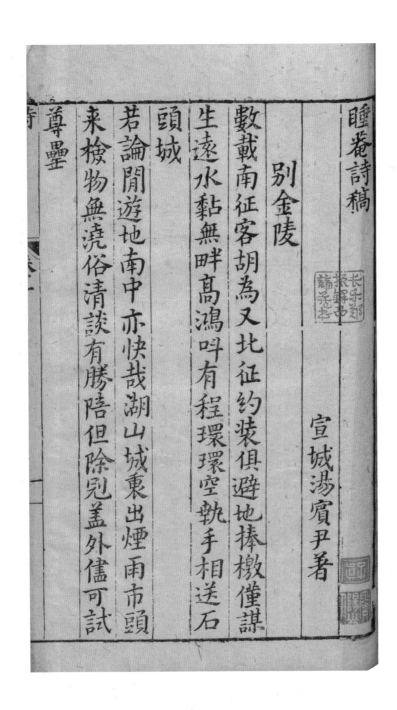

睡庵詩稿

別金陵

宣城湯賓尹著

數載南征客胡為又北征約裝俱避地捧檄僅謀
生遠水黏無畔高鴻呌有程環環空執手相送石
頭城
若論閒遊地南中亦快哉湖山城裏出煙雨市頭
來檢物無澆俗清談有勝陪但除冠盖外儔可試
尊罍

**睡庵詩稿四卷文稿十一卷** 〔明〕湯賓尹撰

明萬曆刻本

一冊　存四卷：詩稿四卷

半葉九行十九字，白口，四周單邊。版框 23.0×15.3 厘米

睡庵文稿初刻卷之一

宣城湯賓尹著 金谿門人李曙寰校雠

王西華先生半山藏稿序

富貴壽考文章功業之類物之美者人爭取之矣

夫美物必有神焉司之物忌完取忌多天之數也

人之情也孤庸之子憤其獨力爭之日暮之間於

數者偶取一焉而沈頓歲年剗刻筋知精巳耗矣

遑及其餘故欲嘗易足而取於天者嘗寡開敏賢

智之士饒姿才廣方畧其意氣無所不之造物之

**睡庵文稿初刻四卷二刻六卷三刻二卷** 〔明〕湯賓尹撰

明萬曆李曙寰、黃朝聘、黃時溙等刻本

四册　存十卷：初刻四卷、二刻六卷

半葉九行十九字，白口，四周單邊。版框 21.1×14.6 厘米

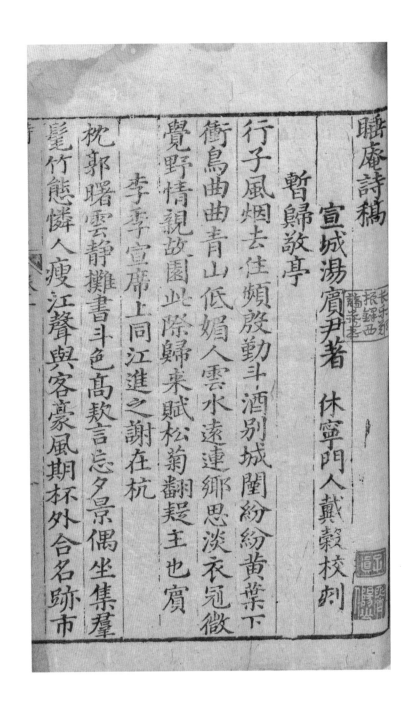

**睡庵詩稿一卷文稿二卷**　〔明〕湯賓尹撰

明萬曆戴穀刻本

一冊

半葉九行十九字，白口，四周單邊。版框 22.2×15.3 厘米

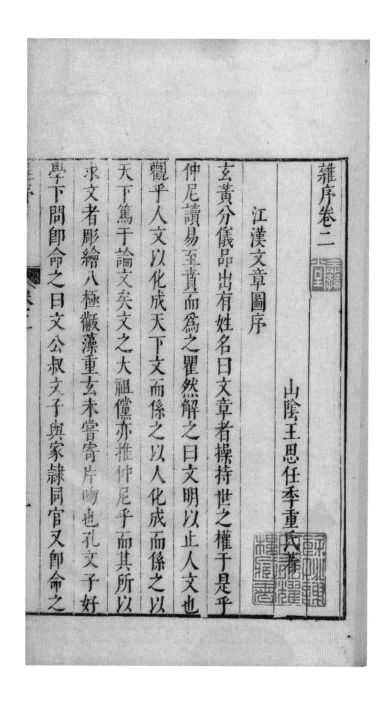

**王季重先生文集□卷**　〔明〕王思任撰

明末刻本

八冊　存七卷：二至八

半葉九行二十一字，白口，左右雙邊。版框 19.7×14.1 厘米

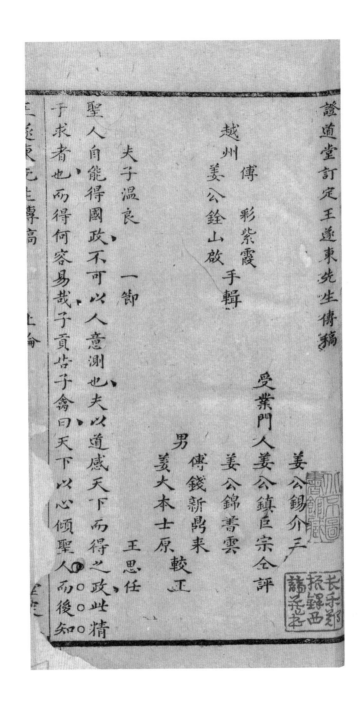

**證道堂訂定王遂東先生傳稿不分卷** 〔清〕傅彩、姜公銓輯

清康熙二十七年（1688）刻本

一册

半葉九行二十六字，白口，左右雙邊，無直格。版框 19.9×11.5 厘米

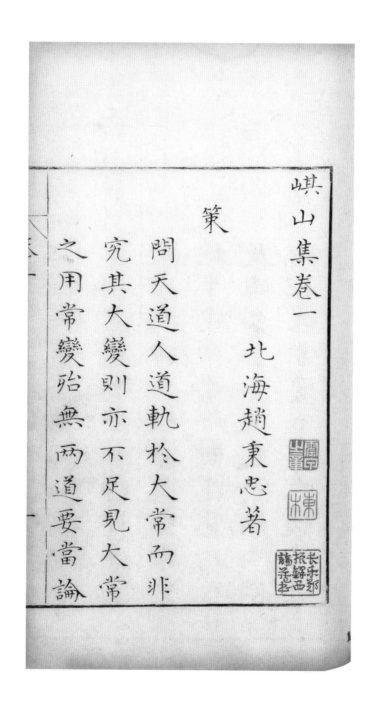

**岷山集十二卷**　〔明〕趙秉忠撰

明末刻本

四册

半葉六行十三字，白口，四周單邊，無直格。版框 20.7×14.3 厘米

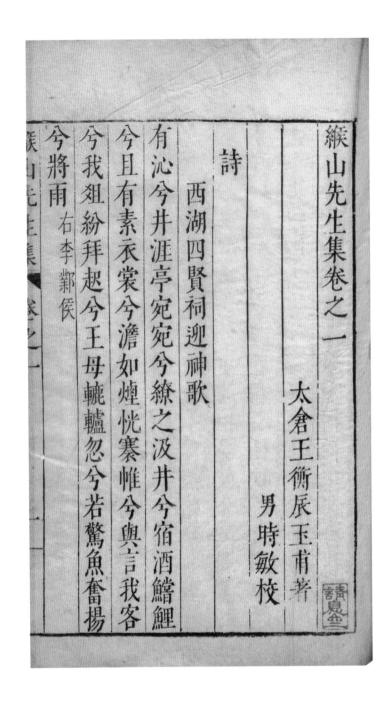

**緱山先生集二十七卷** 〔明〕王衡撰

明萬曆刻本

六册

半葉九行十八字，白口，四周單邊。版框 21.8×14.2 厘米

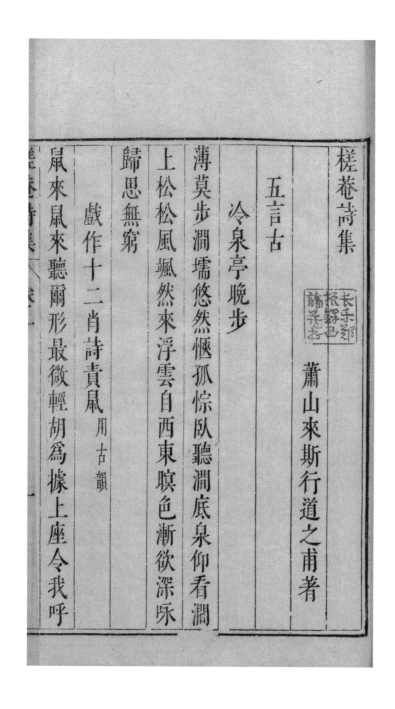

槎菴詩集

蕭山來斯行道之甫著

五言古

冷泉亭晚步

薄莫步澗壖悠然愜孤悰臥聽澗底泉仰看澗
上松松風颯然來浮雲自西東瞑色漸欲深㗖
歸思無窮

戲作十二肖詩責鼠　用古韻

鼠來鼠來聽爾形最微輕胡爲據上座令我呼

槎菴詩集〈卷一〉　　一

**槎庵詩集八卷**　〔明〕來斯行撰

明末百順堂刻本

二冊

半葉九行十八字，白口，四周雙邊。版框 19.6×14.0 厘米

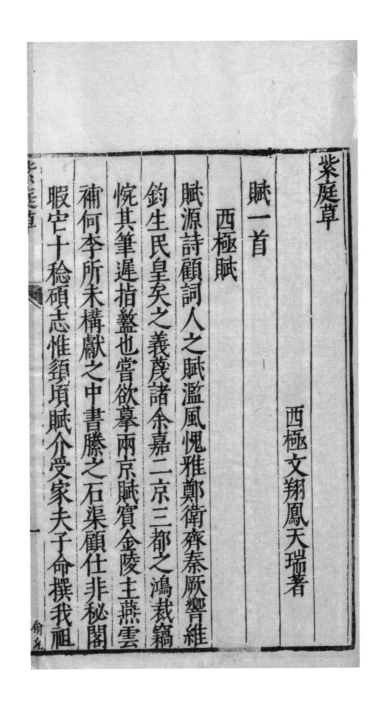

紫庭草

賦一首

西極文翔鳳天瑞著

西極賦

賦源詩顧詞人之賦濫風愧雅鄭衛殊泰厥嚮維
鈞生民皇矣之義茂諸余嘉二京三都之鴻裁竊
愀其筆遲指鏊也嘗欲摹兩京賦賓金陵主燕雲
補何李所未構獻之中書滕之石渠顧仕非秘閣
暇它十稔碩志惟領項賦介受家夫子命撰我祖

**紫庭草一卷** 〔明〕文翔鳳撰

明刻三子小草本

一册

半葉九行二十字，白口，左右雙邊。版框 20.3×13.4 厘米

又言

天瑞詩予阮藥以粃糠遂永之梨棗詎敢曰玄晏賦首之

弇不欲效中郎帳内之藏定有知言諒非阿好

敬識

作聖齋吟草

次家夫子與同志論學三十六首

西極文翔鳳天瑞著

予生諉吐黃則之祥頗美松靈根自七八歲燕游時即好美翰削簡為書與儓

行稍慧者辨折前哲之跡其後十三在廣陵談易討玄激昂昔阮叩六學涉者

氏之籓即有躍長空丹霞千仞之想而氣崝崝皎日盱矣己丑初夏毅然以

聖人之學定終身歸甘節由顧辟穀為常視康節元晦若几席面相齕此

故其蚤齡下簾閟坐映晡罕出既絕狹邪之娛熏尚泉石之嗜日述千

**作聖齋詩一卷**　〔明〕文翔鳳撰

明抄本

一冊

半葉八行二十八至三十一字，無欄格

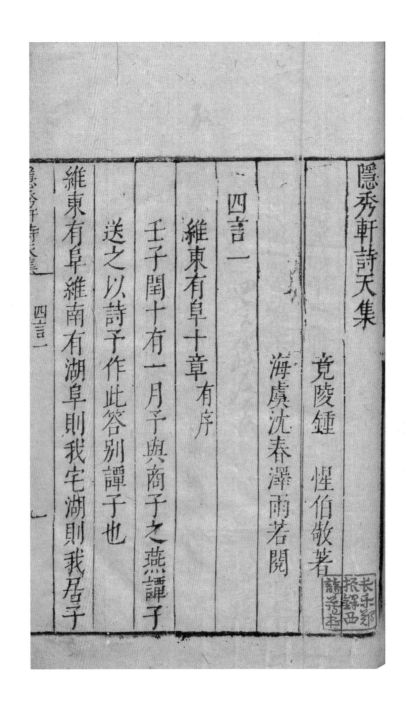

隱秀軒詩天集

竟陵鍾　惺伯敬著

海虞沈春澤雨若閱

四言一

維東有阜十章有序

壬子閏十有一月予與商子之燕譚子

送之以詩予作此答別譚子也

維東有阜維南有湖阜則我宅湖則我居予

維東有阜維南有湖阜則我宅湖則我居予

四言一

**隱秀軒集五十一卷**　〔明〕鍾惺撰

明天啓二年（1622）沈春澤刻本

十冊

半葉八行十七字，白口，四周單邊。版框18.8×14.1厘米

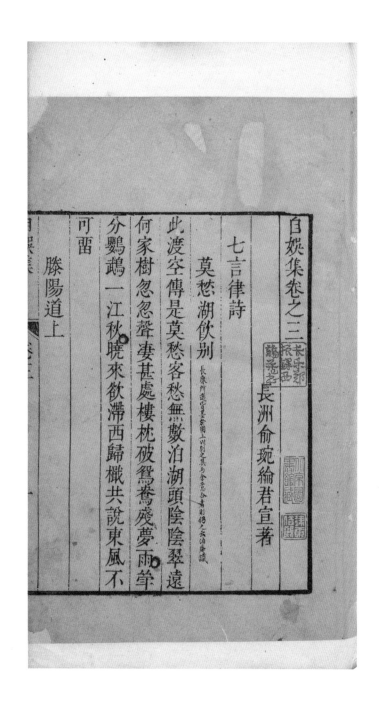

**自娛集十卷**　〔明〕俞琬綸撰

清康熙三十八年（1699）俞蕙、俞蓀刻本

六冊　存八卷：三至十

半葉九行十八字，白口，四周單邊。版框 18.5×14.0 厘米

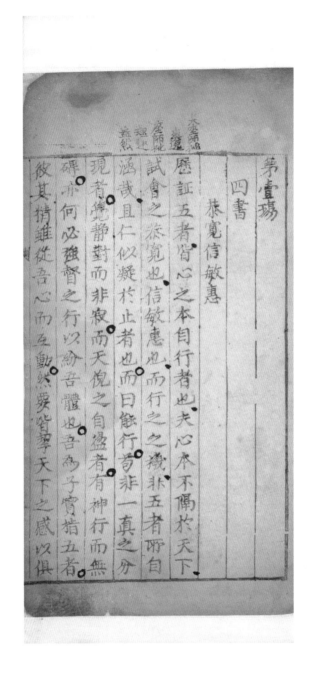

**萬曆乙卯山東鄉試硃卷一卷**　〔明〕寧光先撰

明萬曆刻本

一冊

半葉九行二十字，白口，四周單邊。版框 19.8×12.4 厘米

16541（9490）

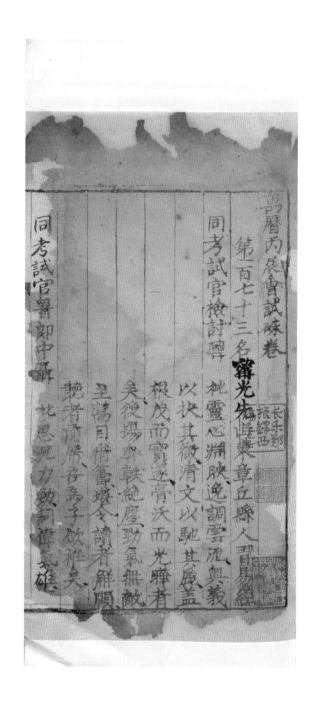

**萬曆丙辰會試硃卷一卷**　〔明〕寧光先撰

明萬曆刻本

一冊

半葉九行二十字，白口，四周單邊。版框 19.4×12.2 厘米

惟二君速太予獨奈何子實之後曰聖始者以

為兄後于子實為侄收集其遺言際予々惟子實仁

厚坦中匹大光明郎內外咸貢平烏且學持一敬斤

不敢忘及晚朓落幾盡今其言具在試一過恍如物

外視前不曾兩人此其龍德變化者乎視彼々品格

而怡々倏窺一班者其隔若霄壤故每咨嗟嘆其子

實以如是之人逸如是之學可流可傳宜令為不朽云

萬曆疆圉叶洽歲林鍾下弦閽陽友人陳儗祥書于冨陽江上

學言

晚覺

主靜由來說聖宗而今始覺柱為功放開一線通天

竅滿眼生々是化工

感時

古黟李　芳子實父著

豫章祝世祿無功父閱

祁昌陳儗祥光庭父校

**學言一卷**　〔明〕李芳撰

明萬曆刻本

一冊

半葉八行二十字，白口，四周單邊，無直格。版框 20.0×13.1 厘米

西園前稿卷之一

本寧李先生
　　　　　　子愿邢先生

子田李先生　　木庵侯太史　　仝點評

古樂府　　　　　　梁碭間人彭堯諭君宣著

　結交行

採花不在春挂蘭秋方吐結交莫羞貧真交貧

方固長安慕貴遊中道頻政路許我平生言轉

**西園前稿□□卷續稿□卷**　〔明〕彭堯諭撰

明末刻本

四冊　存五卷：前稿一、續稿一至四

半葉八行十八字，白口，四周單邊，無直格。版框 21.2×13.2 厘米

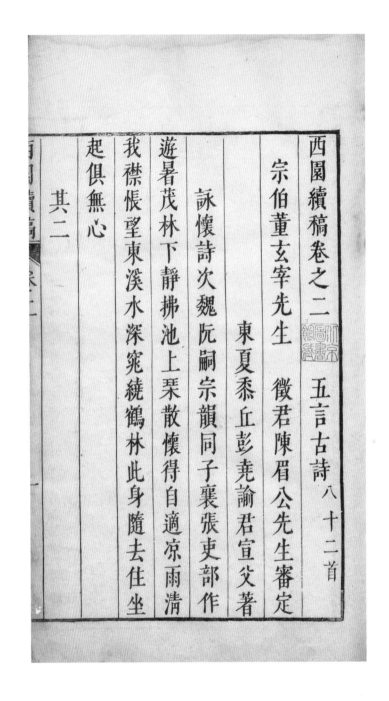

西園續稿二十卷 〔明〕彭堯諭撰

明末刻本

八冊 存十八卷：二至十四、十六至二十

半葉八行十八字，白口，四周單邊。版框 20.3×13.3 厘米

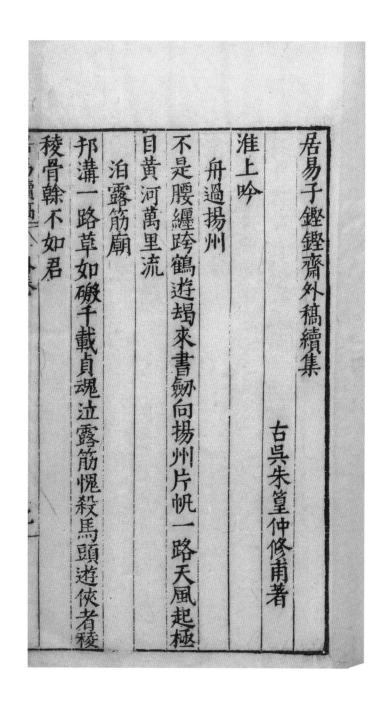

居易子鏗鏗齋外稿續集一卷雜一卷　〔明〕朱篁撰

明刻本

一册

半葉九行二十二字，白口，四周單邊。版框 21.2×12.2 厘米

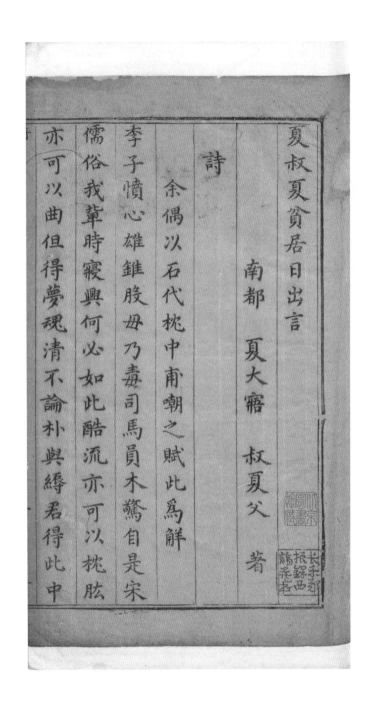

夏叔夏貧居日出言二卷仍園日出言二卷 〔明〕夏大霱撰

明刻本

四冊

半葉七行十八字，白口，四周雙邊。版框 23.4×14.3 厘米

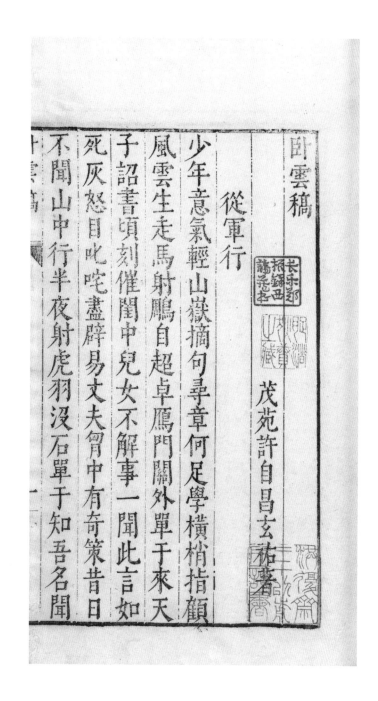

卧雲稿

　　從軍行

少年意氣輕山嶽摘句尋章何足學橫梢指顧
風雲生走馬射鵰自超卓鴈門關外單于來天
子詔書頃刻催閨中兒女不解事一聞此言如
死灰怒目叱咤盡辭易丈夫胷中有奇策昔日
不聞山中行半夜射虎羽沒石單于知吾名聞

茂苑許自昌玄祐著

**卧雲稿一卷**　〔明〕許自昌撰

明萬曆三十年（1602）許自昌刻本

一册

半葉八行十八字，白口，四周單邊。版框 22.1×13.5 厘米

15721（8871）

**漪游草三卷** 〔明〕潘之恒撰

明萬曆刻本

一册

半葉八行十八字，白口，四周單邊。版框 22.1×13.9 厘米

郭氏一家言

閩玉融郭應寵汝承著

姪文祥孟覆輯
孫祚新君銘校

汝承集　卷一

詩部

五言古風

贈友種竹用元次山登殊亭韻

種竹東階下三五倚前亭　介爾涼風起疑從古根生況逢君子
容一壺元對傾悠悠竹中興　伊與醒好鳥來春語聞歌起

吾蕉齋

---

**郭汝承集□卷**　〔明〕郭應寵撰

清抄本

二冊　存四卷：一至四

半葉九行二十四字，無欄格

紫柏老人集卷之一

憨山德清閱

法語

釋迦文佛以文設教故文殊師利以文字三昧輔釋
迦文而用揀擇之權於楞嚴會上進退二十五聖獨
選擇觀音當機無有敢議其私者觀世音雖彌陀輔
佐亦以聞思修入近乎文字三昧故釋迦文佛亦退
三十二億恒河沙菩薩獨進觀世音登非此方真教
體清淨在音聞歟若文字三昧不以音聞為體是猶
花不以春為神豈真花也哉蓋文字根於音聞音聞

紫柏老人集　卷之一

**紫柏老人集十五卷首一卷**　〔明〕釋真可撰

明崇禎四年（1631）刻本

十四冊　存十四卷：首一卷、一至五、八至十五

半葉十行二十字，白口，四周雙邊。版框 21.9×15.2 厘米

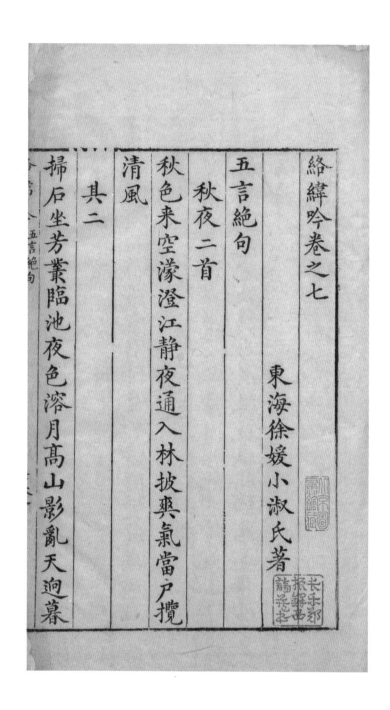

絡緯吟十二卷　〔明〕徐媛撰

明萬曆四十一年（1613）范允臨刻本

一册　存六卷：七至十二

半葉八行十八字，白口，四周單邊。版框 20.4×13.3 厘米

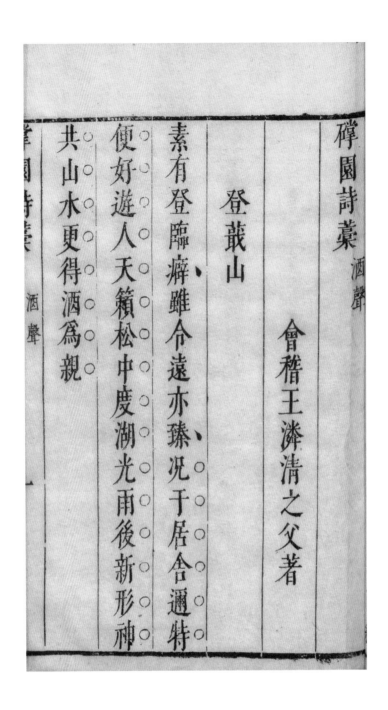

礜園詩稿二卷 〔明〕王潾撰

明刻本

一册

半葉六行十六字，白口，四周單邊。版框 21.6×14.2 厘米

**亦頻集八卷**　〔明〕倪大繼撰

明末刻本

二冊

半葉九行二十字，白口，四周單邊。版框 20.4×14.5 厘米

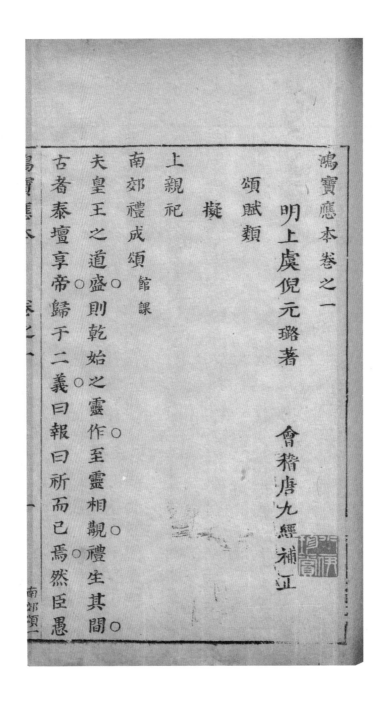

**鴻寶應本十七卷** 〔明〕倪元璐撰

明崇禎刻清順治十四年（1657）唐九經重修本

六冊

半葉八行二十字，白口，四周單邊，無直格。版框 20.5×13.8 厘米

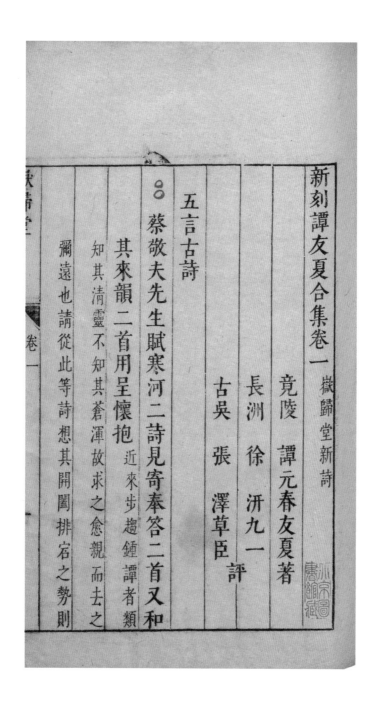

新刻譚友夏合集二十三卷　〔明〕譚元春撰　〔明〕徐汧、張澤等評

明崇禎六年（1633）張澤刻本

一册　存二卷：嶽歸堂新詩一至二

半葉九行二十字，白口，四周單邊。版框 19.4×13.2 厘米

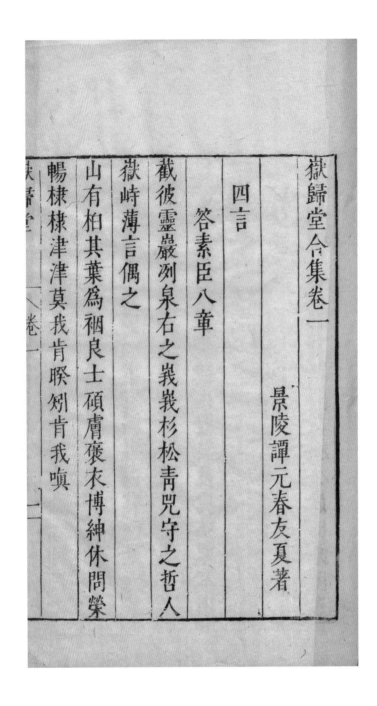

**嶽歸堂合集十卷** 〔明〕譚元春撰

明刻本

二册

半葉八行十八字，白口，四周單邊。版框 19.7×13.3 厘米

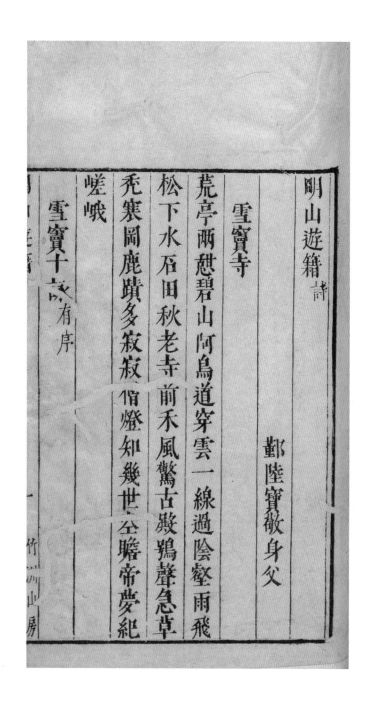

**明山遊籍臺宕遊舲草潞草再來草悟香集零葉**　〔明〕陸寶撰

明天啓至清初刻本

一册

半葉八行十八字，白口，左右雙邊。版框 19.2×13.0 厘米

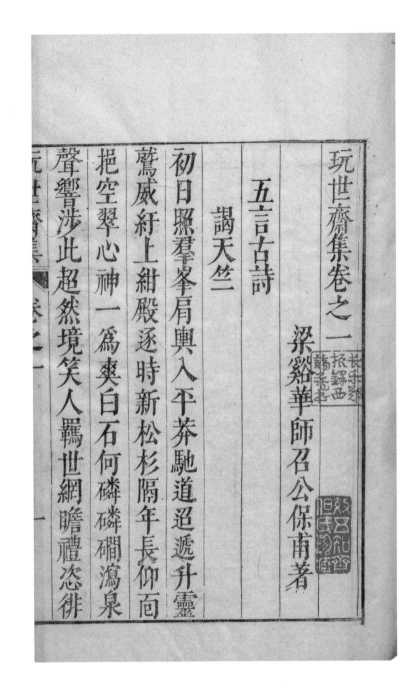

**玩世齋集十二卷** 〔明〕華師召撰

明天啓二年（1622）華師召刻本

二冊

半葉八行十六字，白口，左右雙邊。版框 18.9×13.4 厘米

釋義鴈字詩卷上

吳人孫繼統撰幷註

友人毛仲初校幷書

其一

持箋直欲與天公楓落吳江路始通泠泠淡生涯從爾

好沓拖風氣更誰同莫非夏篆金鈿出可是昭陵玉

匣空日蕰衡陽光近午遲回不忍過閭中

箋與天公　喬道元與天公〔初學記〕楓落吳江〔泠崔信明〕沓拖風氣〔中

淡生涯　歌公令公夜宴聯句白雲笙活

信筆頗有　　夏篆金鈿出見古銅鐘二紀禹

**釋義雁字詩二卷**　〔明〕孫繼統撰並註

明天啓刻本

二冊

半葉十行二十字，小字雙行同，白口，左右雙邊。版框 20.6×14.3 厘米

15487（2094）

青錦園文集選五卷　〔明〕葉憲祖撰　〔明〕許運鵬輯

明天啓刻本

一册　存一卷：一

半葉九行十八字，白口，四周單邊。版框 21.7×14.3 厘米

東園有樹物侯先流賦質彌獨瘦賦馨爾獨幽賦情如新
是復掃沙痕拾照水梅花賦
翠來過竹素又梅香嗅臭尋之不在樹間乃在波底也因
辛末春雨春也笠翁方解籜梭箬衣蹄濕人間問筆濤序
照水梅花賦弁序

吹籜生筠科友著

沙痕拾翠

沙痕拾翠　卷上

**沙痕拾翠二卷**　〔明〕筠科友撰

明崇禎刻本

二册

半葉八行二十二字，小字單行同，白口，四周單邊。版框 20.2×12.2 厘米

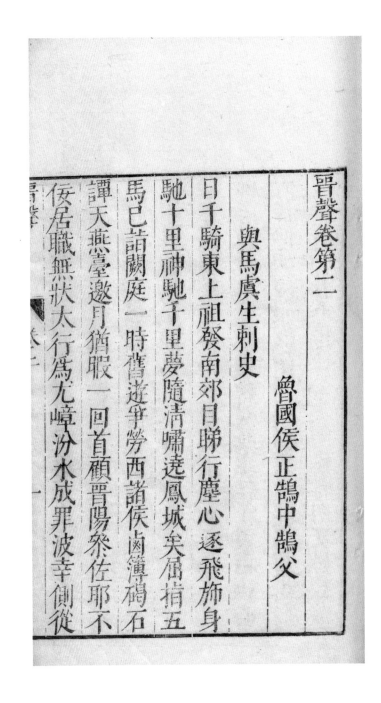

**交聲一卷晋聲一卷蔡聲一卷燕聲一卷** 〔明〕侯正鵠撰

明刻本

二册

半葉八行十八字，白口，四周單邊。版框 19.5×13.9 厘米

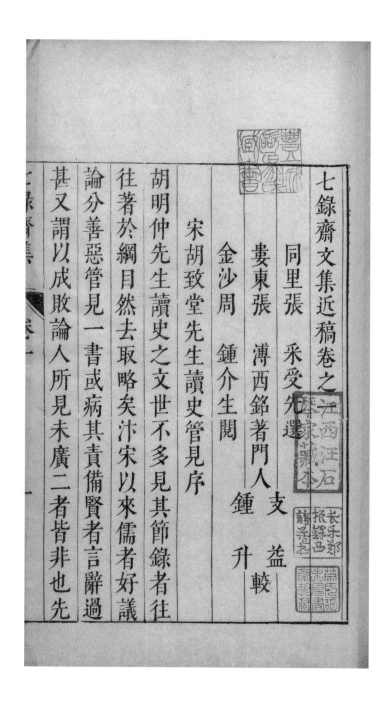

七錄齋詩文合集十六卷 〔明〕張溥撰

明崇禎刻本

八册

半葉九行十八字，白口，左右雙邊。版框 19.6×14.1 厘米

天下有道則禮樂征伐自天子出　韓四維

聖人尊一王之治而以時定其權焉夫有道之世皆

天下之禮樂征伐所積釀而成者也故特正而化光

其所繇來善矣夫子明王治意曰宇宙苦出之一人

則最尊之一人也然而威命靈爽必有戴之以俱流

之順道以幾而剛則日盛者聖之明已以注惟法立

而後國家有其治矣聖人收其功是以開則必先者也

而御極者始爲獨隆焉吾俯仰上下而穆然於有道則

之世矣夫道所以習天下者也習之而與象相見則

术房　赤城　霞起

大座師　文情　紆曲

故左廣子韓芹城先生傳畧

公諱四維字張甫別號芹城宋魏公琦之

後也明成祖時遠祖韓二公隸護親軍

用戰功秩於昌平遂家焉曾祖凱舉神宗

辛未進士歷吳江壽光縣令所至有清名

公固名家子于因廣吏後家徒四壁立父

文案早歿夫人司氏撫育訓誨公尚幼淳

泣受教里人稱千里駒既就塾過目成誦

## 韓芹城先生鄉墨一卷　〔明〕韓四維撰　傳畧一卷

明崇禎刻本（傳畧配清初抄本）

一册

半葉九行二十字，白口，四周單邊。無直格。版框 21.3×13.8 厘米

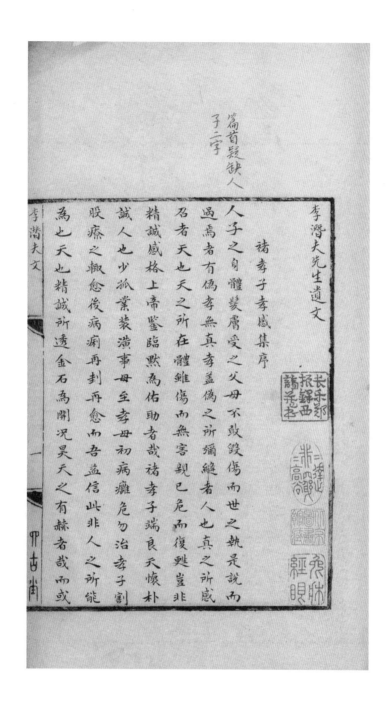

# 李潛夫先生遺文一卷　〔明〕李碻撰

清四古堂抄本　清吳騫跋

一册

半葉十行二十二字，白口，四周單邊。版框 18.0×13.7 厘米

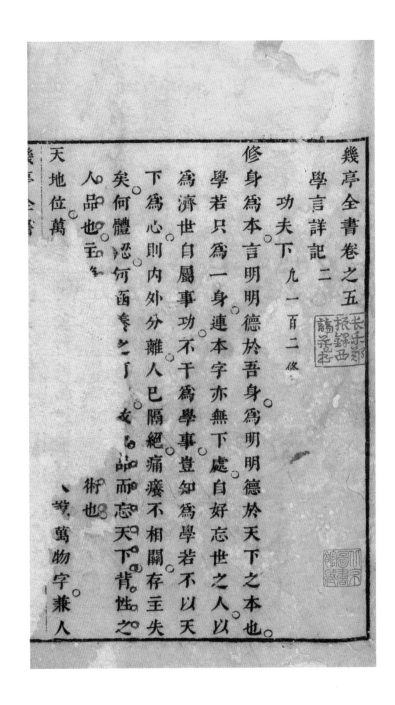

**幾亭全書六十二卷**　〔明〕陳龍正撰

清康熙四年（1665）雲書閣刻本

二十四册　存四十八卷：五至八、十三至四十、四十五至六十

半葉十行二十一字，白口，四周單邊。版框 20.9×14.1 厘米

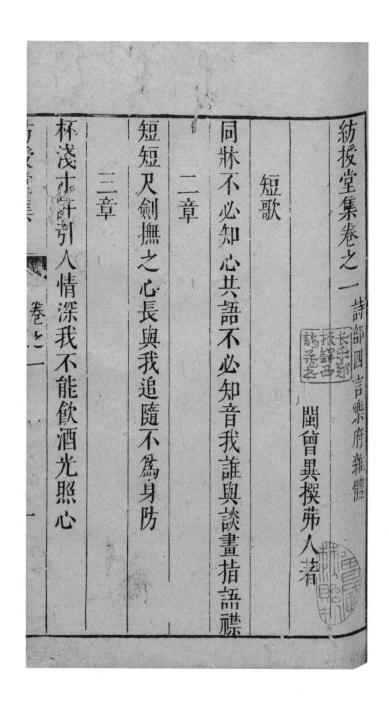

紡授堂集卷之一　詩部四言樂府雜體

閩曾異撰弟人著

短歌

同牀不必知心共語不必知音我誰與談畫指語襟

二章

短短尺劍撫之心長與我追隨不爲身防

三章

杯淺尺許引人情深我不能飲酒光照心

**紡授堂集八卷二集十卷文集八卷**　〔明〕曾異撰撰

明崇禎益友齋刻清康熙五十七年（1718）曾天采重修本　鄭振鐸跋

八冊

半葉八行二十字，白口，四周單邊。版框 20.9×13.9 厘米

綺投堂詩集八卷二集十卷文
集八卷　明曾異撰　著禁書目
錄入全燬　目中帶經堂從福建
購來我一見即收之故價乃奇
昂得讀奇書即是一福　固
不必河值也　乙未六年十二月
二十五日灯下西諦記

郭氏一家言

閩王融郭文祥孟履著

詩部

五言古風

砥劍篇

南滇派龍江江水深且漪、中有砥柱石矻立何齒、對此橫孤
劍我友潮石子滄波淬其鐔礪、石作砥我劍喚作雄嘯歌豪
杰士霜刃憑誰試持以報明主將石鐫金玉銘此化劍水。
、贈友遠行

孟履集　卷一

嘉麓山房

**郭孟履集五卷**　〔明〕郭文祥撰

清抄本

四冊

半葉九行二十四字，無欄格

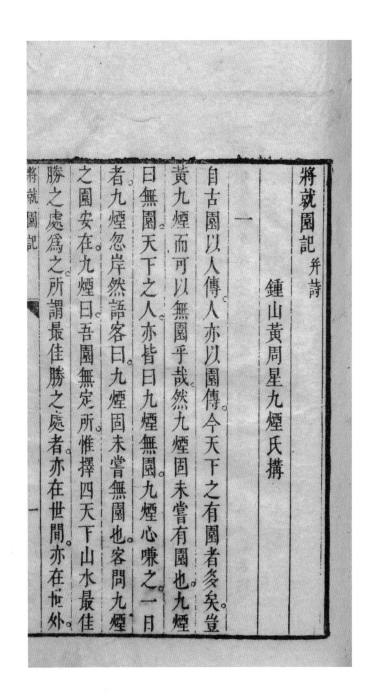

**夏爲堂別集九種十卷**　〔明〕黄周星撰

清康熙二十七年（1688）朱日荃、張燕孫刻本

六册　存七種七卷：詩一卷、文一卷、試官述懷一卷、惜花報一卷、散曲一卷、複姓紀事一卷、百家姓新

箋一卷

各卷行款不等。版框 18.2×13.0 厘米

夏爲堂詩略刻　薇笯集

擬五雜組

　石頭黃　人略似氏咏

　古歌每句一義
　余爲聯貫之

五雜組輯玉瑞往復還南河避不得巳元日嗣　五

雜組籩玄黃往復還誓郭疆不得巳肆鷹揚　五雜

組負晨輔往復還流言雨不得巳東山斧　五雜組

磬鳳庭往復還縶狗形不得巳述六經

　明月之士四章

　讀古辭中舞歌訊異不可解中有明月之士

**懸榻編六卷**　〔明〕徐芳撰

清康熙楞華閣刻本

六册

半葉八行二十字，白口，四周單邊。版框 18.3×12.6 厘米

懋楊編

盱江　徐　芳扡菴著

晉東　苗　蕃九符選

春王正月論上

事有疑于傳而信于經者奚從乎從于經有疑于經而
信于理者奚從乎從乎理以理儷經爲誣而已矣以經
軋理爲臆而已矣以臆益誣爲畔而已矣春秋二百
四十年間紀天子諸侯大夫陪臣之事天人得失灾

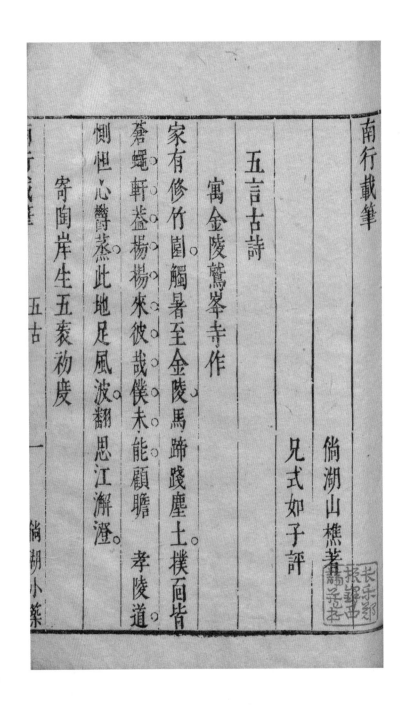

五言古詩

寓金陵鷲峯寺作

家有脩竹園觸暑至金陵馬蹄踐塵土撲面皆
蒼蠅軒蓋揚揚來彼哉僕未能顧瞻　孝陵道
惻惻心彎爵蒸此地足風波翻思江澥澄。

寄陶岸生五袤初度

南行載筆

倘湖山樵著

兄式如子評

五古

一　倘湖小築

**南行載筆六卷** 〔明〕來集之撰

清順治倘湖小築刻本

二冊

半葉九行十八字，白口，四周單邊。版框 18.4×13.7 厘米

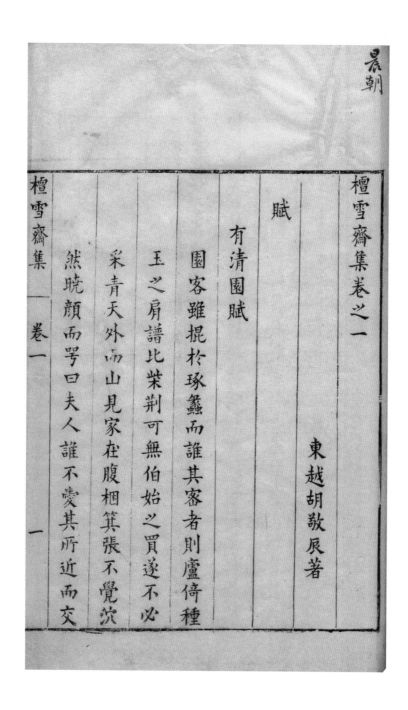

**檀雪齋集二百卷** 〔明〕胡敬辰撰

明刻本

一册 存一卷：一

半葉八行十九字，白口，四周單邊。版框 18.8×14.4 厘米

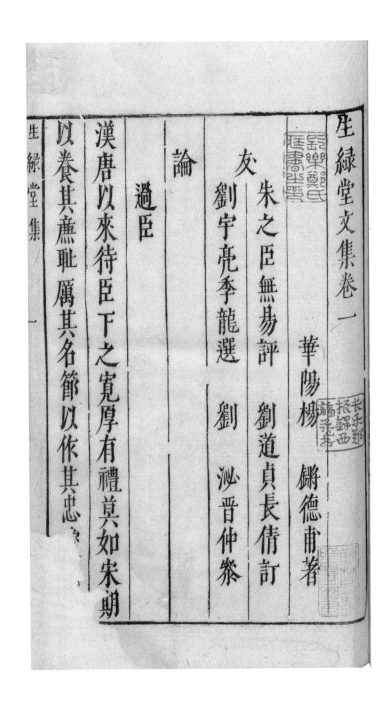

**生緑堂文集六卷隨筆二卷續筆二卷**　〔明〕楊鏽撰　〔明〕朱之臣評

明崇禎書林王紹川刻本

四冊　存七卷：文集一至二、五至六，隨筆二卷，續筆下

半葉八行十六字，白口，四周單邊。版框 20.9×13.7 厘米

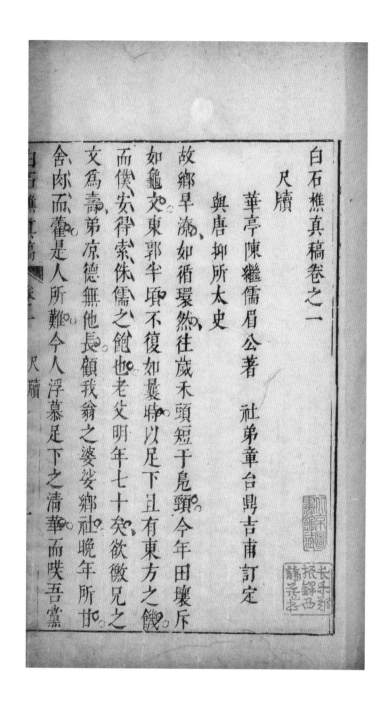

**白石樵真稿二十四卷尺牘四卷** 〔明〕陳繼儒撰

明崇禎九年（1636）章臺鼎醉綠居刻眉公十種藏書本

四冊　存四卷：尺牘四卷

半葉九行二十一字，白口，左右雙邊，無直格。版框 20.6×13.6 厘米

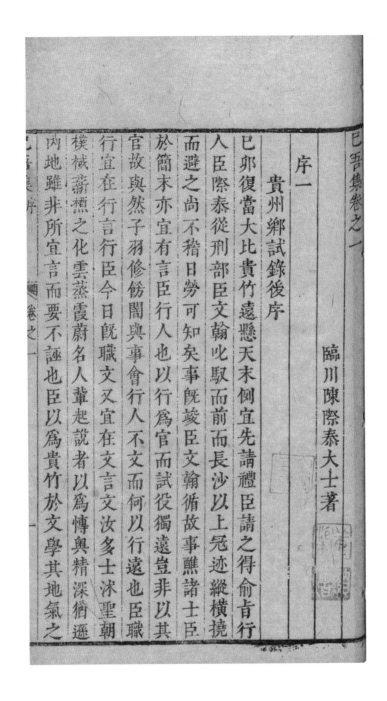

己吾集十四卷附録一卷　〔明〕陳際泰撰

清順治李來泰刻本

三册

半葉十二行二十四字，白口，四周單邊。版框 18.8×12.6 厘米

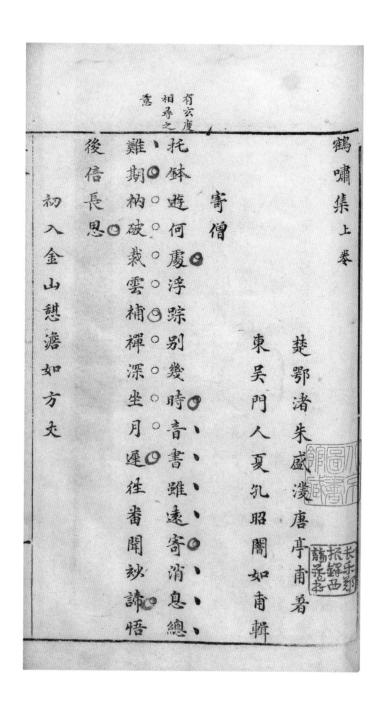

**鶴嘯集二卷**　〔明〕朱盛溁撰　〔明〕夏孔昭輯

明刻本

二冊

半葉八行十八字，白口，四周單邊，無直格。版框21.8×14.3厘米

居官爲姦。將法有未善與。抑世無人而求賢之道未備與。何紛

天下之士更化善治乃者澤不下究士罔積行進者茍以圖榮。

罰措天下晏如四裔徠服果何施以臻此朕用興寐慨然嘉與

姓重困經費不贍■■侵犯歲比不爲若稽古至治風雨時刑

訓設爵祿以待士公卿有司以廣敎化可不謂意甚盛哉今百

詔曰知人官人興謨著之明於求賢帝王綤此其選也國家明

擬求賢良詔　澤祉題

稽古堂初集

浮山文集前編卷之一

**浮山文集前編十卷**　〔清〕方以智撰

清康熙方氏此藏軒刻本

四册

半葉十行二十四字，白口，左右雙邊。版框 20.4×12.8 厘米

**蟛蜞集十卷** 〔明〕林嵋撰　**附録一卷**

清初求野堂刻本

四册　存四卷：一至四

半葉九行二十字，白口，四周單邊，無直格。版框 19.1×14.0 厘米

16545（9527）

彭麒集

閩中林熚著　　　　　　男人中孫元之謹校

樂府

氣出唱

望大雲在南山之上朝油油暮蒼蒼　長年不有盈 叶亥

縮惟見山崎水蕩有一神人提玉枕提玉枕雲中階

屼歷歷相向昔時降玉漿披髮雲之傍箕踞彈琴沉

唫揚頹顧我而樂無方回首崑崙山林陸忽蒼溟龍

蜿蟠蟠鳳鳴吭吭愀然人世速駕自往仰見飛羽飄

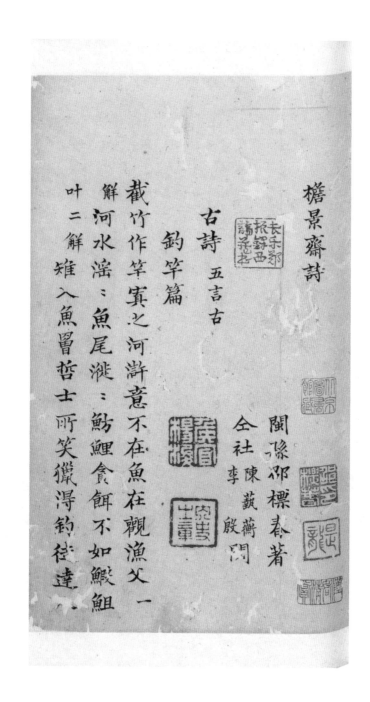

檐景齋詩

古詩 五言古

釣竿篇

截竹作竿實之河滸意不在魚在觀漁父一

解河水瀁瀁魚尾濊濊魴鯉貪餌不如鰕鱨

叶二解雜入魚罟哲士所笑獵得釣徒達

閩豫邵標春著

仝社陳巍薾閂

李啟閂

檐景齋詩一卷　〔明〕邵標春撰

稿本

一册

半葉八行十七字，無欄格

變雅堂詩集　　黃岡杜濬于皇著

別傳山貽

吾翁若翁結交時君與賊子俱童兒吾翁下弟若翁
泣〇異姓骨肉何其奇俟忽交期成兩世君復眼看余〇
下第長安東西塵隔斷誰肯斯時尋舊契感君載酒
話離情〇解衣脫帽贈余行依稀三十年前事今日臨
岐再失歡〇

梨花集再用冰字

過梨花集淒然雪片增頭鬢同白草脛血作紅冰〇

馬卧從人策山荒聽鷹行〇驚凍火劣矢店家燈〇

變雅堂詩集不分卷　〔清〕杜濬撰

清抄本

一册

半葉十行二十字，無欄格

T03153（10094）

東江集鈔卷之一

仁和沈謙去矜著

門人潘雲赤夏珠較

男　聖昭弘宣較

賦

太湖望雪賦

岧峯云暮唵萬窮陰爰浙瀝而集霰加颾冥之廻風
嘅遠遊之未旋卯舲窓而悲吟賦曰惟震澤之潰滉
兮導三江而奠之跂禹功之足尚兮亘萬禩而若斯
郡邑包而絑盤兮巖巒鏡而崒嵂何雨雪之麀麚兮
曰無精而西匿嶽浮雲之互馳兮二儀闇而合并行
旅阻而邅遘兮儌鴻鴈之南征橈人禁而墮指兮斧

**東江集鈔九卷** 〔清〕沈謙撰　**附錄一卷**

清康熙十五年（1676）沈聖昭、沈聖暉刻本

四冊

半葉十行二十字，白口，左右雙邊。版框 20.9×14.9 厘米

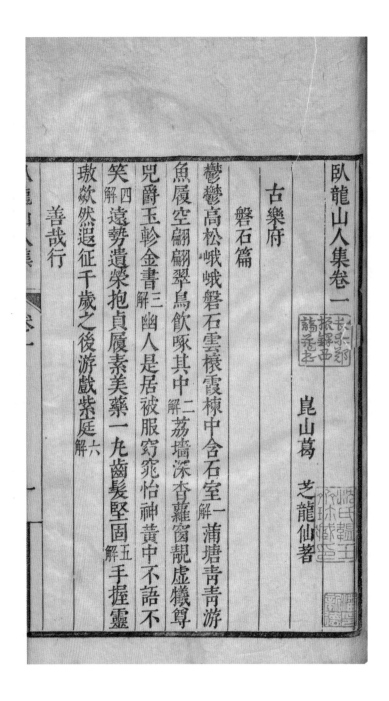

卧龍山人集卷一

崑山葛　芝龍仙著

古樂府

　磐石篇

鬱鬱高松峨峨磐石雲檽霞棟中含石室〔一解〕蒲塘青青游

魚履空翮翮翠鳥飲啄其中〔二解〕荔牆深杳蘿窗靚虛犧尊

兒爵玉斝金書〔三解〕幽人是居被服窈窕怡神黃中不語不

笑〔四解〕遠勢遺榮抱貞履素美藥一芄齒髮堅固〔五解〕手握靈

璈欻然超征千歲之後游戲紫庭〔六解〕

善哉行

**卧龍山人集十四卷**　〔明〕葛芝撰

清康熙九年（1670）葛芝刻本

三冊

半葉十行二十二字，下黑口，左右雙邊。版框 19.8×14.2 厘米

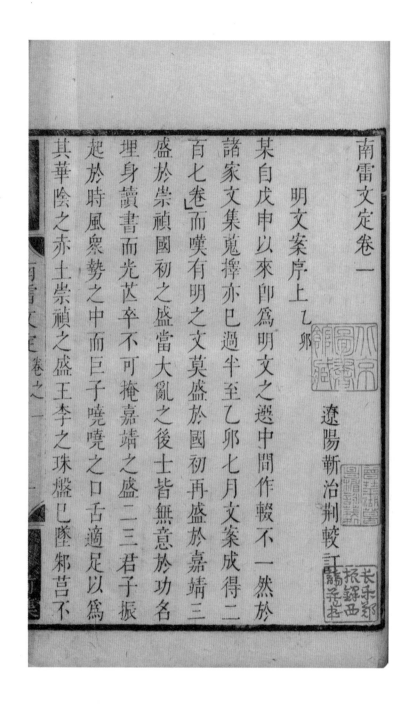

其華陰之赤土崇禎之盛王李之珠盤巳墜邾莒不
起於時風累勢之中而巨子嘵嘵之口舌適足以爲
埋身讀書而光芷卒不可掩嘉靖之盛二三君子振
盛於崇禎國初之盛當大亂之後士皆無意於功名
百七卷而嘆有明之文莫盛於國初再盛於嘉靖三
諸家文集蒐擇亦已過半至乙卯七月文案成得二
某自戊申以來即爲明文之遜中間作較不一然於
明文案序上乙卯
遼陽靳治荆較訂
南雷文定卷一

**南雷文定十一卷後集四卷**　〔清〕黄宗羲撰　**附録一卷**

清康熙二十七年（1688）勒治荆刻本

三册　存十一卷：前集十一卷

半葉十行二十字，黑口，四周單邊，無直格。版框 19.4×14.0 厘米

震恒手足顫掉始覺篇閒堅不謂信乃今果然三復無措恐
二月十五日蒙南昌縣婆下手論以不肖世溥應薦者伏讀
上虞撫潘昭庚先生辟薦辟書

新安　程溶冲士哲　訂

　　　陳允衡伯璣　評

　　　謝艮琦石矍　定

　　　康范生小范

　　　熊人霖鶴臺

同里　陳弘緒士業

新建　徐世溥巨源　著

榆溪集選

**榆溪集選不分卷補一卷**　〔清〕徐世溥撰　〔清〕陳允衡評

清順治十七年（1660）陳允衡肥靜齋刻本

四冊

半葉十一行二十三字，白口，四周單邊。版框 18.0×13.2 厘米

廷試策戊辰

臣對臣聞帝王之嗣服中興也有率舊之章所
以靜朝野之業而一其志有取新之道所以作
內外之事而致其功其舊維何所謂聖神徃而
精詳嚴密之制無有求而不備亦無舉而不靈
上有必循之典刑則下有可問之老成而不得
以意與者也其新維何所謂聖神出而參伍錯
綜之宜無有令而不行亦無禁而不止上有必
核之名實則下有自易之意氣而不得以習狃

**金正希先生文集輯略九卷**　〔明〕金聲撰

清初刻本

六册

半葉九行二十字，白口，四周單邊。版框 20.0×13.4 厘米

瑯嬛文集

序

陶葊張　岱著

白嶽王雨謙評

雪瓢祁豸佳較

石匱書自序

　趣立之論○非真能爲史者不能爲此言
能爲史者能不爲史者也東坡是也○不能爲史者能爲
史者也、弇州是也、弇州高擡眼潤開口飽蘸筆眼前腕
　提　明　弇州
下寶寶有我作史更有誰作之見橫擄其胸中史遂不
　　　　　　　　　　　弇州亦廳
能果作、而作亦不復能佳、是皆其能爲史之一念、有以

**瑯嬛文集二卷**　〔明〕張岱撰

清抄本

一册

半葉九行二十一字，無欄格

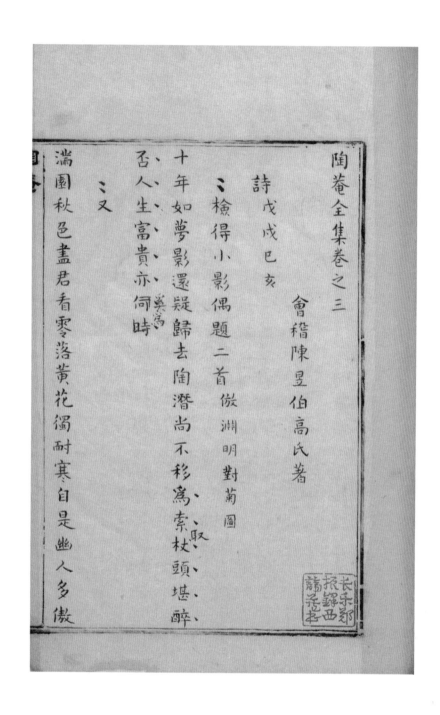

**陶庵全集二十卷**　〔明〕陳昱撰

稿本

五册　存十二卷：三至七、十一至十四、十八至二十

半葉八行二十字，白口，四周雙邊。版框 20.0×13.5 厘米

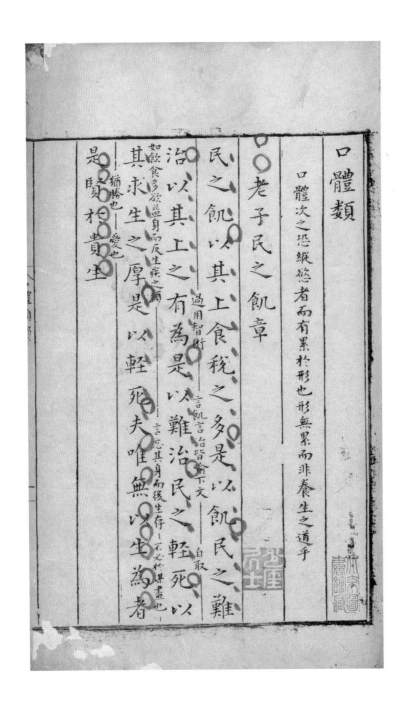

## 修養文選□□卷

明刻本

一冊　存一卷：□

半葉八行十六字或九行二十字，白口，左右雙邊。版框 20.9×14.6 厘米

**鈍吟全集二十三卷**　〔清〕馮班撰

清初毛氏汲古閣、康熙陸貽典等遞刻本　佚名録何焯批

六册

半葉十四行二十一字，白口間有黑口，左右雙邊。版框 15.0×12.4 厘米

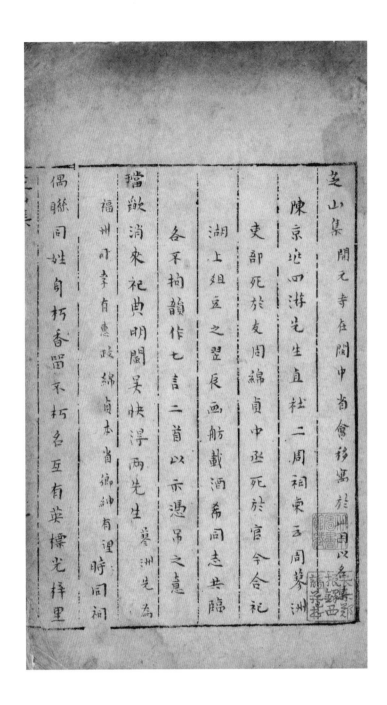

## 芝山集一卷

明末抄本

一册

半葉八行十八字，黑格，白口，四周單邊。版框 20.0×15.1 厘米

# 集

集部一 ———— 清别集類 〇〇〇

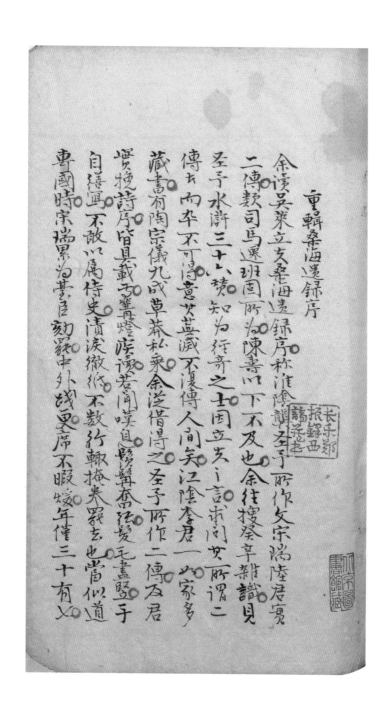

專國時宗瑞影為蒙臣劾羅中外錢要席不暇媛年僅三十有又

自漢畫不敢以屬侍史漬淚徹衍不數行輙掩卷罷去也當似道

賢檢詩序皆具載予筆燈後讀若聞嘆自影嘗奮毛書豎于

藏書有陶宗儀九成草荔私乘余浚借得之至予所作二傳及君

傳古而卒不可得意艾蕪滅不復傳人間矣江陰李君一家多

至予水滸三十六贊知為徑奇之士因立支之言求問安所謂二

二傳數司馬遷班固所為陳壽以下不及也余往搜彔辛雜諮見

余讀吳萊立支桑海遺錄序稱淮陰韓語至予所作文宗瑞陸君實

重輯桑海遺錄序

[牧齋文集] 不分卷　〔清〕錢謙益撰

清抄本

一册

半葉九行二十五字，無欄格

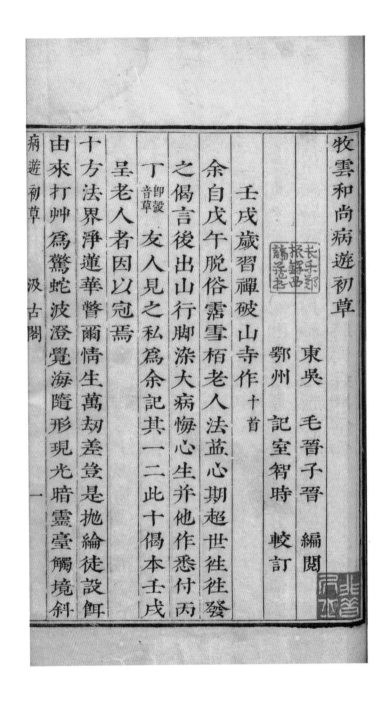

**牧雲和尚病遊初草一卷後草一卷** 〔明〕釋通門撰

明崇禎毛氏汲古閣刻本

一册

半葉十行二十一字，白口，四周雙邊。版框 21.4×14.7 厘米

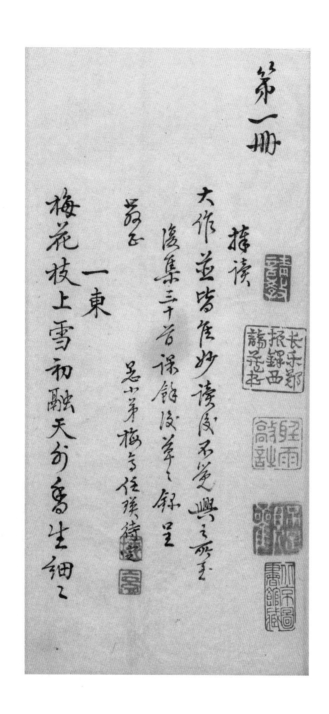

**梅花書屋詠梅六疊不分卷**　〔清〕任瑛撰

稿本

一册

版框 17.3×11.3 厘米

二冊

<!-- 左側印本 -->

梅花集古三疊錄呈

春岩先生　曬正

二枚先生

一東

時苦峰嶸歲巳窮　疎々寒影近房藥品題合呂

林通句不必樓前芳樹紅

歐陽公　梅聖俞　楊廷秀　司空圖



傳能訪便不
施聞方岳

郡城

丁養浩　虞集
白辰易　韋莊

籠句先夏扈房和雜小亭老僑榈干

宓韓寀莫滄洲宏荚慶推敬

草雲松徑巳址攀白崔紳末未掩

閔笑索梅花吟苦句一篇先寄

傳君冊

張松齡　程恩
吳說翰　佟惠洪

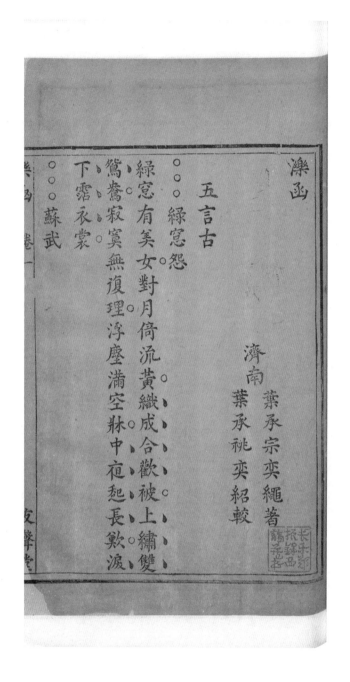

濼函十卷　〔清〕葉承宗撰

清順治十七年（1660）葉氏友聲堂刻本

八冊

半葉九行十八字，白口，四周雙邊，無直格。版框 20.9×14.5 厘米

薤簏吟　　　　　龍眠姚文燮經三著

樂府

獨漉篇

獨漉獨漉月明泥濁月照泥池光輝難燭尾焦爨下
製琴則清屑生礦中鑄劍則神用琴作枕勿令絃折
持劍代斧必致鋒缺長安市上延津水邊玉碎龍去
成毀信天賈誼鵬賦不上漢文文成馬肝自笑茂陵

銅雀妓

**薤簏吟十卷**　〔清〕姚文燮撰

清順治十八年（1661）姚自弘、史鑒宗刻本

四册

半葉九行二十字，白口，四周雙邊。版框 18.3×13.3 厘米

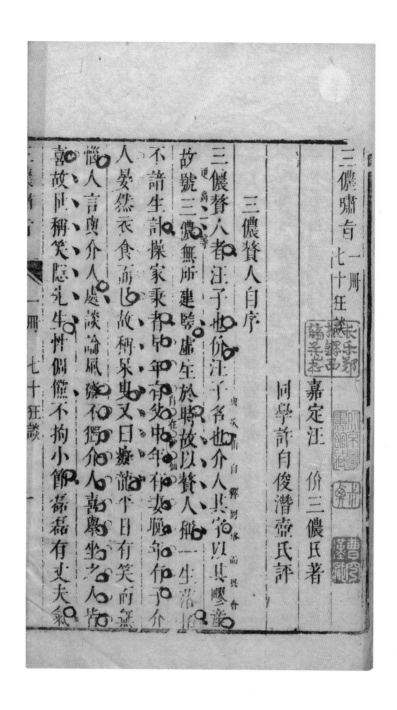

三儂嘯旨五種五卷 〔清〕汪價撰

清康熙刻本

一冊　存二種二卷：七十狂談一卷、天外天寓言一卷

半葉十行二十一字，白口，左右雙邊。版框 18.9×13.5 厘米

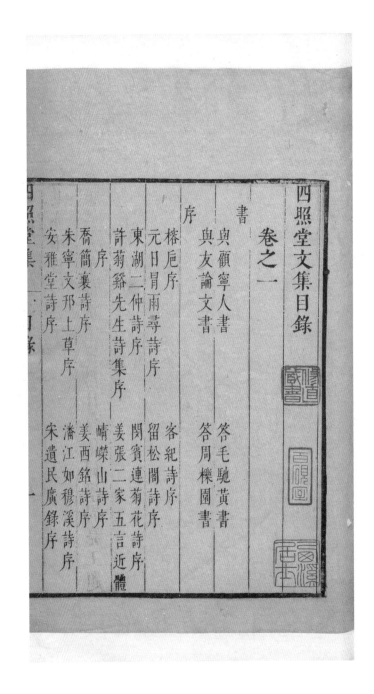

**四照堂文集五卷詩集二卷**　〔明〕王猷定撰

清康熙二十二年（1683）王玑刻本

八冊　存五卷：文集五卷

半葉八行十九字，白口，左右雙邊。版框18.5×13.6厘米

**倚玉堂文鈔初集不分卷**　〔清〕周之道撰

清康熙九年（1670）刻本

一冊

半葉九行二十字，白口，四周單邊。版框 20.7×14.3 厘米

荷玉堂文鈔初集　　蕭山周之道字樹又字次修著

序

覬文靖公文集後序

明數百年巳來姚江有王文成公吾邑有魏文靖公

云間之太上立德其次立功其次立言文靖公學行

醇篤心術光大其標則清嚴其神則湛靜故位至家

宰漠然不事設施耿介之節史傳巳其載所著有理

學正義羽翼經傳教後進知務正學及所爲文所爲

荷玉堂文鈔　　序　　一　　魏

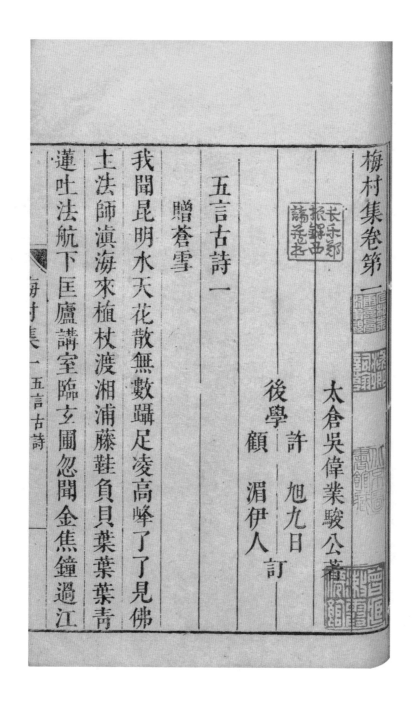

梅村集卷第一

太倉吳偉業駿公著

後學　許　旭九日　訂
　　　顧　湄伊人

五言古詩一

　贈蒼雪

我聞昆明水天花散無數躡足凌高峯了了見佛
土法師滇海來植杖渡湘浦藤鞋負貝葉葉青
蓮吐法航下匡廬講室臨玄圃忽聞金焦鐘過江

**梅村集四十卷**　〔清〕吳偉業撰

清康熙刻本　鄭振鐸跋

二十册

半葉九行十九字，綫黑口，左右雙邊。版框 18.4×14.0 厘米

T00400（2188）

一

廿本

這是梅村集原刊本錢謙益的序還在故收之　一九五三年十月二十五日西諦

二一八八

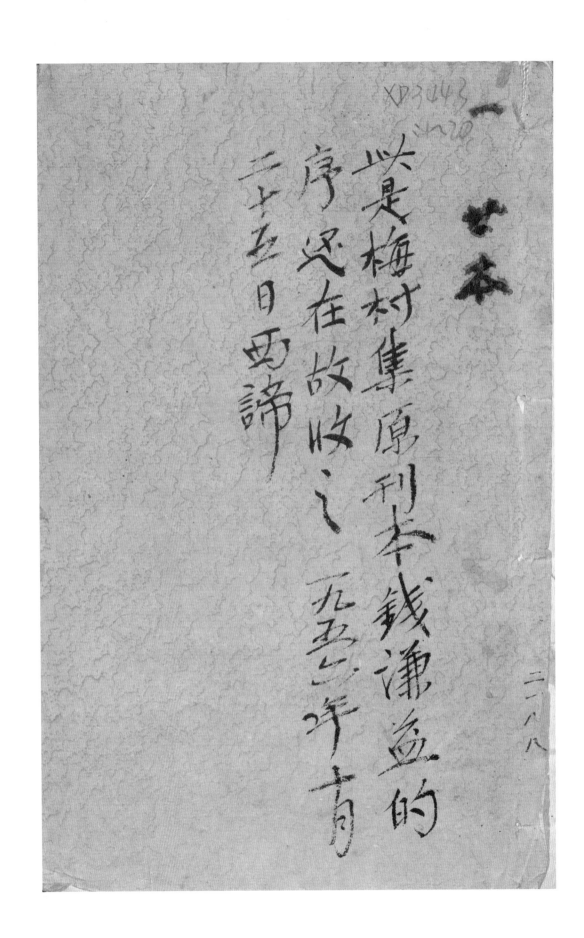

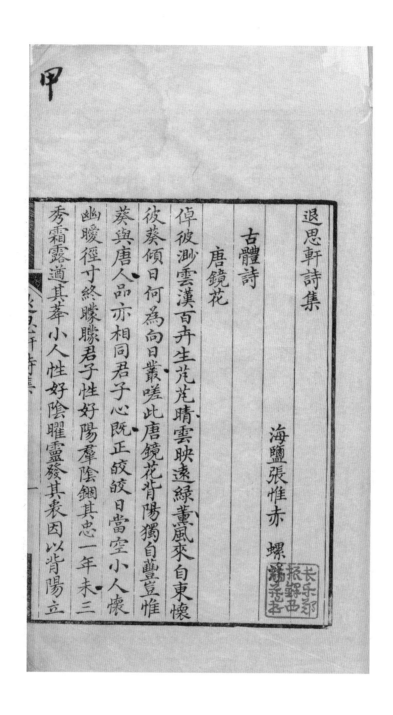

**退思軒詩集一卷**　〔清〕張惟赤撰

清康熙刻本

一册

半葉九行二十一字，黑口，左右雙邊。版框 16.9×12.5 厘米

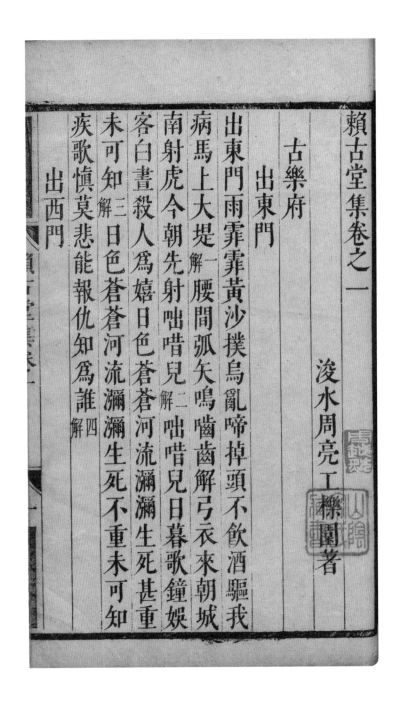

賴古堂集卷之一

淩水周亮工櫟園著

古樂府

出東門

出東門雨霏霏黃沙撲鳥亂啼掉頭不飲酒驅我
病馬上大堤解一腰間弧矢鳴齒齒解弓衣來朝城
南射虎今朝先射咄嗟兒解二咄嗟兒日暮歌鐘娛
客白晝殺人爲嬉日色蒼蒼河流瀰瀰生死甚重
未可知解三日色蒼蒼河流瀰瀰生死不重未可知
疾歌慎莫悲能報仇知爲誰解四

出西門

**賴古堂集二十四卷** 〔清〕周亮工撰　**附録一卷**

清康熙十四年（1675）周在浚刻本

十册

半葉十一行十九字，黑口，四周單邊。版框 19.8×13.5 厘米

嘯閣集古辛卯分韻之二

卷二

古嶺施端教匪義輯

山陰李泰若老師
都門
張晦生老師
楊崑嶽老師 點定
熊雪堂老師
李長文老師

宛水蔡蓦春大美
雎水劉永泰定祉
淮陰張新標鞹存

燕社晉陵馮達道惇五校
梁谿張子寅曉人
同郡
黃廷才無技
王龍文弟子

**嘯閣集古五卷** 〔清〕施端教撰

清順治刻本

一冊 存四卷：長安秋興二至三、春秋閨辭二卷

半葉九行二十字，白口，四周單邊，無直格。版框 20.9×13.5 厘米

嘯閣集古

卷二

長安秋興　七言絕

東

瞳瞳日色正迎東　紫禁胡雲拜舞同
旅雁上雲歸紫
莊忕庫韓愈

塞熊羆還入禁營中
辛士諤布

天樂遙聞在碧空玉壺傳點咽銅龍雲移雉尾開宮
李商隱杜

扇絳蠟凝輝到曉紅
王

石鯨鱗甲動秋風劍氣衝霄化作虹
劉滄武元衡方干

日可教銅雀識豪雄
杜甫

要地持衡當北斗雄風曳履入南宮沉壇烟起盤紅
張蕡徐昌圖游莊

霧相國新兼五等絲
玉直夫張蕡游莊

碧落寒光夜月空芙蓉簾幙扇秋風雲開星影浮山
羊士諤談用之皎然胡宿

殿響奏雲璈出禁中
羊士諤

閶闔涼生六幕風彩雲天遠鳳樓空蓬山此去無多
初楊巨源李商隱胡宿

路松月憶憶透綺籠玉

露華偏濕蓋珠宮明月清尊袛暫同山簡醉來歌一
初皇甫冉張謂表不約

曲遺簪落翠滿衢中
戎

朧朧旌旗避晚風邊笳巳淨塞塵空從南紫極氤氳
丁復劉禹錫查廣居王初

處麟閣何人定戰功
丁

**陸密庵文集二十卷錄餘二卷**　〔清〕陸求可撰

清康熙二十年（1681）王霖刻本

六册

半葉九行二十字，白口，左右雙邊。版框 19.9×14.1 厘米

陸密菴文集卷之一

山陽陸求可咸一甫著

同學諸子　叅定　閩中門人王霖較梓

賦

觀海賦　有引

予少讀張融海賦未嘗不驚其言之河漢而無極
也兹以陬月晦前出閩安鎮抵琅琦歷斷嶼山諸
滇聞白巖有白雲寺爲羣峯巖嶂之絕頂遊人往
往觀曦輪蘂淵隆藻遙駿因蹲躋而上是日氛霧

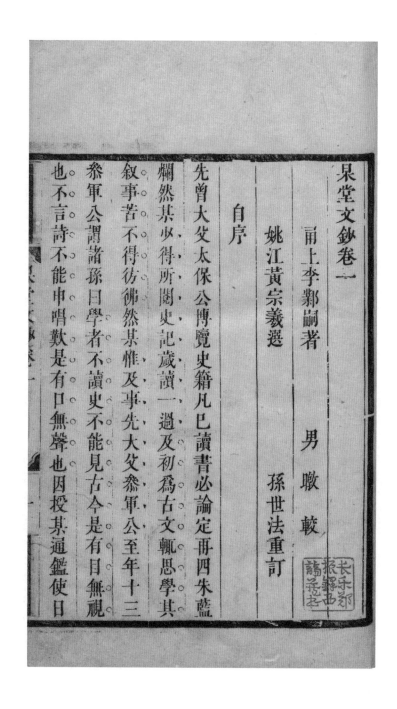

**杲堂文鈔六卷詩鈔七卷**　〔清〕李鄴嗣撰

清康熙刻本

四册

半葉九行二十二字，黑口，左右雙邊。版框 19.3×14.5 厘米

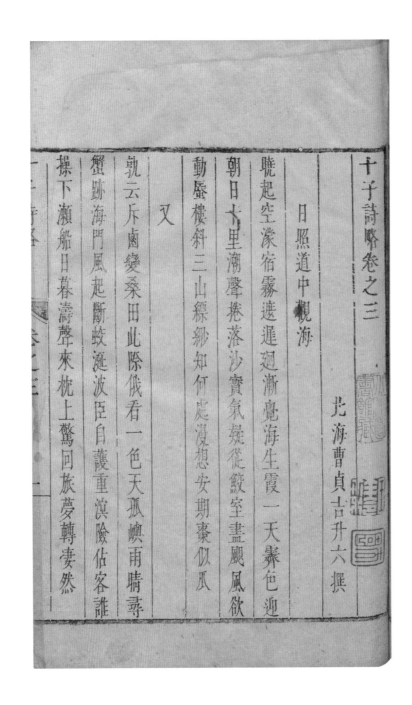

十子詩略卷之三

北海曹貞吉升六撰

日照道中觀海

虓起空濛宿霧遷遲廻漸覺海生霞一天黛色迎
朝日大里潮聲捲落沙寶氣搖從鮫室盡颼風欲
動蜃樓斜三山縹緲知何處馮想安期棗似瓜

又

凱云斥鹵變桑田此際俄看一色天孤嶼雨晴壽
蟹跡海門風起斷蛟涎波臣自護重溟險佔客誰
操下瀨船日暮濤聲來枕上驚回旅夢轉凄然

**珂雪集二卷**　〔清〕曹貞吉撰

清曹貞吉刻乾隆彙印本

二冊

半葉十行十九字，白口（部分黑口），四周單邊。版框 17.7×13.6 厘米

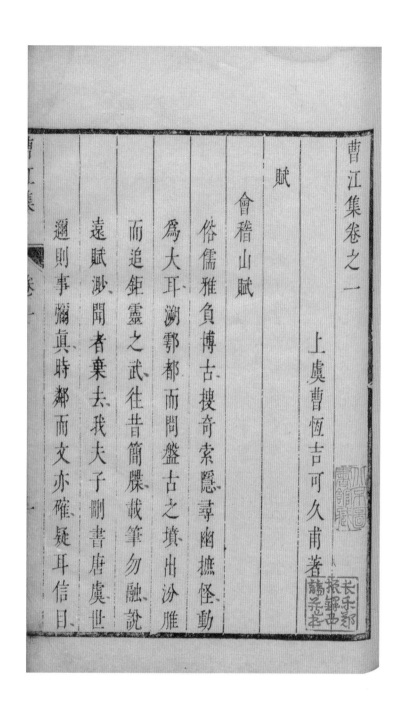

會稽山賦

賦

曹江集卷之一

上虞曹恆吉可久甫著

俗儒雅負博古搜奇索隱尋幽摭怪動

爲大耳漰鄴都而問盤古之墳出汾雁

而追鉅靈之武往昔簡牒載筆勿融說

遠賦渺聞者棄去我夫子刪書唐虞世

邇則事彌眞時郊而文亦確疑耳信曰

曹江集

卷一

**曹江集五卷** 〔清〕曹恒吉撰

清康熙三十五年（1696）願學堂刻本

二冊

半葉九行十八字，白口，四周單邊。版框 20.1×14.0 厘米

**仙都紀遊集一卷**　〔清〕張遠撰

清刻本

一册

半葉九行十八字，黑口，四周單邊。版框 18.5×13.0 厘米

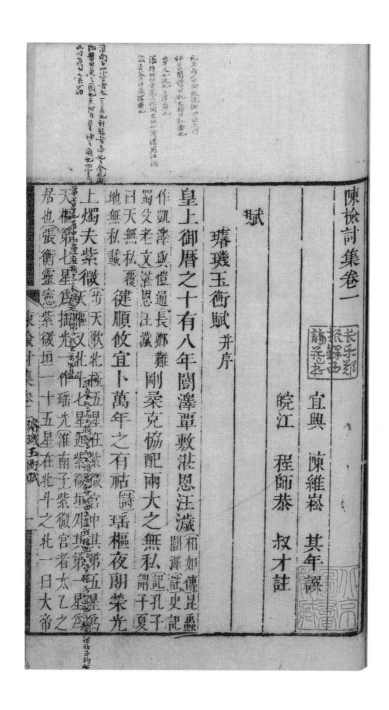

**陳檢討集二十卷** 〔清〕陳維崧撰　〔清〕程師恭註

清康熙三十二年（1693）刻本

四冊

半葉十行二十二字，小字雙行同，黑口，左右雙邊。版框 18.3×13.0 厘米

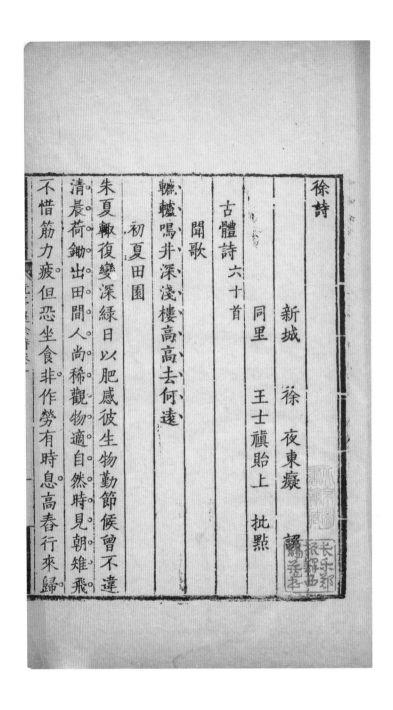

徐詩

古體詩六十首

　　新城　徐　夜東癡

　　同里　王士禛貽上　批點

聞歌

轆轤鳴井深淺樓高高去何遠

初夏田園

朱夏輒復變深綠日以肥感彼生物勤節候曾不達
清晨荷鋤出田間人尚稀觀物適自然時見朝雉飛
不惜筋力疲但恐坐食非作勞有時息高舂行來歸

**徐詩二卷**　〔清〕徐夜撰

清康熙刻王漁洋遺書本　鄭振鐸跋

一册

半葉十行二十字，黑口，左右雙邊。版框 17.5×13.6 厘米

徐東嵒詩集

王士禎刻徐夜詩予初見之而未取後乃知曾入全燬書目後卭本漁洋全書未必有之乃復購得裝校兄此次南下所得多凡品似此類書已不多有
近亦三年十二月十九日灯下西諦記

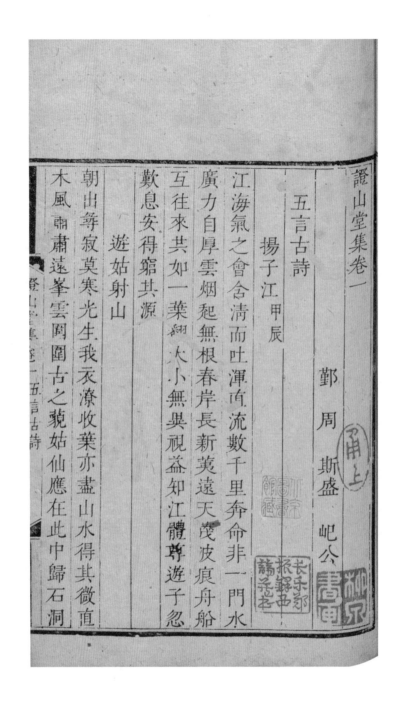

證山堂集卷一

鄞 周斯盛 屺公

五言古詩

　揚子江 甲辰

江海氣之會含清而吐渾直流數千里奔命非一門水
廣力自厚雲烟起無根春岸長新蔻遠天茫波痕舟船
互往來共如一葉翱大小無與視益知江體尊遊子忽
歎息安得窮其源

　遊姑射山

朝出等寂莫寒光生我衣潦收葉亦盡山水得其微直
木風嚲蕭遠峯雲圍圍古之貌姑仙應在此中歸石洞

**證山堂集八卷** 〔清〕周斯盛撰

清康熙刻本　清徐時棟跋

四册

半葉十一行二十一字，黑口，四周雙邊。版框18.3×13.6厘米

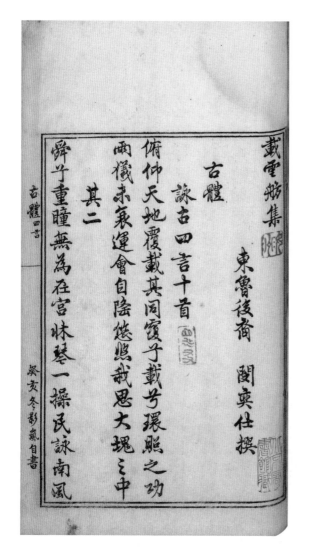

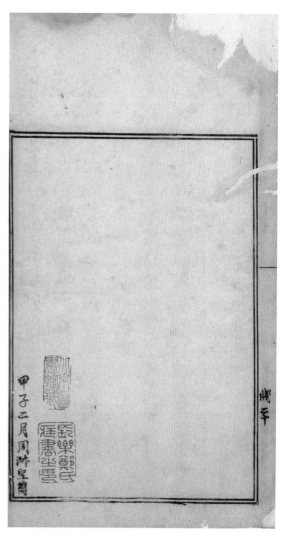

**載雲舫集十卷** 〔清〕閔奕仕撰

清康熙二十三年（1684）程牧刻本

一冊　存四卷：一至四

半葉八行十六字，白口，四周雙邊，無直格。版框18.1×13.4厘米

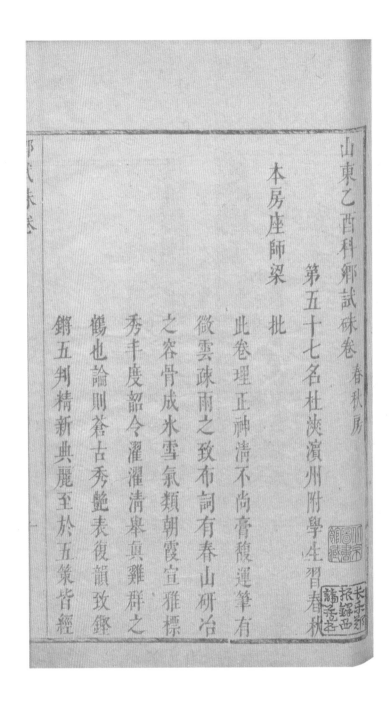

山東乙酉科鄉試硃卷一卷順治四年丁亥科春秋房會試硃卷一卷　〔清〕杜濬撰

清順治刻朱印本

四冊

半葉九行二十字，白口，四周單邊，無直格。版框 22.3×15.2 厘米

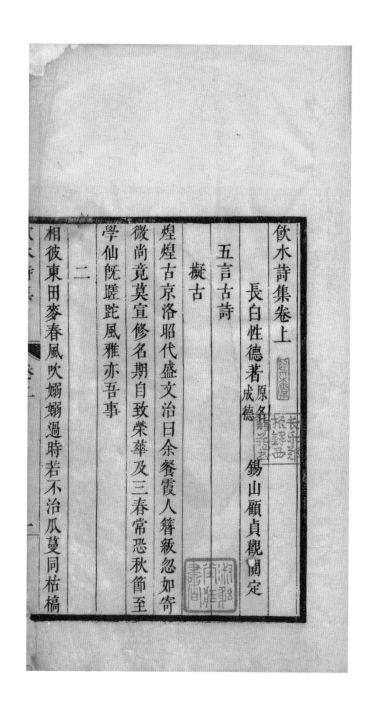

**飲水詩集二卷詞集三卷** 〔清〕納蘭性德撰

清康熙三十年（1691）張純修刻本

二冊

半葉九行二十字，白口，左右雙邊。版框 17.3×12.3 厘米

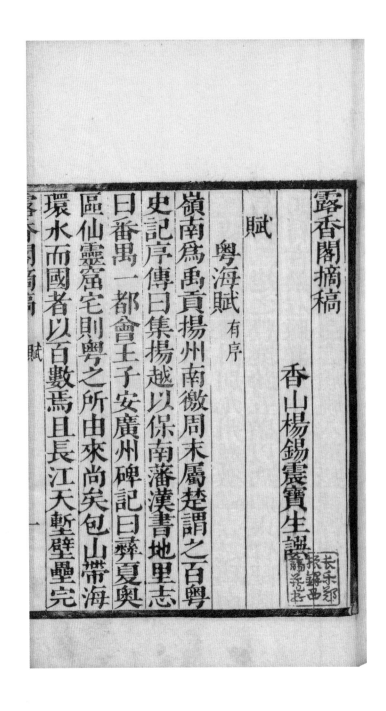

**露香閣摘稿五卷二刻一卷**　〔清〕楊錫震撰

清康熙刻本

二冊

半葉九行十七字，白口，左右雙邊。版框 17.7×13.7 厘米

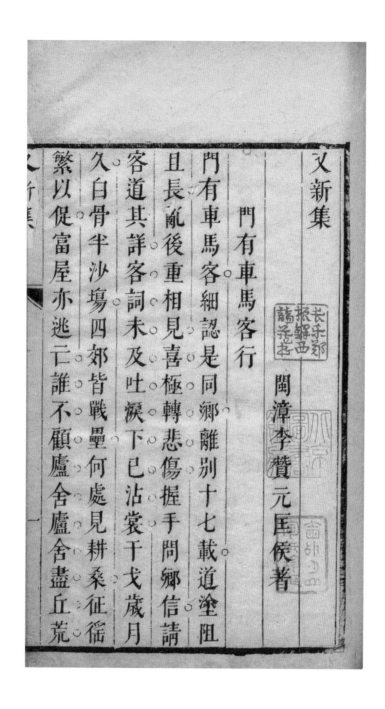

門有車馬客行

門有車馬客細認是同鄉　離別十七載　道塗阻
且長　前後重相見　喜極轉悲傷　握手問鄉信　請
客道其詳　客詞未及吐　淚下已沾裳　干戈歲月
久　白骨半沙場　四郊皆戰壘　何處見耕桑　征徭
繁以促　富屋亦逃亡　誰不顧廬舍　廬舍盡丘荒

又新集

閩漳李贊元匡侯著

**又新集一卷**　〔清〕李贊元撰

清康熙二十五年（1686）刻本

二册

半葉八行十八字，小字雙行同，白口，左右雙邊。版框 19.6×12.7 厘米

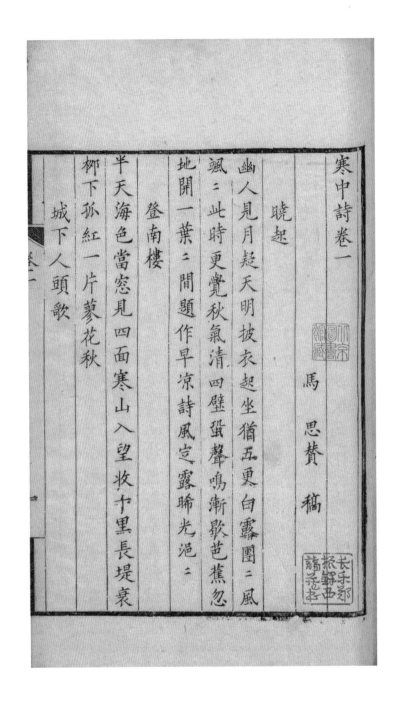

寒中詩卷一

馬思贊　稿

曉起

幽人見月疑天明披衣起坐猶五更白露團二風
颯二此時更覺秋氣清四壁蛩聲鳴漸歇芭蕉忽
地開一葉二間題作早涼詩豈露晞光浥二

登南樓

半天海色當窗見四面寒山入望收十里黑長堤衰
柳下孤紅一片蓼花秋

城下人頭歌

**寒中詩四卷**　〔清〕馬思贊撰

清康熙刻本

一冊（與南樓吟香集合一冊）

半葉十行十九字，黑口，左右雙邊。版框 19.7×14.7 厘米

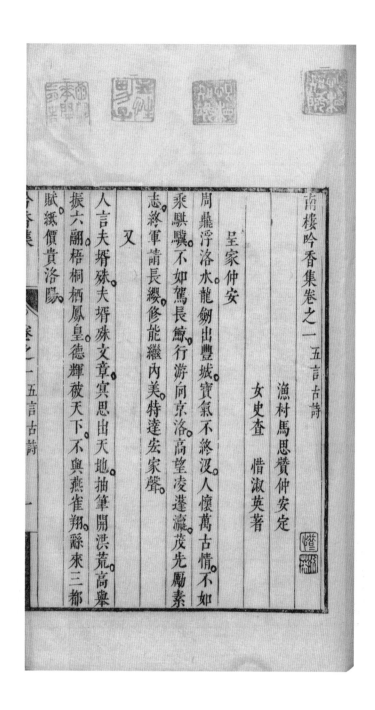

# 南樓吟香集六卷　〔清〕查惜撰

清康熙二十八年（1689）馬思贊清遠堂刻本

一冊（與寒中詩合一冊）　存四卷：一至四

半葉十一行二十二字，下黑口，左右雙邊。版框18.2×13.5厘米

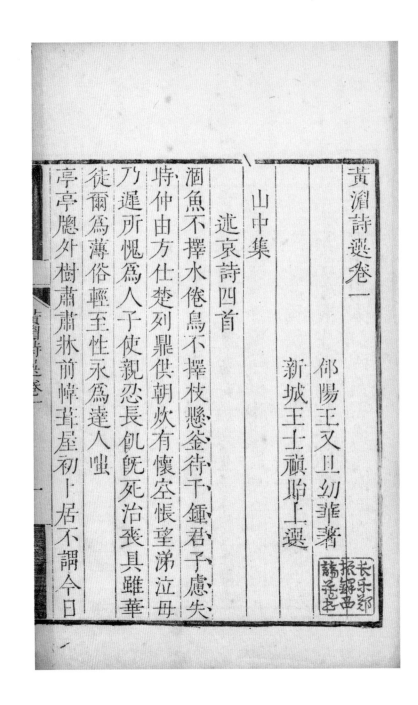

亭亭牕外樹蕭蕭沭前悖葺屋初卜居不謂今日

徒爾爲薄俗輕至性永爲達人嗤

乃遲所愧爲人子使親忍長飢餓死治喪具雖華

恃仲由方仕楚列鼎供朝炊有懷空悵望涕泣母

涸魚不擇水倦鳥不擇枝懸釜待千鍾君子慮失

逃衰詩四首

山中集

　　　　　　　　　　　　　　新城王士禛貽上選

　　　　　　　　　　　郇陽王又旦幼華著

黃湄詩選卷一

---

**黃湄詩選十卷**　〔清〕王又旦撰

清康熙刻本

一冊

半葉十行十九字，黑口，四周單邊。版框 17.6×13.8 厘米

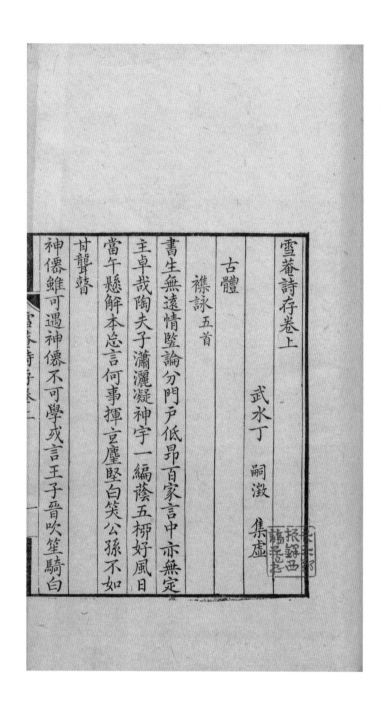

**雪庵詩存二卷**　〔清〕丁嗣澂撰

清雍正丁桂芳刻本

一册

半葉九行十九字，黑口，左右雙邊。版框15.6×12.3厘米

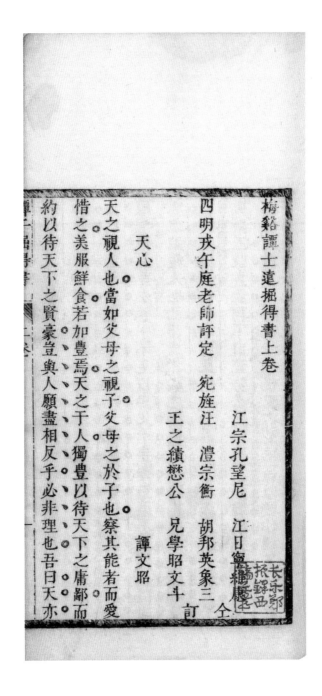

**梅溪譚士遠掘得書二卷附一卷**　〔清〕譚文昭撰　〔清〕戎式弘評

清康熙刻本

一冊

半葉八行二十四字，白口，四周單邊，無直格。版框 18.3×11.6 厘米

**七頌堂詩集九卷文集四卷別集一卷附錄一卷尺牘一卷**　〔清〕劉體仁撰

清康熙刻本

二册　存十一卷：詩集九卷、別集一卷、附錄一卷

詩集：半葉九行二十二字，白口，四周雙邊；別集：半葉九行十九字，白口，四周雙邊。版框 20.7×13.2
厘米

虛直堂文集不分卷　〔清〕劉榛撰

清康熙刻本

一册

半葉九行十八字，黑口，左右雙邊。版框 19.2×13.8 厘米

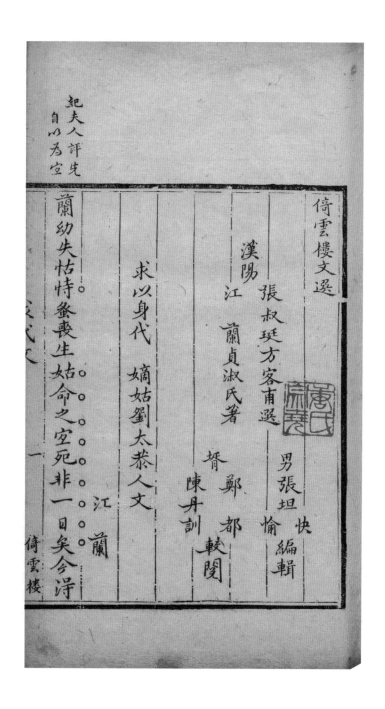

**倚雲樓文選四卷尺牘選一卷詞選一卷**　〔清〕江蘭撰　**厂樓詞一卷**　〔清〕徐如蕙撰

清康熙刻本

三冊

半葉八行十九字，白口，四周雙邊。版框 17.2×13.4 厘米

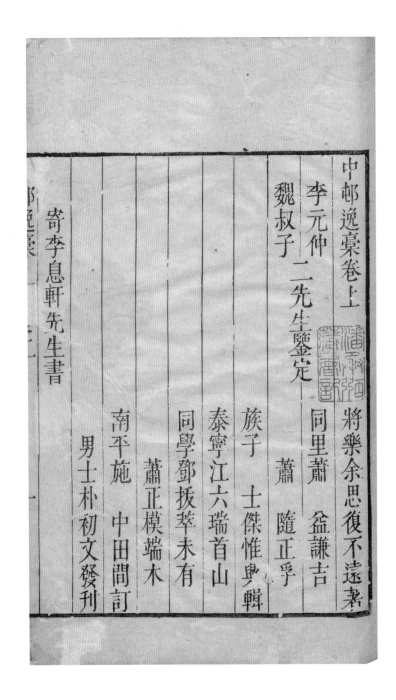

中邨逸稿二卷　〔清〕余思復撰

清康熙余士樸刻本

一册

半葉十行十八字，白口，四周單邊。版框 18.6×14.2 厘米

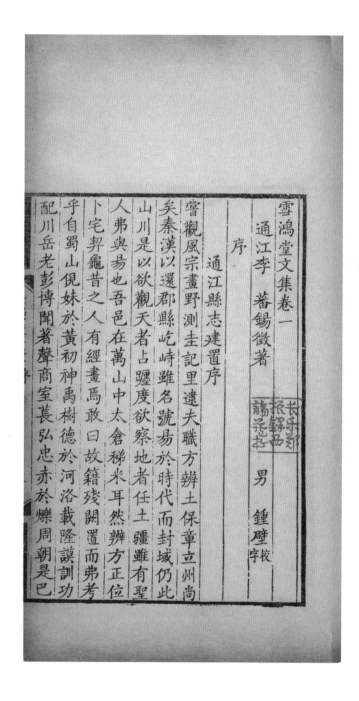

**雪鴻堂文集十八卷**　〔清〕李蕃撰　**又四卷**　〔清〕李鍾壁撰　**又二卷**　〔清〕李鍾峩撰

清康熙五十八年（1719）李鍾峩刻本

六册

半葉十一行二十一字，黑口，左右雙邊。版框 16.2×11.6 厘米

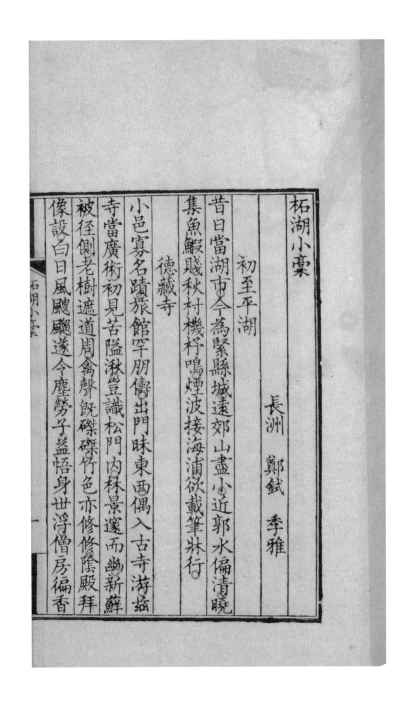

柘湖小稿　　　　　　　長洲　鄭鉽　季雅

初至平湖

昔日當湖市今為繫縣城遠郊山盡小近郭水偏清曉
集魚鰕賤秋村機杼鳴煙波接海浦欲戴筆牀行

德藏寺

小邑寡名蹟旅館罕朋儔出門昧東西偶入古寺游㢠
寺當廣術初見苦隘湫堂識松門內林景遂而幽新蘇
被径側老樹遮道周禽聲既礫礫竹色亦修修陰殿拜
像設白日風飀飀遂令塵勞子益悟身世浮僧房褊香

柘湖小稿一卷　〔清〕鄭鉽撰

清康熙刻本

一冊（與借題集句等合一冊）

半葉十行二十一字，黑口，四周雙邊。版框 16.9×11.8 厘米

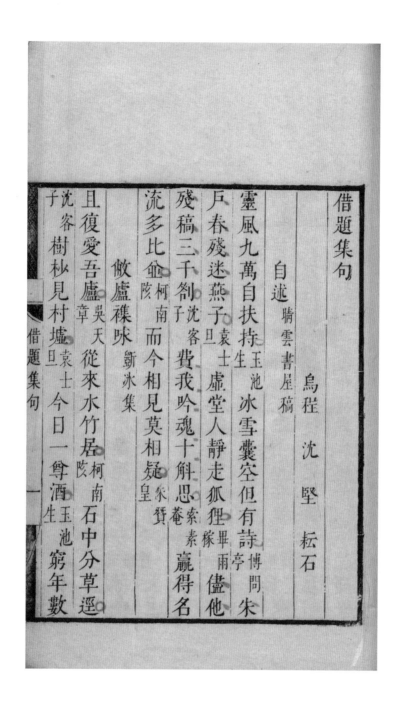

借題集句一卷　〔清〕沈堅撰

清康熙刻本

一冊（與柘湖小稿等合一冊）

半葉十行十九字，黑口，四周單邊。版框 17.4×13.7 厘米

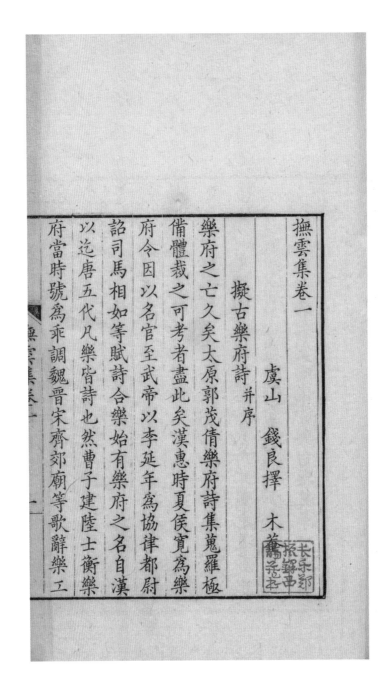

**撫雲集九卷** 〔清〕錢良擇撰

清雍正八年（1730）錢氏招隱堂刻本

二冊

半葉九行十八字，白口，左右雙邊。版框 16.1×12.8 厘米

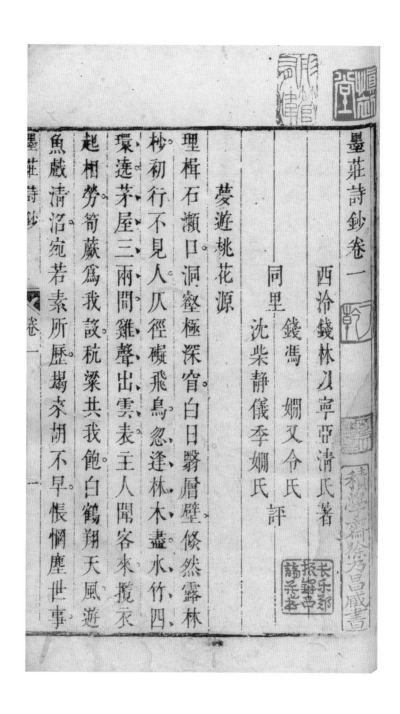

墨莊詩鈔卷一

西泠錢林以寧亞清氏著

同里　錢馮嫻又令氏評
　　　沈柴靜儀季嫻氏評

夢遊桃花源

理楫石瀨口洞壑極深窅白日翳層壁倏然露林
杪初行不見人仄徑礙飛鳥忽逢林木盡水竹四
環遶茅屋三兩間雞聲出雲表主人聞客來攬衣
起相勞筍蕨爲我餒秔粱共我飽白鶴翔天風遊
魚戲清沼宛若素所歷嗒然胡不早悵惘塵世事

**墨莊詩鈔二卷文鈔一卷詞餘一卷**　〔清〕林以寧撰　〔清〕馮嫻、柴靜儀評

清康熙刻本

四冊

半葉十行十九字，白口，左右雙邊。版框 20.2×14.5 厘米

16497（13753）

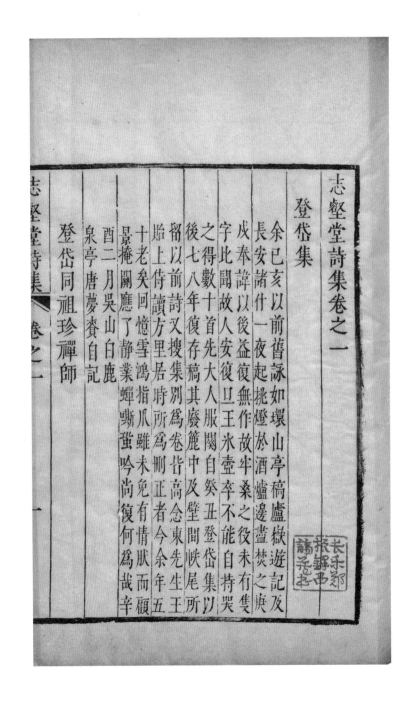

**志壑堂詩集十二卷文集十二卷詩後集五卷** 〔清〕唐夢賚撰

清康熙刻本

十冊　存二十一卷：詩集一至八、文集十二卷、詩後集一

半葉九行十九字，白口，四周單邊。版框 18.1×13.2 厘米

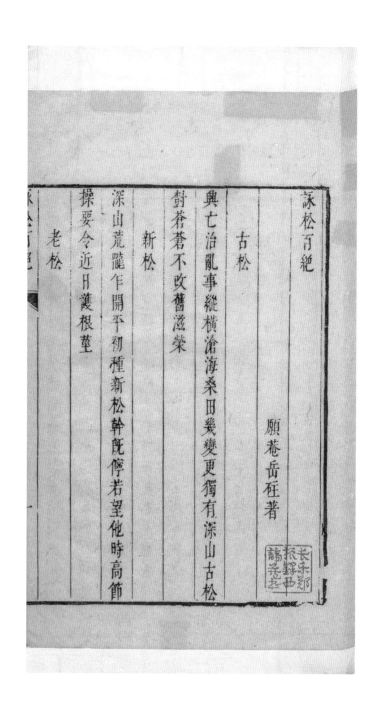

詠松百絕

顧巷岳硅著

古松

興亡治亂事縱橫滄海桑田幾變更獨有深山古松

對蒼蒼不改舊滋榮

新松

深山荒隴乍開平初種新松幹甫兒佇若望他時高節

老松

操要令近月護根塵

**三友詩三卷**　〔清〕釋岳硅撰

清康熙三十七年（1698）刻乾隆二十四年（1759）漏澤寺印本

二冊

半葉九行二十字，白口，左右雙邊。版框 19.0×13.9 厘米

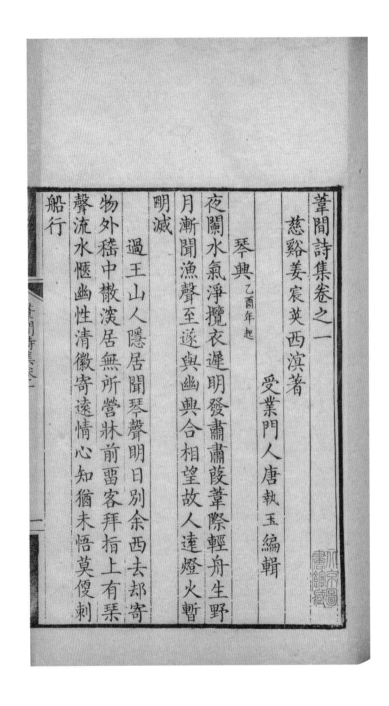

**葦間詩集五卷** 〔清〕姜宸英撰

清康熙五十二年（1713）唐執玉刻本

二册

半葉十一行十九字，小字雙行約二十五字，黑口，左右雙邊。版框18.1×13.5厘米

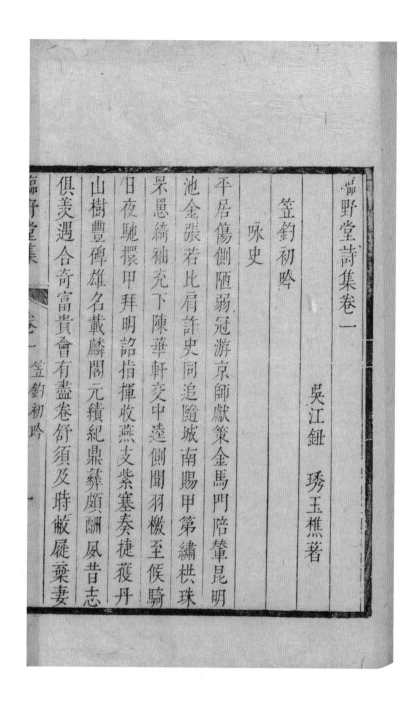

臨野堂詩集卷一

吳江鈕琇玉樵著

笠釣初吟

咏史

平居傷側陋弱冠游京師獻策金馬門陪輦昆明
池金張若比肩許史同追隨城南賜甲第繡栱珠
柴恩綺袖充下陳華軒交中遘側聞羽檄至候騎
日夜馳摙甲拜明詔指揮收燕支紫塞奏捷獲丹
山樹豐碑雄名載麟閣元績紀鼎彝頗酬夙昔志
俱羨遇合奇富貴會有盡卷舒須及時敝屣棄妻

臨野堂文集十卷詩集十三卷詩餘二卷尺牘四卷　〔清〕鈕琇撰

清康熙刻本　鄭振鐸跋

六冊

半葉十行十九字，白口，左右雙邊。版框 17.2×13.6 厘米

鈕琇作觚賸,流傳甚廣,
以臨野堂集,卻不多
見,首有汪啟淑藏印
大雨中得之,未薰燕
閣

五二年九月十九日
西諦

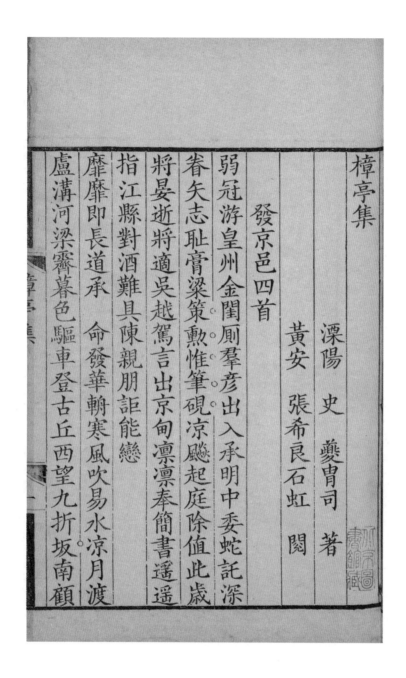

樟亭集

溧陽　史夔　冑司　著

黃安　張希良　石虹　閱

發京邑四首

弱冠游皇州金閶厠羣彥出入承明中委蛇託深
眷矢志耻膏粱策勳惟筆硯涼颼起庭除値此歲
將晏逝將適吳越駕言出京甸凜凜奉簡書遙遙
指江縣對酒難其陳親朋詎能戀
靡靡即長道承　命發華軺寒風吹易水涼月渡
盧溝河梁霽暮色驅車登古丘西望九折坂南顧

樟亭集不分卷　〔清〕史夔撰　葆光堂詩不分卷　〔清〕吳元安撰　授研齋詩不分卷　〔清〕
宋韋金撰

清康熙五十五年（1716）彙印本　鄭振鐸跋

一冊

半葉十行十九字，小字雙行同，黑口，左右雙邊。版框 17.7×13.6 厘米

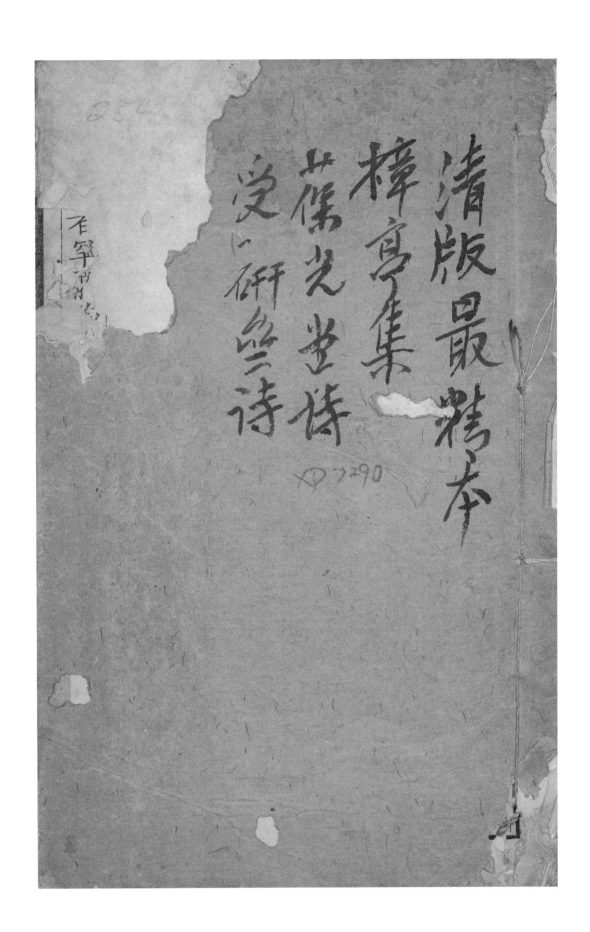

**輯庵集二卷** 〔清〕胡瑞遠撰

清康熙梅花書屋刻本

一册

半葉九行二十一字，白口，四周單邊。版框 17.7×12.9 厘米

艸卷集

太倉　胡瑞遠　輯卷

夏日途中偶憩

磅薄臨流坐曠然舒我襟頓忘行役苦轉愛溪林陰草
僂見飛蝶風來聞鳴禽清閒隨遇有何必入山渓

擬古

貴人不自貴諂者成其尊一朝失樞要鳥雀羅中門亦
有游俠子結交多弟晜酒空黃金盡相見無一言翻覆
徒浩歎炎涼向誰論我思古君子岑寂居東垣

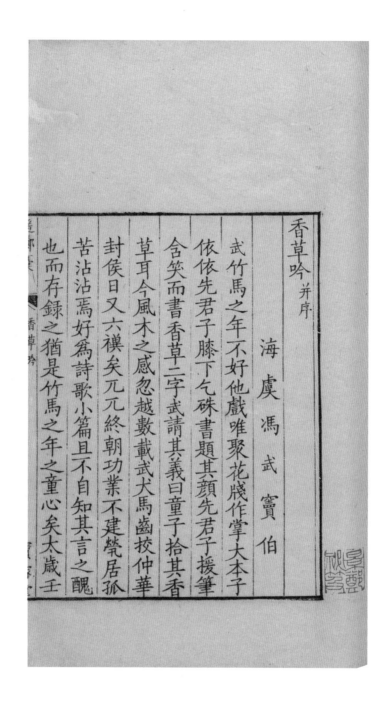

**遥擲稿二十卷**　〔清〕馮武撰

清康熙寶稼堂刻本（問天集、向隅集配清抄本）

六冊

半葉九行十九字，白口，左右雙邊。版框 16.9×13.2 厘米

也然子美未得親聞詩于必簡而遵王既胚胎前光

又學于宮俾終其世不較子美有厚幸歟宜其詩之

發就也余蓋一慨之不忍而終身慨爾序又

釋懣于哉

康熙壬子元旦南村雨窗愚叔陸燦書

今吾集

　　　　　虞山錢　曾　遵王

　西郊即事四首

簾捲東風日日晴酒樓絃管滿江城香圍曲檻花爭

放愁遠芳洲草又生一陣寒欺蝴蝶夢三分酒殢杜

鵑聲春來偏愛西湖好鳥榜朱欄畫舫輕

　其二

酒香花妥好春前銀甲調箏記往年故里又逢鑽火

今吾集一卷筆雲集一卷　〔清〕錢曾撰

清抄本

二册

半葉八行二十字，無欄格

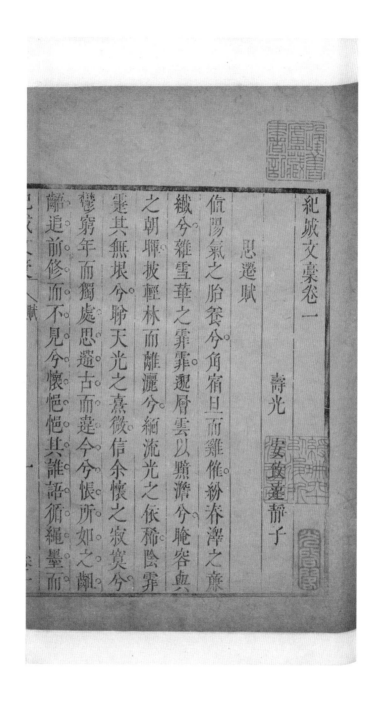

**紀城文稿四卷詩稿柳邨雜詠二卷倦遊草一卷嶽江草一卷**　〔清〕安致遠撰

清康熙三十四年（1695）蘭雪堂刻本（詩稿：清康熙刻本）

六冊

半葉九行十八字，白口，四周單邊。版框 17.6×13.4 厘米

**玉磑集四卷豔音一卷壽壙碑辭一卷吳江旅嘯一卷** 〔清〕安致遠撰　**綺樹閣賦稿一卷詩稿一卷** 〔清〕安箕撰

清康熙四十一年（1702）安箕刻本（綺樹閣賦稿、詩稿：清康熙刻本）

六冊

半葉九行十八字，黑口，四周單邊。版框 17.6×13.4 厘米

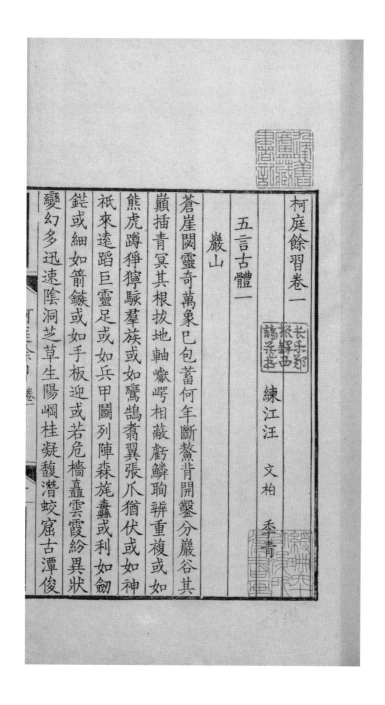

**柯庭餘習十二卷**　〔清〕汪文柏撰

清康熙四十四年（1705）汪氏古香樓刻本

二冊

半葉十行二十一字，黑口，左右雙邊。版框 17.8×13.2 厘米

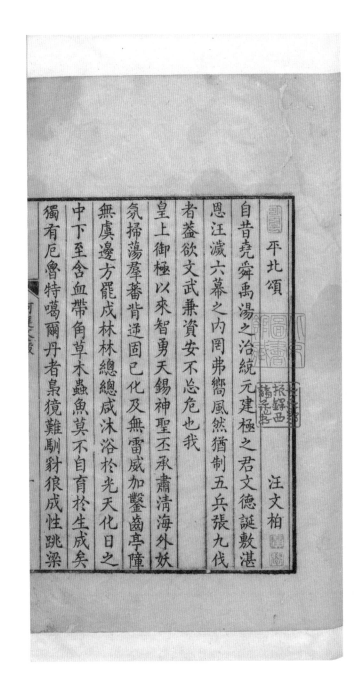

**柯庭文藪不分卷**　〔清〕汪文柏撰

清康熙刻本

二冊

半葉九行十九字，白口，左右雙邊。版框 17.9×13.2 厘米

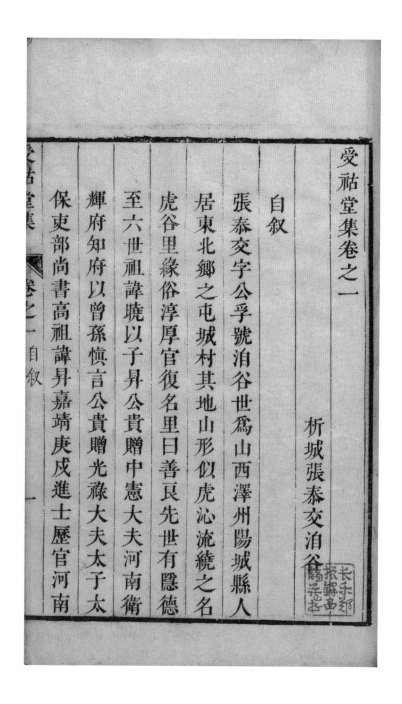

受祐堂集卷之一

析城張泰交泊谷

自叙

張泰交字公孚號泊谷世爲山西澤州陽城縣人

居東北鄉之屯城村其地山形似虎沁流繞之名

虎谷里緣俗淳厚官復名里曰善民先世有隱德

至六世祖諱曉以子昇公貴贈中憲大夫河南衞

輝府知府以曾孫愼言公貴贈光祿大夫太子太

保吏部尚書高祖諱昇嘉靖庚戌進士歷官河南

**受祏堂集十二卷**　〔清〕張泰交撰

清康熙四十五年（1706）高熊徵刻本

八册

半葉九行二十一字，白口，左右雙邊。版框 20.0×14.8 厘米

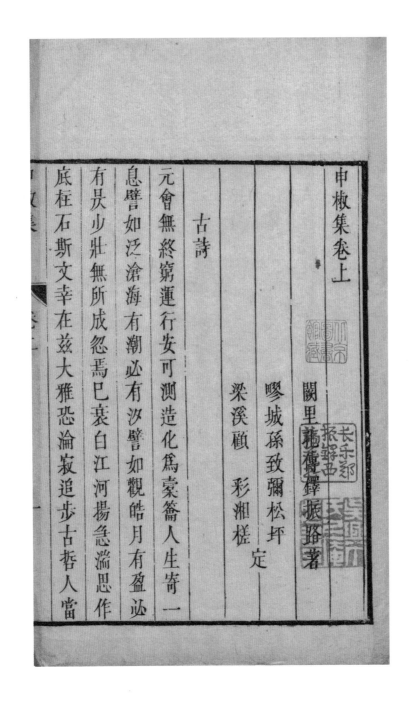

申椒集二卷繪心集二卷盟鷗草一卷炊香詞三卷紅蕚詞二卷　〔清〕孔傳鐸撰

清康熙刻本

四冊

半葉九行十五或二十一字，白口，左右雙邊。版框 17.1×12.8 厘米

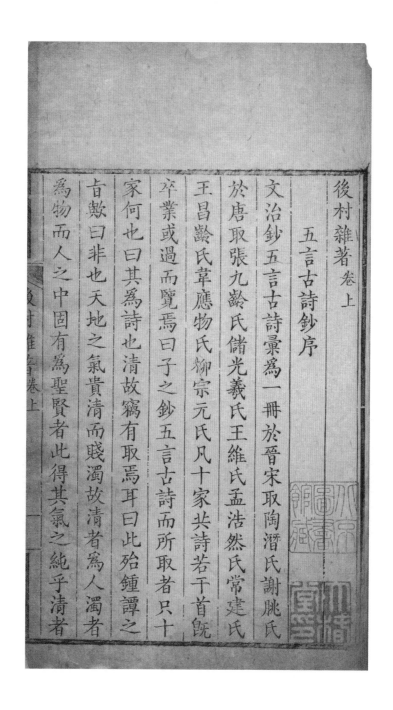

**後村雜著三卷**　〔清〕王文治撰

清康熙刻本

三冊

半葉九行二十一字，黑口，左右雙邊。版框 17.4×12.7 厘米

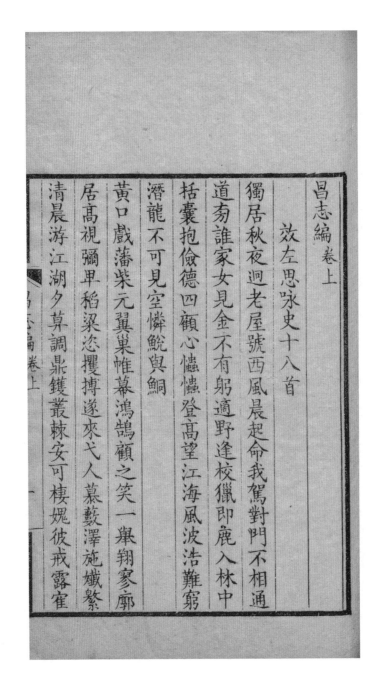

昌志編二卷續編二卷附一卷三編二卷附一卷吳越遊草一卷　〔清〕王文治撰

清康熙刻本

八冊

半葉九行二十字，黑口，左右雙邊。版框 17.2×12.9 厘米

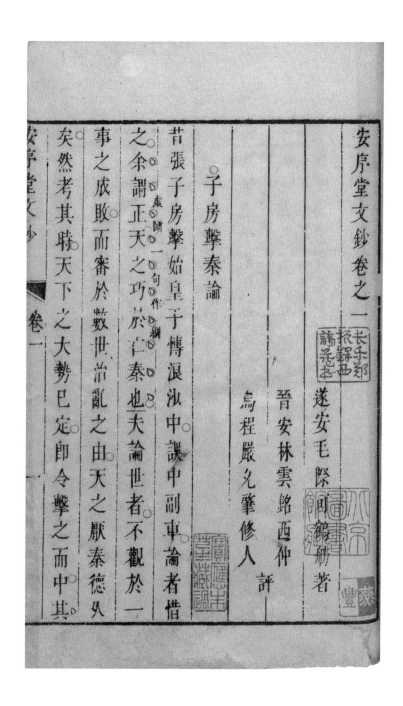

昔張子房擊始皇于博浪沙中誤中副車論者惜
之余謂正天之巧於亡秦也夫論世者不觀於一
事之成敗而審於數世治亂之由天之厭秦德久
矣然考其將天下之大勢已定卽令擊之而中其

子房擊秦論

安序堂文鈔卷之一

晉安林雲銘西仲 評

烏程嚴允肇修人

遂安毛際可 著

**安序堂文鈔三十卷** 〔清〕毛際可撰

清康熙刻本

六冊

半葉九行十九字，小字單行同，白口，四周單邊。版框19.9×13.7厘米

午亭文編卷一

門人候官林佶輯錄

樂府

朝會燕饗樂章十四篇并序

康熙二十年十二月定饗祀樂章　詔禮部翰林院議

明年正月尚書臣帥顏保學士臣陳廷敬等集議言

郊

廟樂章

世祖章皇帝所親定臣等不敢變易獨朝會燕饗沿習

前明典章未備祈　勅下臣等考古樂之原定聲律之

節作為雅歌用昭盛美　詔曰可於是禮臣曰此詞臣

職也以屬臣廷敬臣待皋掌院事乃集諸詞臣謂之曰

廷敬材能淺薄不足以光制述之事樂歌之作無如公

**午亭文編五十卷**　〔清〕陳廷敬撰

清康熙四十七年（1708）林佶寫刻本

十四冊

半葉十一行二十一字，細黑口，左右雙邊。版框 19.5×15.0 厘米

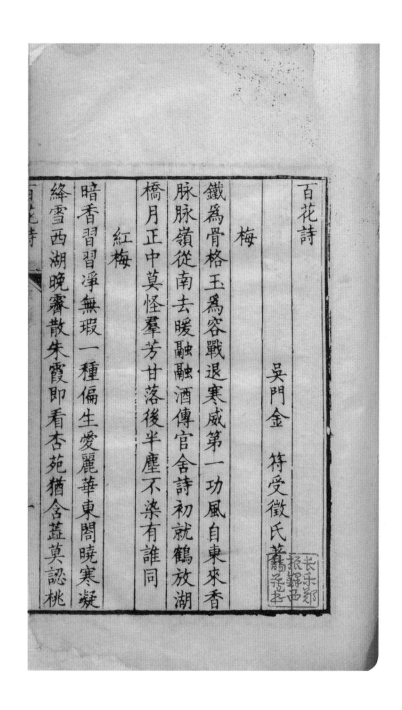

**百花詩一卷百果詩一卷花王韻事一卷**　〔清〕金符撰

清康熙刻本

二册

半葉九行十九字，白口，左右雙邊。版框 17.7×12.9 厘米

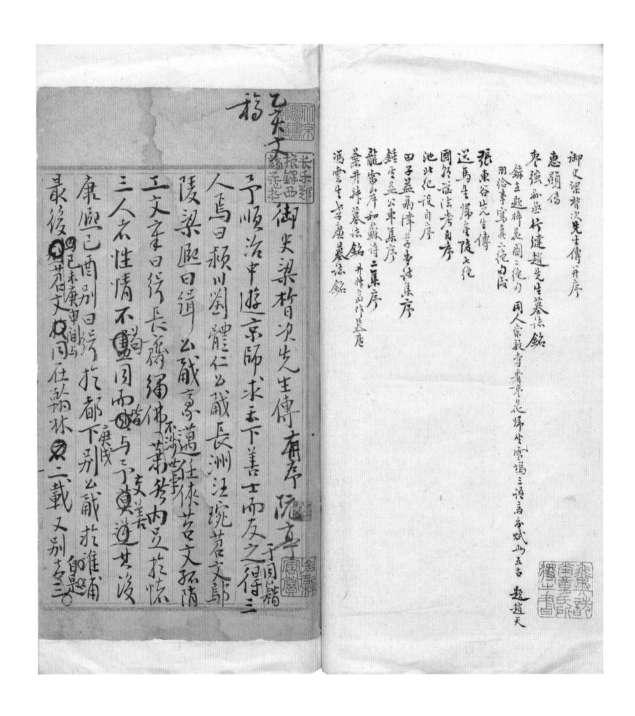

**漁洋山人乙亥文稿一卷** 〔清〕王士禎撰

稿本　清韓崇、章綬銜跋

一冊

半葉八行字不等，紅格，白口，四周雙邊。版框 18.8×11.9 厘米

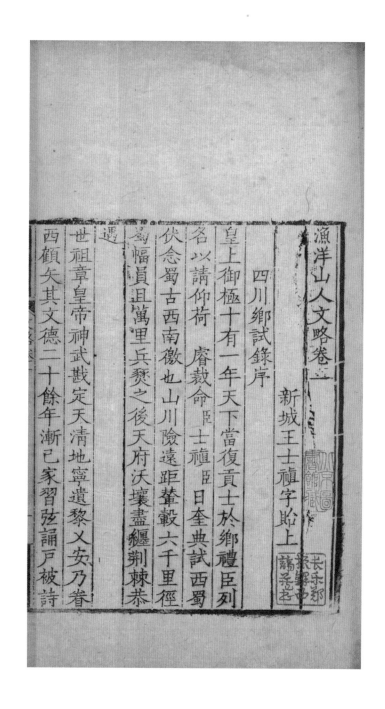

**漁洋山人文略十四卷**　〔清〕王士禛撰

清康熙刻雍正印王漁洋遺書本

四册

半葉十行十九字，黑口，左右雙邊。版框 13.5×16.4 厘米

明儒王子陽明先生傳　　　邵廷采

先生名守仁字伯安紹興餘姚人講學于陽明洞自號陽明子父華成化十七年進士授刑部主事十七年改武選主事忤若水為庶常。弘治十二年進士第一歷官南京吏部尚書先生少有才名。正德元年劉瑾掌司禮監放一見定交相期倡明聖學門人始進遂大臣劉健謝遷韓文等南給事中戴銑御史薄彦徽合六科十三道公疏請黜奸回留碩輔以安社稷緹騎逮問先生抗疏銑等職司諫如其善自宜嘉納即未善亦宜包容開忠讜之路乃今赫然下命遠事拘因臣恐自茲以往雖有上關宗社危疑之事陛下

思復堂集十卷　〔清〕邵廷采撰

清康熙刻本

八冊　存九卷：一至四、六至十

半葉九行二十五字，白口，四周單邊或左右雙邊。版框 19.9×11.5 厘米

16832（15281）

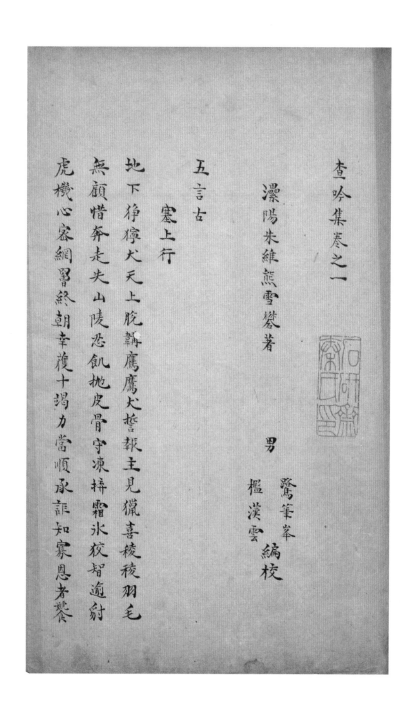

査吟集卷之一

灤陽朱維熊雪崟著

男　驚筆峯
　　樞漢雲　編校

五言古

塞上行

地下狰獰犬天上臄轆鷹鷹犬誓報主見獵喜稜稜羽毛

無顧惜奔走失山陵忍飢拋皮骨守凍挵霜氷狡智逾射

虎機心容網罟終朝幸獲十竭力當順承詐知豪恩者餐

査吟集四卷　〔清〕朱維熊撰

清抄本

四册

半葉九行二十二字，無欄格

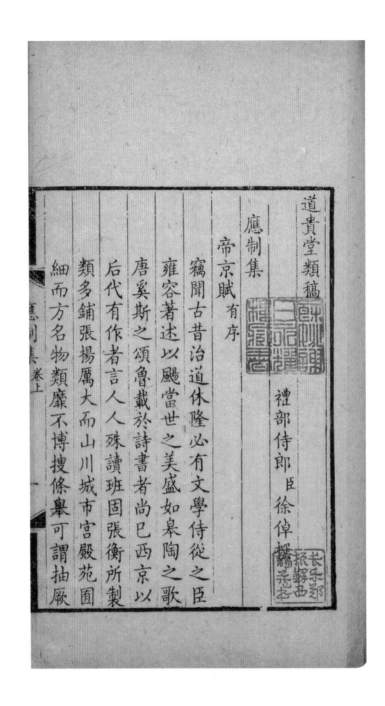

道貴堂類稿二十一卷耄餘殘瀋二卷　〔清〕徐倬撰　　修吉堂遺稿二卷　〔清〕徐元正撰

清康熙刻本〔修吉堂遺稿：清乾隆四年（1739）刻本〕

四册

半葉十行十九字，黑口，左右雙邊。版框 17.3×12.7 厘米

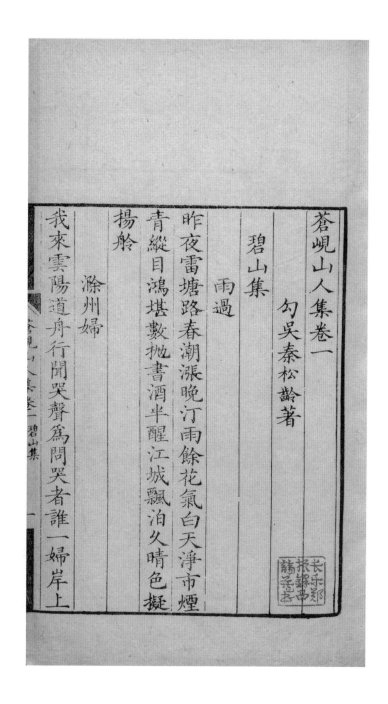

**蒼峴山人集五卷微雲集一卷**　〔清〕秦松齡撰

清康熙尊賢堂刻本

一册

半葉九行十九字，黑口，左右雙邊。版框 18.0×14.2 厘米

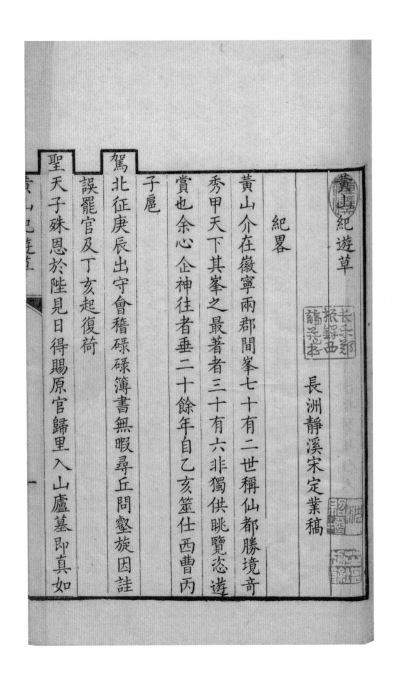

黃山紀遊草一卷西山絕句一卷　〔清〕宋定業撰　**柳洲詩存一卷**　〔清〕柯煜撰　**借題集句**

**一卷**　〔清〕沈堅撰　**柘湖小稿一卷**　〔清〕鄭鈇撰

清康熙刻本

一册

半葉十行二十一字，白口，左右雙邊。版框 17.5×14.3 厘米

字香亭梅花百詠

當塗花津吳立可園著

男本涵潤仁
姪本厚海岳全註

古梅

年年春信到天涯開闢乾坤第一花造物獨留真面
目不隨時艷鬥繁華〔事詞類奇〕水陸草木之花香而
可愛者甚泉梅獨先天下春故〔首及之〔劉克莊訪梅詩春信分明到草廬尤衮梅
詩合教居第一獨自占年芳陸游梅詩造物破荒
　　　　　　　　　　　　　　　字香亭

用冠斯集
誰曰不宜

海花百詠

一

**字香亭梅花百詠一卷**　〔清〕吳立撰　〔清〕吳本涵、吳本厚註

清康熙字香亭自刻本

一冊

半葉七行二十字，白口，左右雙邊。版框 17.0×11.8 厘米

**正誼堂文集不分卷詩集二十卷蓉渡詞三卷**　〔清〕董以寧撰

清康熙刻本

十六册　存二十一卷：詩集一至十五、十八至二十，餘全

半葉九行二十一字，白口，左右雙邊。版框 18.6×13.8 厘米

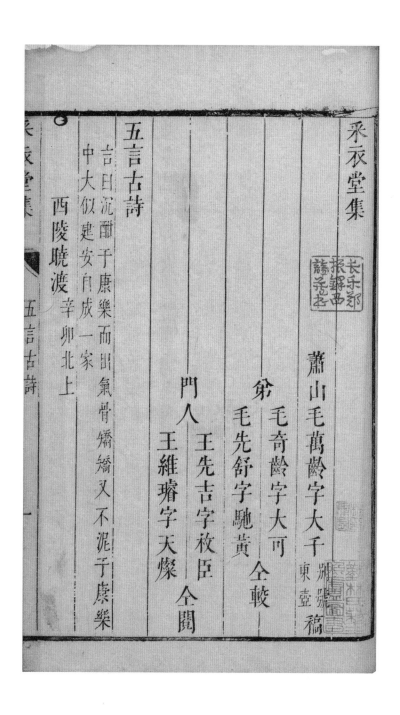

采衣堂集

蕭山毛萬齡字大千　東壺稿

〔孫〕
毛奇齡字大可　全較
毛先舒字馳黃　全較

門人
王先吉字攸臣　全閱
王維瑢字天燦　全閱

五言古詩

西陵曉渡　辛卯北上

言曰沉酣千康樂而出氣骨矯矯又不泥于康樂
中大似建安自成一家

采衣堂集　　五言古詩　　一

**采衣堂集八卷**　〔清〕毛萬齡撰

清康熙刻本

一冊

半葉九行二十字，白口，四周單邊。版框 20.8×14.2 厘米

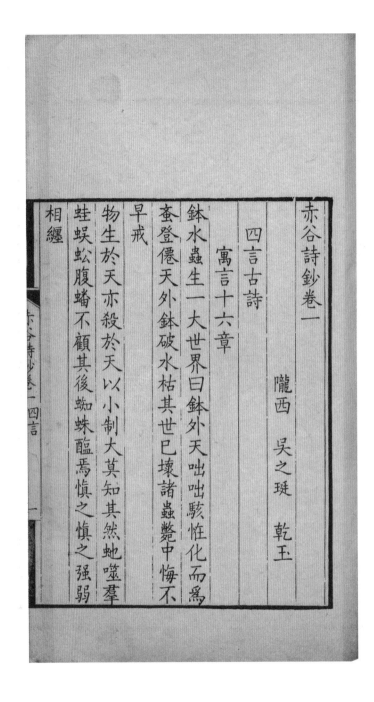

**赤谷詩鈔十五卷** 〔清〕吴之琔撰

清刻本

二册

半葉十行十九字，黑口，左右雙邊。版框 17.7×13.6 厘米

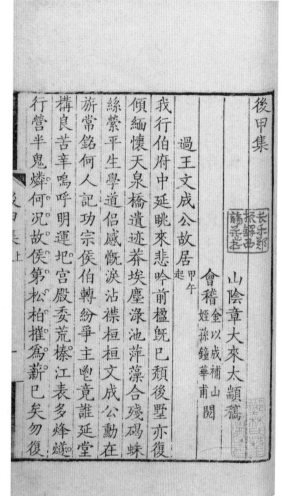

後甲集二卷　〔清〕章大來撰

清康熙五十六年（1717）百可堂自刻本

二册

半葉十行十九字，黑口，四周單邊。版框 18.3×13.4 厘米

墨井詩鈔二卷墨井畫跋外卷一卷三巴集一卷　〔清〕吳歷撰

清康熙五十八年（1719）陸道淮飛霞閣刻本

二冊

半葉八行十九字，白口，左右雙邊。版框 17.3×12.8 厘米

墨井詩鈔上卷

虞山吳歷漁山著　嘉定戴笵雲機又校

受業陸道淮上游編

無端次韻

十年萍跡總無端慟哭西臺淚未乾到處荒涼新
第宅幾人惆悵舊衣冠江邊春去詩情在塞外鴻

秋夜

飛雪意寒今日戰塵猶不息共誰沉醉老漁竿

有斐君子終不可諠兮者　而利其利

引衛詩以見明德為新民之本復引周詩以見新民為明德之極、夫德盛善至而民自不能忘矣然又必賢親樂利無所不用其極為故大學屢引詩以明○德新民之相為終始也意謂我之於民也○○○性○情○二○字○有根　有通一不容二之性故民之於我也有維繫不可解之情如儞詩所謂有斐君子終不可諠兮者夫君子而何以不諠哉吾想美若子而謂之有斐必也親覩其德容者也身近其德輝者也彼其○從○有○斐○於○戚○四○字○想○出○○是○當○時○○後○世好學脩行至老無荒則德之進於內者勤矣敬慎威儀維民之則則德之充於外者備矣故以是而稱德之盛是天所以予我之理

**榕村藏稿四卷**　〔清〕李光地撰

清刻本

二册

半葉九行二十五字，白口，四周單邊，無直格。版框 20.3×11.7 厘米

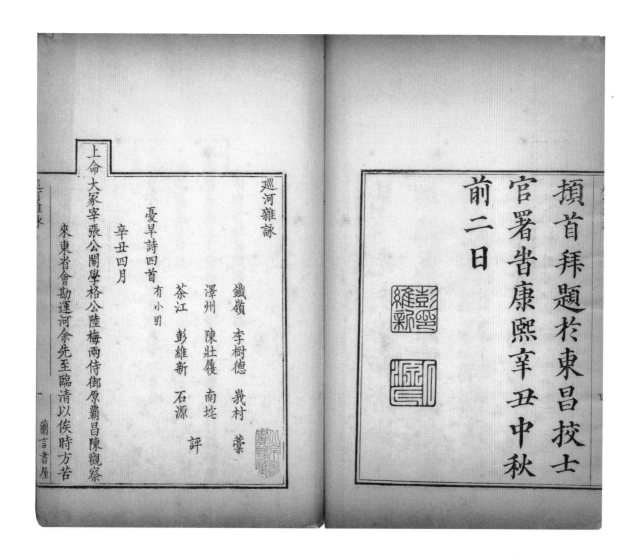

巡河雜詠一卷巡河續詠一卷　〔清〕李樹德撰　棘闈倡和詩三卷　〔清〕李樹德、德齡、彭維

新等撰

清康熙刻本

三冊

半葉八行二十字，小字雙行同，白口，四周雙邊，無直格。版框 16.6×13.4 厘米

四庫世亦未聞其名予向藏洗硯齋集皆論
詞之作自遭粵寇之亂久已遺失今年秋復
得於青雲街考市幷得詩詞數種因於暇時
重加修整合訂成兩大冊書已罕見雖僅存
中之僅存不可不作全書觀也特編其目如
右光緒甲午仲冬中浣海甯鄒存淦儷笙氏
識於杭州白蓮花寺前之勤蓺堂時年六十

又六

零雨集

清遠道中

西浦樓　儼敬思

客路多風雨江潮愁轉溪水聲兼櫓響雁影帶
雲沉政拙將何補人開聊自吟郵醪難買醉篷
底但孤斟

再登前韻

上水程何短停橈夜已淀風聲人語亂雨氣燭
光沉役役塵牘朝朝客廢吟暫歸將歲暮得
酒且頻斟　明府餽酒
　　　　　　　武備黃

蓑笠軒僅存字高

零雨集　　一

## 蓑笠軒僅存稿十卷　〔清〕樓儼撰

清康熙雍正間刻本　清鄒存淦跋

二冊

半葉八行十八字，白口，四周單邊。版框 19.3×14.1 厘米

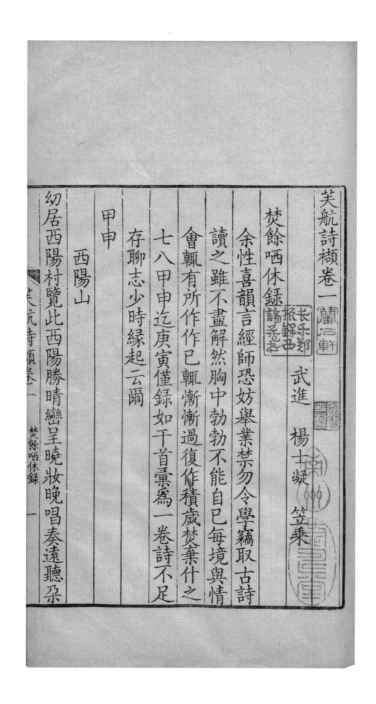

芙航詩襯卷一
萬〇軒
長樂鄭
振鐸西
諦藏書

焚餘哂休錄

武進　楊士凝　笠乘

余性喜韻言經師恐妨舉業禁勿令學竊取古詩
讀之雖不盡解然胸中勃勃不能自已每境與情
會輒有所作作已輒慚慚過復作積歲焚棄什之
七八甲申迄庚寅僅錄如干首彙爲一卷詩不足
存聊志少時緣起云爾

甲申

西陽山

幼居西陽村覽此西陽勝晴巒呈曉妝晚唱奏遠聽朵

芙航詩襯卷一

焚餘哂休錄

一

**芙航詩襯十二卷**　〔清〕楊士凝撰

清康熙六十一年（1722）刻本

二冊

半葉十一行二十一字，白口，左右雙邊。版框 18.2×14.0 厘米

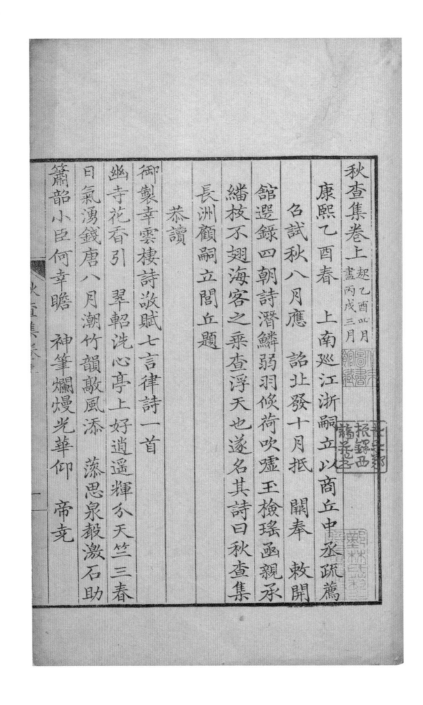

秋查集卷上

康熙乙酉春 上南巡江浙嗣立以商丘中丞疏薦

名試秋八月應 詔北發十月抵 闕奉 敕開

館選錄四朝詩潛鱗弱羽俟荷吹噓王檢瑤函親承

繡枝不翅海客之乘查浮天也遂名其詩曰秋查集

長洲顧嗣立閒立題

恭讀

御製幸雲棲詩敬賦七言律詩一首

幽寺花香引 翠軺洗心亭上好逍遥輝分天竺三春

日氣溯錢唐八月潮竹韻敲風添 滌思泉穀激石助

簫韶小臣何幸瞻 神筆爛慢光華仰 帝堯

**秋查集二卷雙井書屋集三卷** 〔清〕顧嗣立撰

清康熙刻本

一册

半葉十一行二十一字，白口，左右雙邊。版框 18.6×14.7 厘米

16845（2762）

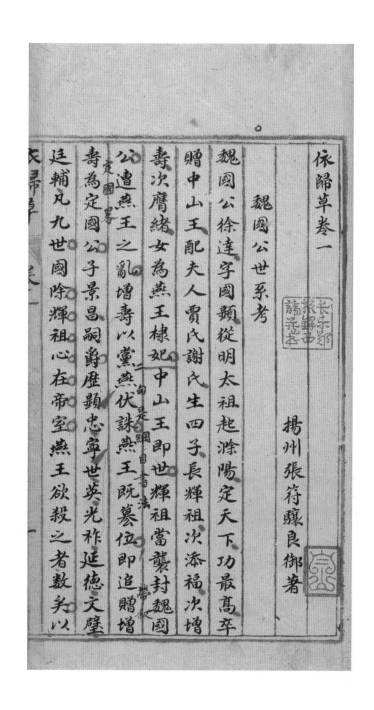

依歸草卷一

魏國公世系考

揚州張符驤良御著

魏國公徐達字國顯從明太祖起滁陽定天下功最高卒
贈中山王配夫人賈氏謝氏生四子長輝祖次添福次增
壽次膺緒女為燕王棣妃　中山王即世輝祖當襲封魏國
公遭燕王之亂增壽以黨燕伏誅燕王既慕位即追贈增
壽為定國公子景昌嗣爵歷顯忠寧世英光祚延德文璧
廷輔凡九世國除輝祖心在帝室燕王欲殺之者數矣以

**依歸草不分卷** 〔清〕張符驤撰

清抄本

四册

半葉九行二十二字，白口，四周雙邊。版框 21.2×13.5 厘米

乾隆九年甲子刻於維揚

十卷　今體七言截句

　　　　　受業錫謝道承

　　　　男　正青

　　　　　　在衢

　　　　　　在裁

　　　　　　王衡仝鎏編

　　孫　甡　兆祥

　　　　　　擎天仝校字

樸學齋詩彙卷一

古體五言

建溪

建溪如建瓴一瀉八百里夾岸列層巖中流橫巨
砥孤舟蕩漪波折旋若磨蟻蓬短卷三窩瓨輕薄
半指篙師四五輩操縱若控駛脛腕互呈勞心目
各奏技偏從急端投遙向危礁抵上下偶失勢蠲
石見立靡吾方汗漫遊曠懷似儵鯉異境滌煩襟
恂石幻眾羙穩者如平陁枉者若洼矢峻或摩昂
霄高乃蕨日晷堆聚儼累棋破碎等散蕩狂駭咒

樸學齋詩稿十卷　〔清〕林佶撰

清乾隆九年（1744）家刻本

二冊

半葉九行十九字，黑口，左右雙邊。版框 18.2×13.7 厘米

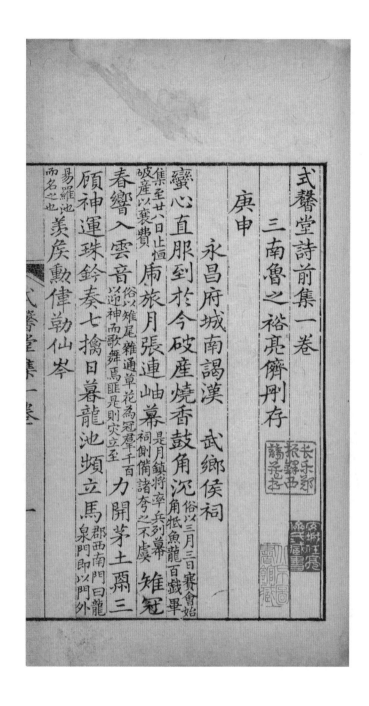

式馨堂詩前集十二卷詩餘偶存一卷後集十四卷　〔清〕魯之裕撰

清雍正乾隆間刻本

八册

半葉九行十九字，白口，左右雙邊。版框 18.6×12.6 厘米

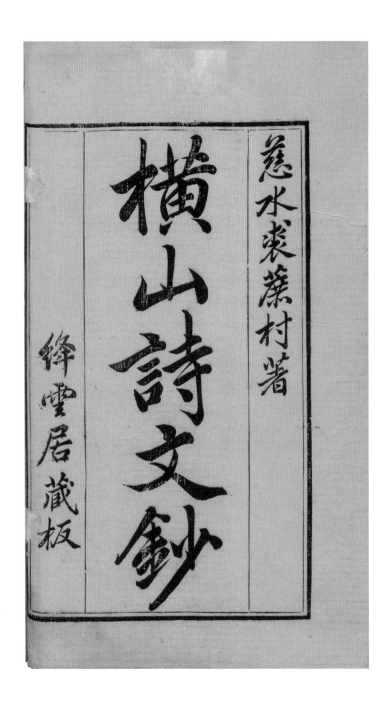

横山詩文鈔二十二卷　〔清〕裘璉撰

清康熙裘氏絳雲居刻本

五册

半葉九行二十二字，白口，左右雙邊。版框 19.2×13.0 厘米

横山前集卷之一

慈谿裘璉殷玉甫著

詩<sub>軍耕藁</sub>

古樂府

子夜春歌

獨下合歡床春風燕燕無賴右手打鴛鴦左手結褌帶

二

持杯欲歡酒不欲止勸儂歡愛桃花好爲他借微紅

三

横山前集
卷之一
古樂府

一

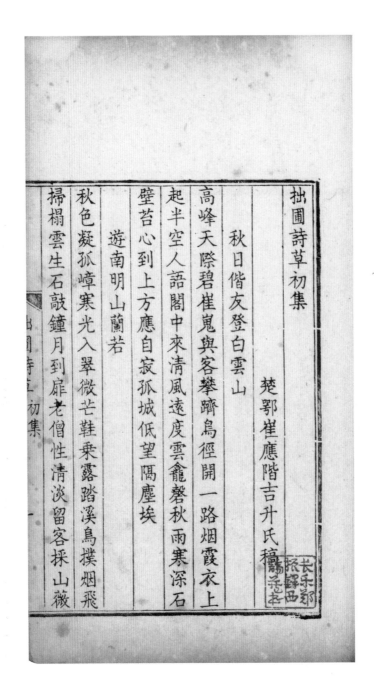

拙圃詩草初集一卷二集一卷三集一卷煙花債傳奇一卷　〔清〕崔應階撰

清乾隆刻本

四册

半葉九行二十字，白口，四周雙邊。版框 18.0×12.6 厘米

烟花債傳奇

研露樓主人填詞

邢春娘怨墮青樓夢　　王司理歡邀白玉觴

單符郎月下尋鸞偶　　陳太守堂上配鴛鴦

第一折　春怨

南呂

引子〔一枝花　旦上〕章臺春色淺珠箔東風軟海

棠初睡足暈嬌臉閒著鞦韆一任遊絲胃〔貼上〕

遠山愁未展流落烟花羞對客輕綄低掩

烟花債　　　　一

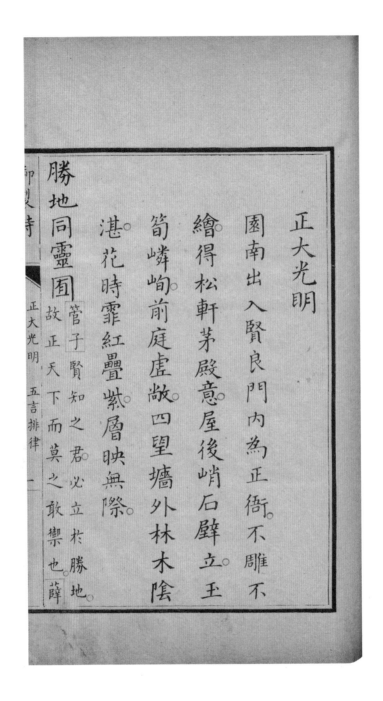

**御製圓明園詩二卷**　〔清〕高宗弘曆撰　〔清〕鄂爾泰、張廷玉註

清乾隆內府刻朱墨套印本

二冊

半葉六行十六字，小字雙行同，白口，四周雙邊。版框 19.8×13.4 厘米

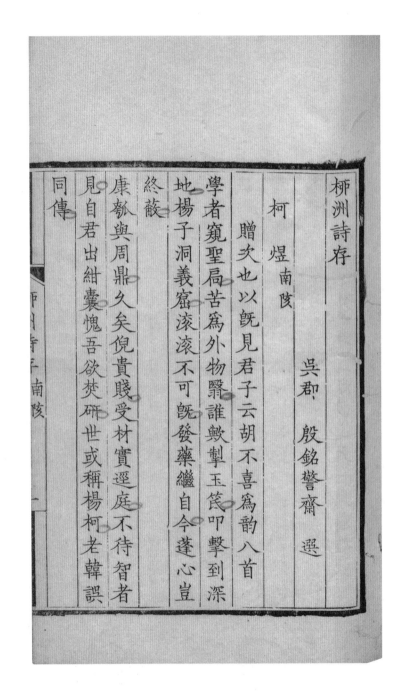

柳洲詩存

吳郡　殷銘警齋　選

柯煜南陵

贈炎也以既見君子云胡不喜爲韻八首

學者窺聖局苦爲外物翳誰歎斲玉笾叩擊到深

地楊子洞義窟滾滾不可既發藥繼自今蓬心豈

終蔽

康瓠與周鼎久矣倪貴賤受材實逕庭不待智者

見自君出紺囊愧吾欲焚研世或稱楊柯老韓誤

同傳

柳洲詩存一卷　〔清〕柯煜撰

清康熙刻本

一册（與黄山紀遊草、西山絶句等合一册）

半葉十行十九字，黑口，四周雙邊。版框17.9×13.7厘米

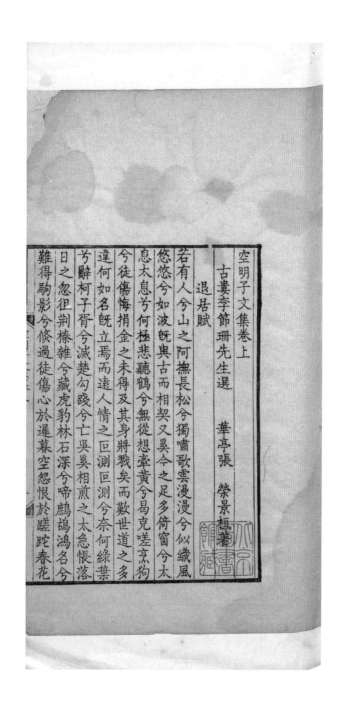

空明子文集卷上

古婁季節珊先生選

華亭張　榮景桓著

退居賦

若有人兮山之阿撫長松兮獨嘯歌雲漫漫兮似織風
悠悠兮如波旣與古而相契又奚今之足多倚窗兮太
息太息兮何極悲聽鶴兮無從想牽黃兮曷克嗟烹狗
兮徒傷悔捐金之未得及其身將戮矣而歎世道之多
違何如名旣立焉而遠人情之叵測叵測兮奈何綠葉
兮辭柯子胥兮減楚勾踐兮亡吳奚相煎之太急悵落
日之忽徂荆榛雜兮藏虎豹林石深兮啼鵰鶚鴻名兮
難得駒影兮倏過徒傷心於暹暮空怨恨於蹉跎春花

**空明子全集六十六卷**　〔清〕張榮撰

清康熙雍正遞刻本

一冊　存三卷：（初集）文集二卷雜録一卷

半葉十一行二十一字，黑口，左右雙邊。版框 16.5×11.7 厘米

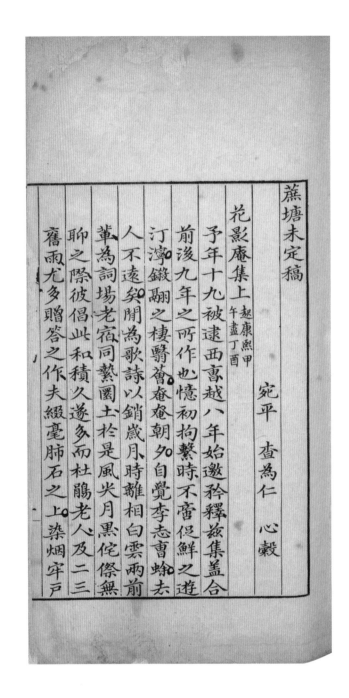

蔗塘未定稿九卷　〔清〕查爲仁撰並輯

清乾隆刻本

一册　存五卷：花影庵集二卷、無題詩二卷、是夢集一卷

半葉十行二十一字，白口，四周單邊。版框18.3×12.8厘米

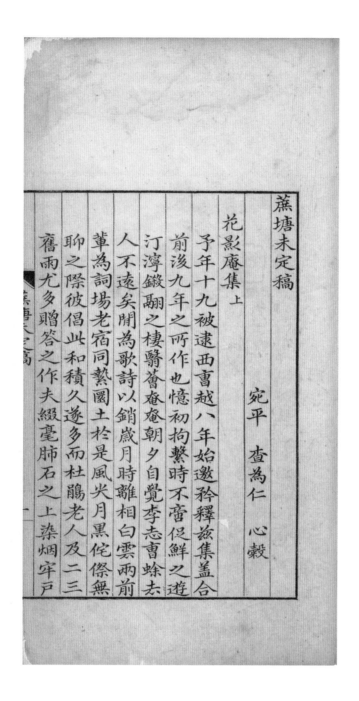

**蔗塘未定稿九卷**　〔清〕查爲仁撰並輯

清乾隆刻本

二册　存四卷：花影庵集二卷、無題詩二卷

半葉十行二十一字，白口，四周單邊。版框 18.4×12.7 厘米

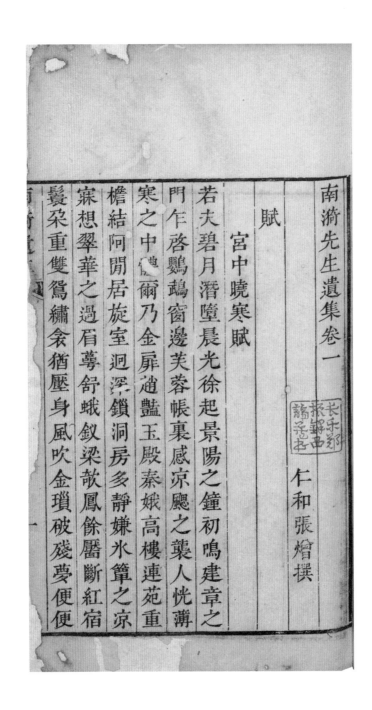

**南漪先生遺集四卷**　〔清〕張燦撰

清乾隆刻本

二冊

半葉十行十九字，白口，左右雙邊。版框 18.5×13.1 厘米

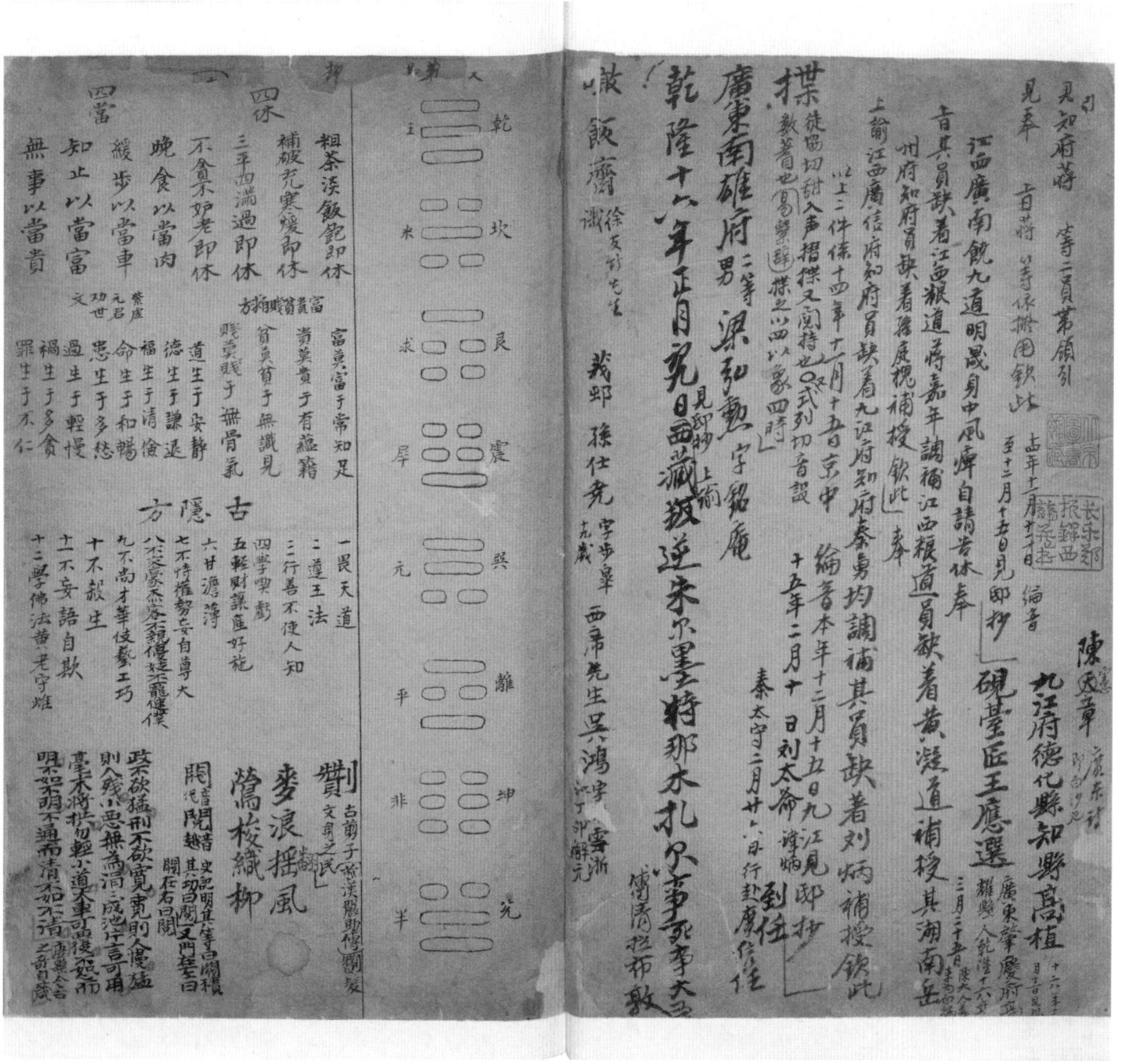

## 陶人心語稿二卷　〔清〕唐英撰

稿本

八册

半葉十行二十一字，無欄格

16578（9616）

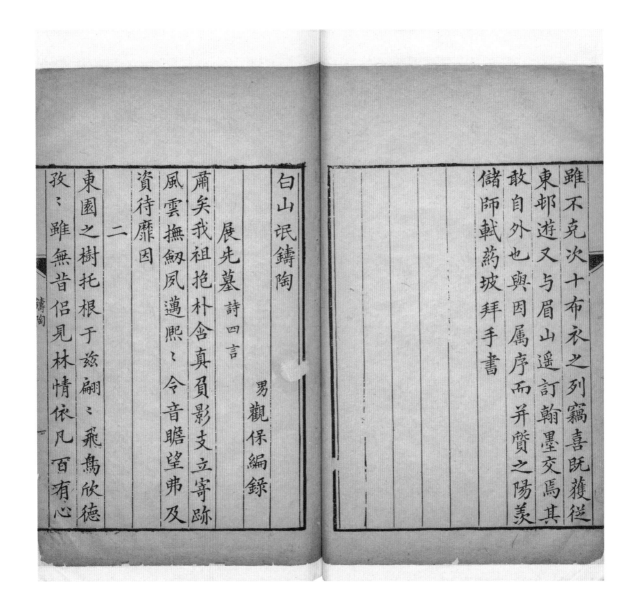

雖不克次十布衣之列竊喜既獲從

東邨遊又与眉山遙訂翰墨交焉其

敢自外也與因屬序而并贄之陽羨

儲師軾蒻坡拜手書

白山岷鑄陶

男觀保編錄

展先墓詩四言

資待麾因

風雲撫劒夙邁熙〻令音瞻望弗及

蕭矣我祖抱朴含真貟影支立寄跡

東園之樹托根于慈翩〻飛鳥欣德

孜〻雖無昔侶見林情依凡百有心

白山岷鑄陶一卷 〔清〕石永寧撰　鳶青山人集杜一卷 〔清〕李鍇撰

清乾隆石觀保刻本

二冊

半葉九行十四字，白口，左右雙邊。版框 18.0×13.7 厘米

卷二十六

鮚埼亭集

行狀正鄞　全祖望　紹衣

明浙撫右僉都御史爾分巡爭紹臺道金壇于公事署
干公諱顥字穎長一字九瀛南直隸順德府再知陝之西安府以事
累官尚書工部負外郎知茸隸金壇縣人崇禎辛未進士
罷官尋渡起為尚書工部郎知紹興府趙人最重在水利前此
以賢太守著者東莞彭公諱浮梁戴公琥富順湯公紹恩至湯
公葉三江應宿閘以洩水而趙之水乃大治並三江閘在下流
能洩水不能引水能禦潦無以處旱崇禎之末建苦旱左都御
史列公崇居家居謂惟通麻溪堰更于倶之上流通茅山閘則
可以引潮抽鹹蓄淡而歲雖旱不為灾及其源也則洩之是皆
本浮梁戴公成規也諸仲余公煌姜公一洪以為良策而蕭山

**鮚埼亭集三十八卷外編五十卷**　〔清〕全祖望撰

清蕉隱軒抄本

九冊　存十五卷：二十六至二十八，外編十一至十五、三十一至三十五、三十九至四十

半葉十二行二十四字，藍格，白口，左右雙邊。版框19.5×13.8厘米

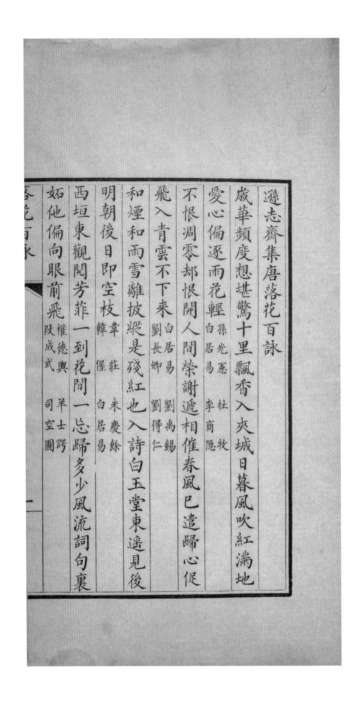

**遜志齋集唐落花百詠一卷**　題〔清〕遜志主人撰

清乾隆刻本

一册

半葉九行二十一字，白口，四周雙邊。版框 17.9×11.6 厘米

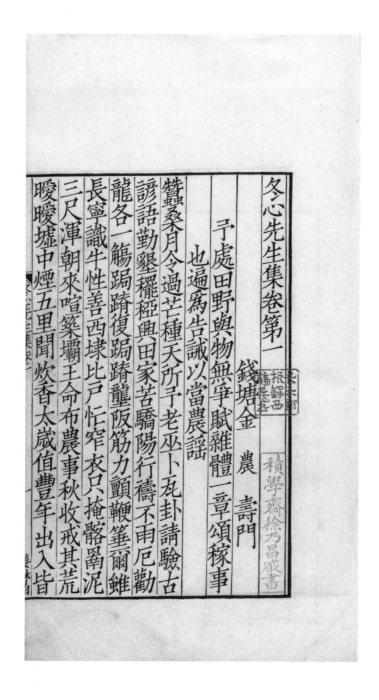

**冬心先生集四卷冬心齋研銘一卷**　〔清〕金農撰

清雍正十一年（1733）廣陵般若庵刻本

三册

半葉十行十八字，白口，左右雙邊。版框 20.0×13.0 厘米

雍正癸丑十四開

雕弓廣陵殺青書廟

吳郡鄧弘文仿宋本字畫錄寫

冬心先生三體詩

杭郡　金吉金　壽門

心出家盦在稽留山予避喧之地也盦中
耳目清供一物之微皆可入詩諏人不如
諏物諏物無是非也

種竹竹無算風嬉雲幽幽一竿吾孃取去釣東
諸侯

九秋晚菊勸酒二月紅蘭笑人遊山却有阮屐

揮扇而無庾塵

石女嫁得蒲家郎朝朝飲水還休糧曾享堯年

**冬心先生三體詩一卷**　〔清〕金農撰

清乾隆刻本

一冊

半葉十行十八字，白口，左右雙邊。版框 20.1×13.0 厘米

金陵湯鳳錄寫劉之科刻

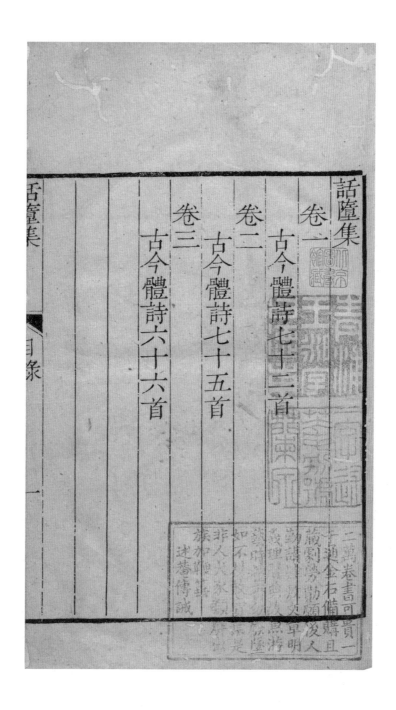

**話墮集三卷** 〔清〕釋篆玉撰

清刻本

一册

半葉十行十九字，白口，四周單邊。版框 17.9×13.7 厘米

話墮集卷一

西湖　釋篆玉　讓山

獨游龍井

入山日色掩一路烏栢陰叢密翳修阻茲寺疑無
尋夕陽慰我獨雞聲聞中林名泉注廢甓老屋荒
烟沈大蘇與僧辯迹銷秋蛩吟莫謂竟無獲歷歷

青遙岑

山居

卜築青山下幽懷自不羣風輕香結篆路滑砌生
雲無事向人說將心對石云柴門殊寂寂清磬隔

話墮集　　卷一　　　　一

春雨樓集卷一

平湖沈　彩虹屏纂

賦

書帶草賦

維通德之深巷乃康成之故居傳千秋之學殖祇

萬卷之圖書繞宅少陶家之楊柳臨池空謝氏之

芙蕖視彼裙腰之掩映讓茲書帶之卷舒爾其

長方與恩沾圓蓋下窺流水之涓涓上覆白雲之

露露可參著作之林詎比療醫之艾笈海苔之披

春雨樓集卷一　賦　一

春雨樓集十四卷　〔清〕沈彩撰　題詞一卷

清乾隆刻本　鄭振鐸跋

二冊

半葉九行十九字，黑口，左右雙邊。版框 17.1×12.3 厘米

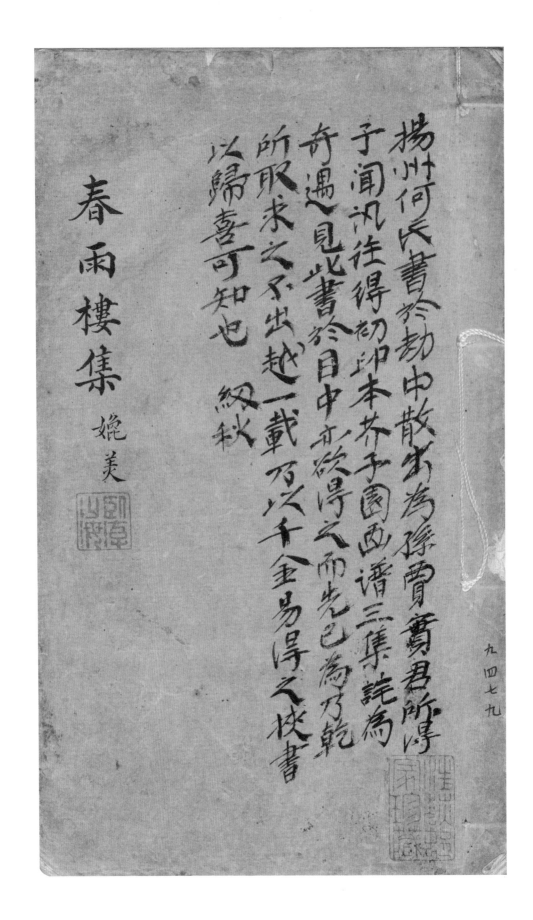

揚州何氏書於劫中散失爲孫賈賣君所得
于聞訊往得初印本芥子園畫譜三集詫爲
奇遇見此書於日中亦欲得之而先已爲乃乾
所取求之不出越一載乃以千金易得之挾書
以歸喜可知也　紉秋

春雨樓集　媲美

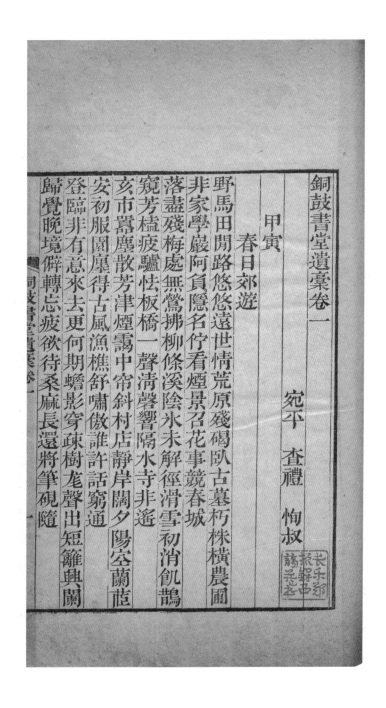

銅鼓書堂遺稿三十二卷　〔清〕查禮撰

清乾隆五十三年（1788）查淳刻本

四冊

半葉十二行二十二字，白口，左右雙邊。版框 19.4×14.3 厘米

**祇平居士集三十卷**　〔清〕王元啓撰

清嘉慶十七年（1812）王尚繩恭壽堂刻本

六冊

半葉十一行二十二字，白口，左右雙邊。版框 19.7×14.1 厘米

凡題上有。者入選

有丁者不入選

因是少作故
存之

紅榲書屋詩集卷一　　　　闕里孔繼涵

○古詩二首

○明月何皎皎清照窺華堂堂上羅綺列堂下絃管張
舉觴酌明月問夜夜未央時序一以改蓬萊東西廡
不見當年容惟餘明月光由來古常在人世幾倉桑
黃姑居織室所隔惟一河盈盈帶水間相望不得過
兔絲附喬木自謂永不磨□□暗北極越鳥栖南由
相近尚相遠更如何妄敢怨七襄郎自慎迴波

○鐙花
日欲瞑雲成霞銀荷初上影交加馣吐長虹不捲葵

**紅榲書屋詩集九卷**　〔清〕孔繼涵撰

清抄本

二册

半葉十行二十字，無欄格

集句題作判公正國朝竹垞先生藏錦一箴尤為
攤場如開花有書多時鶴偕華城無夾不元祝網琴歎竟
悅香燈紙豔豔之繽紫傳紅撥衣下煇桶色剝系三百里蘭
柳條惠師一千家商暮兩角歸山悄之隱李商殘燈無燄影
憶之横等辨蟾可謂天衣無縫矣其後又有故廣之
萬束居集非名榮於一時以蒼珠有居希宏富客
組織之工巧縷用之應合則有目共賞苦在前賢賞之
必農後生部畫起頹興發修賭構山莊

櫻集杜藏古省廣傳咸作七經詩云事術厥德令終有休
勉乎邇思我言雜服叫則後世集經之權興耳若專集五七言省則始
目荊公 王襄文記

宮閨組韻卷之上

晉安陳圳長源集唐
友人鄭汲思黷校閱
越峰鄧學泳介所東書

宮詞六十首

金殿香銷閉綺籠　李商
龍池九曲遠相連　胡宿　夫人
蟾蜍夜豔秋河月　李商隱
乳燕涼飛玉宇風　盧綸
曙色漸分隻闕外　錢起
語音猶在五雲中　盧綸
太平天子朝元日　王建
天樂遙聞下碧空　王涯

## 宮閨組韻二卷　〔清〕陳圳撰

清鄧學泳抄本　清謝章鋌跋

一冊

半葉九行十六字，無欄格

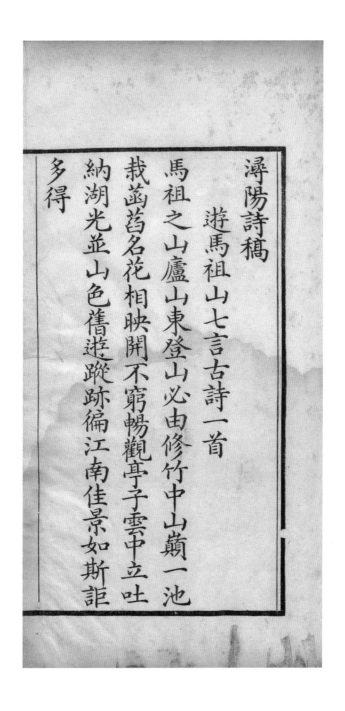

潯陽詩稿

遊馬祖山七言古詩一首

馬祖之山廬山東登山必由修竹中山巔一池

栽菡萏名花相映開不窮暢觀亭子雲中立吐

納湖光並山色舊遊蹤跡徧江南佳景如斯詎

多得

**潯陽詩稿一卷詞稿一卷輞川樂事一卷新調思春一卷** 〔清〕戴全德撰

清嘉慶三年（1798）戴全德刻本

四冊

半葉六行十八字，白口，左右雙邊，無直格。版框 16.4×9.6 厘米

青來館吟稿卷一　丙午丁未

述懷

秋風起庭樹撫景感時素逝者如斯夫年華敢虛
度憶昔余少孤母子交相須青雲路未得愧此七
尺軀讀書當秋夜課讀無休暇萱堂鬢欲黃滿奧
何日駕古人去杳茫古訓安可忘男兒貴自勵況
復勵力強登高必自早計日引領望

、讀書

鬱鬱頻剪燭剪燭讀古書古人書不盡古人心何

新詩一卷亞清芬若此幽蘭氣未分細
詠民香外句天花共雨落
著手紛來不染塵青蓮辦現全身就
中五字尤堪賞　君是東陽性況人

快讀

尊詩偶成二陪題後嘗閱之字
大方諫之　句香名　王翼淳拜題
己酉閏五月甘旨雨窗

**青來館吟稿十二卷文一卷**　〔清〕沈銓撰

稿本　清陳兆壽、王翼淳題詩

七冊

半葉九行十九字，白口，四周單邊。版框 18.0×12.7 厘米

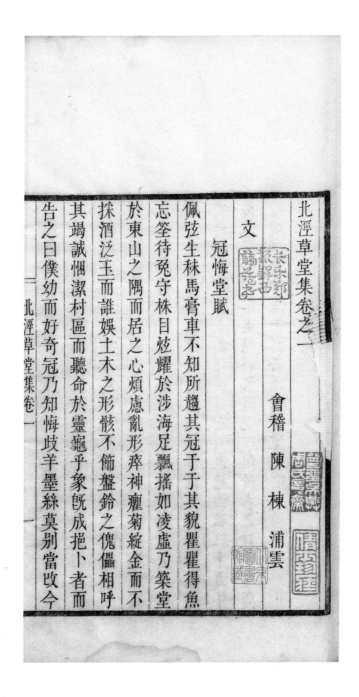

**北涇草堂集五卷外集三卷**　〔清〕陳棟撰

清道光三年（1823）周之琦劍南室刻本

二冊

半葉十行二十一字，白口，左右雙邊。版框17.6×13.1厘米

大川流崩騰小泉噴轟耆水雲潨無盡幻此招提跡虛

空見神鬼高下列千百蘇蘿捫在今斧鑿感自昔峭壁

東廊宇茶話境幽仄坐與嵐氣爭嘯畏龍湫逼高閣面

西南隔河招山色維時當冬仲冰雪亂崖石飛檻凌孔

道車牛過朝夕俯憫行者勞不知身在客

日晚不及至香山寺賦寄寺僧

北朝香火寺僂指刼灰多勝地餘金碧幽巖足薜蘿鐘

魚聽已近烟水帳如何辛苦勞懸榻春風擬再過

劍南室校刻

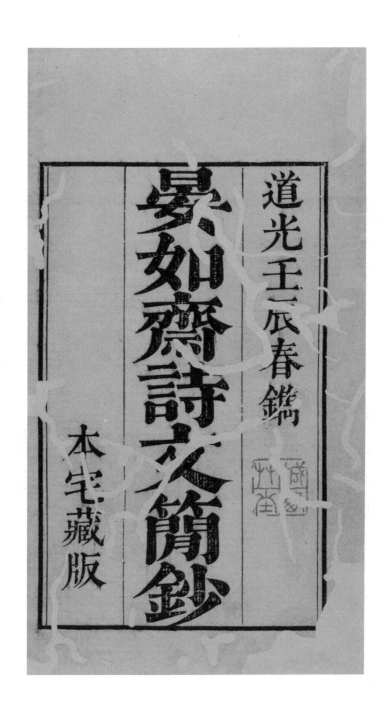

**晏如齋古文簡鈔三卷詩鈔三卷**　〔清〕顧應期撰

清道光十二年（1832）顧一堂刻本　清徐時棟跋

一册

半葉九行二十一字，白口，左右雙邊。版框 18.4×12.6 厘米

晏如齋古文簡鈔卷一

　　　　　　　　　　　　　　　蕭山顧應期蓴汀著

南浦孀鈔序

古之作者文不貴多家亭林先生嘗言之矣二漢文人
所著極少西京尚辭賦而藝文志所載陸賈止三篇賈
誼止七篇司馬相如止二十九篇史錄其數少之乎抑
重之耳余謂文之少也蓋鈔而傳之者之貴之而少之
也當夫作者之始而豈寥寥哉歲甲午始定交於南浦
韓君時君方鍵戶著書積帙充棟覽其成卷曰哄堂集

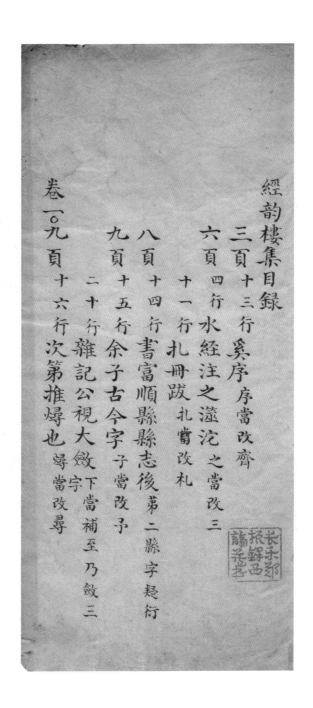

經韻樓集目録

三頁十三行奚序序當改齊

六頁四行水經注之潒沱之當改三

十一行扎冊跋扎當改札

八頁十四行書富順縣縣志後第二縣字鬈行

九頁十五行余子古今字子當改予

二十行雜記公視大敛字下當補至乃敛三

卷一〇九頁十六行次第推㝷也㝷當改尋

## 經韻樓集校勘記一卷

清抄本　清王萱鈴跋

一册

半葉八行二十字，無欄格

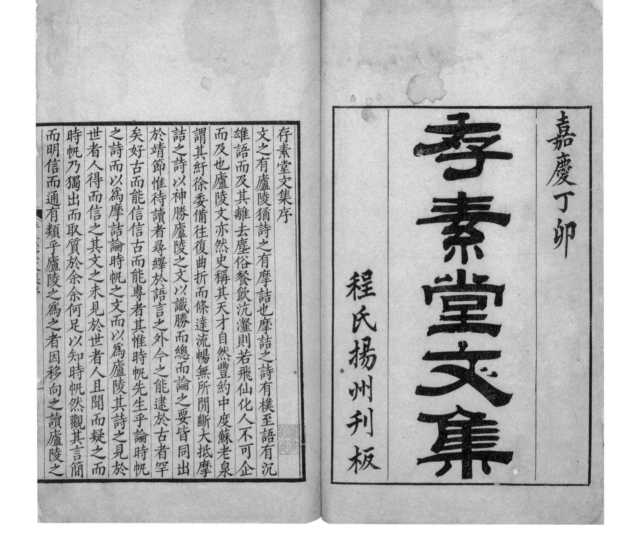

**存素堂文集四卷續集二卷**　〔清〕法式善撰

清嘉慶十二年（1807）程邦瑞刻十六年（1811）續刻本

四冊　存五卷：文集四卷、續集一

半葉十二行二十二字，白口，左右雙邊。版框19.0×14.9厘米

存素堂文集卷一

論

　　唐論

　　　　　　　　　　　　　　　　　　法式善著

唐之得天下也以爭奪而其失天下也亦以爭奪其兵之
興也以宮妾而兵之廢也以宦官觀于此天人感召之機
蓋不爽矣高祖之于隋朱溫之于唐雖不可以並論顧其
事蹟有略相類者然高祖創業三百年而朱溫旋敗後之
論者終以盜賊歸之何其遭遇之不同耶自高祖至中宗數
十年中再懼女禍元宗親平禍亂而復敗于女子憲宗志
平僭叛而不克終其業穆宗以後藉内豎擁立者且七君
國是又何論乎顧人皆謂唐之亂亡由于方鎮之跋扈方

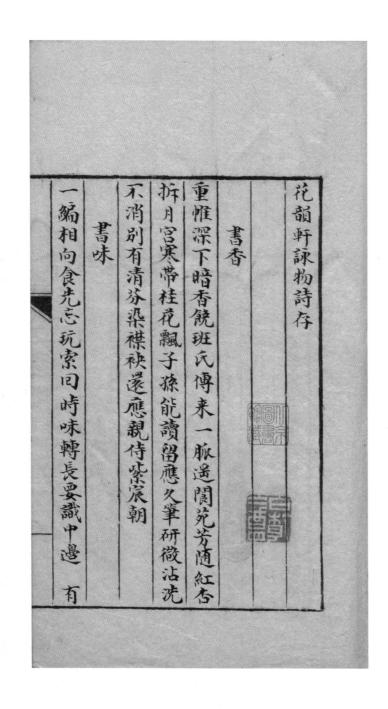

花韻軒詠物詩存一卷 〔清〕鮑廷博撰

清抄本

一册

半葉八行二十字，黑格，白口，四周單邊。版框 16.4×11.3 厘米

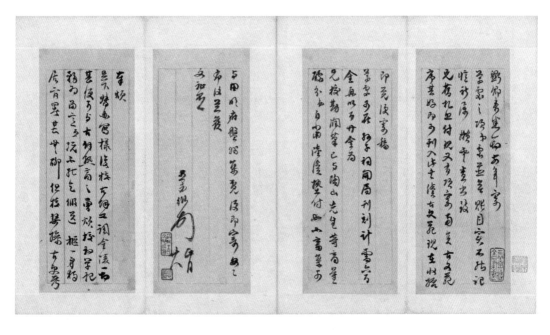

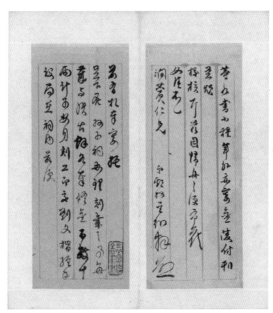

**孫淵如先生書劄不分卷**　〔清〕孫星衍撰

稿本

一册

熙懿少嘗肓悝薈雜述一卷嘗有野狸捕雜說係隨
侍　先君子書藝中所作甫長稍有見聞喜安為剽竊
私自譔述或咸友謬以相屬得若干不敢存置諸叢
藁中至末夏鑷戶村居無以排遣爰將係記編次
共一十有八卷併將少作刪存叢首及近作合而訂
之不知妄作誠知不免而敝帚自珍聊資查核幸大
雅諒之遯充甲申冬日書於環山官舍

禹治水考畧

聞之天下大勢西北高而東南下九水惟河為大水
患惟河為急河始入于雍而經于翼冀當河之下流
沈又其下流之入海處故禹之功自導河源疏九河
始由是自濟而沈則疏濟之下流也自青而徐則疏
淮之下流也自揚而荊則疏江漢之下流也下流既
通水患巳去十之七八再自荊而豫以瀟伊洛之原
此皆瀟上流之壅塞也從北而東從東而西從西
又北而治水之功畢間嘗考之〇爾雅河出昆侖虛色
白所渠并千七百一川色黃援神契曰河者水之伯

## 小蓬廬雜綴二卷　〔清〕周勳懋撰

稿本

一冊

半葉十行二十字，藍格，白口，左右雙邊；或十一行二十二字，無欄格。版框17.7×13.7厘米

幼學堂詩稿 嘉慶丙辰季夏
起至十月止

吳縣 沈欽韓 文起

白紵舞辭二首

金泥作燭輝高堂纖要束素搖明璫含輝舍嘆中心藏春
風一舉羅襦香羣仙來下鸞皇翔嗋呷萃蔡飄華梁迴腰
欲褰神洋洋珠塵不動凝清光歌聲嫋嫋進洪梁朱顏微
酡雙眉長含意欲申牽柔腸萬歲千秋樂未央
金屏匼匝低羅帷象牀纖手翻氷絲著來輕軀宜不宜
聲玉色委瑤墀褰回翔舞不自支流風迴霫絕世姿如行
似止合還離含嬌弄態偏遲遲可憐無比好要支橫波流

幼學堂詩稿 卷一

一

**幼學堂詩稿十七卷** 〔清〕沈欽韓撰

清嘉慶刻道光續刻本

六冊

半葉十行二十二字，白口，左右雙邊。版框 19.2×13.7 厘米

初月賦

**幼學堂文稿四卷** 〔清〕沈欽韓撰

清道光刻本

四冊

半葉十行二十二字，白口，左右雙邊。版框 18.8×13.6 厘米

求是堂詩集卷一

悔存集

涇縣　胡承珙　墨莊

夜坐有感

讀罷殘編睡不成坐聽簷鐵響鏦錚英雄未必無天幸仙
佛都難免世情星斗入秋垂瘦影關河連夜發寒聲誰家
燒燭圍珠翠牆角依然卧短檠

詠史分賦

誰解窮途哭未休非關作達故沈浮永嘉南渡須臾事早
卜新亭泣楚囚

右阮籍

**求是堂詩集二十二卷詩餘一卷**　〔清〕胡承珙撰

清道光十三年（1833）胡承珙刻本

八冊

半葉十行二十二字，白口，左右雙邊。版框 17.0×12.8 厘米

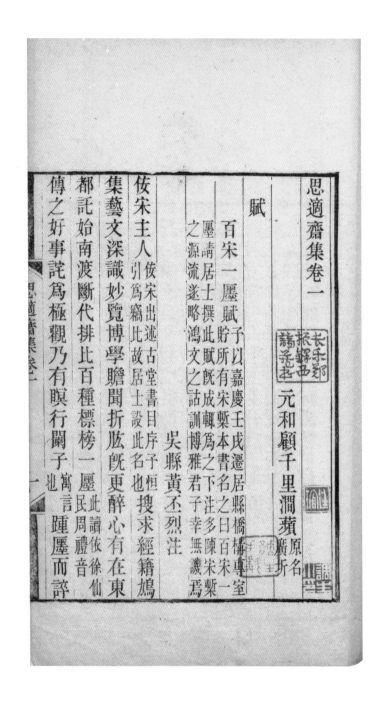

**思適齋集十八卷**　〔清〕顧廣圻撰

清道光二十九年（1849）徐渭仁刻春暉堂叢書本　清戈載批校，清葉廷琯跋

二册

半葉十行二十字，黑口，左右雙邊。版框 17.6×12.9 厘米

林覆嵒詩集卷一

寶山毛嶽生

海上看月

紛紛涼露但征鴻樓閣重重蜃氣中地遠千帆時沒水
天高孤月暗生風寒林葉落諸村見絕島沙平舊路通
嘯傲幾忘身世感候門終夜累詩翁

渡江

一帆飛渡水滔滔白下歸來剩敝袍斜照城荒飛鳥絕
秋風江冷遠山高戰爭事息來漁唱豪傑途窮感暮濤
誰識洛陽年少客篷窗終日讀離騷

**休復居詩集六卷文集六卷附一卷** 〔清〕毛嶽生撰

清道光二十四年（1844）嘉定黃氏西谿草廬刻本

八冊

半葉十行二十一字，白口，四周雙邊。版框 17.6×12.6 厘米

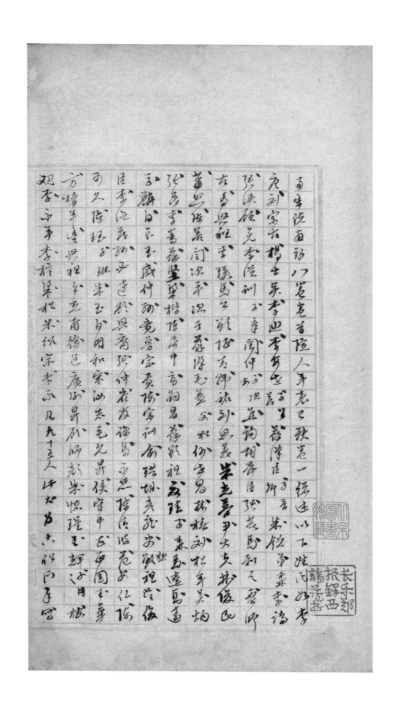

**壓綫集不分卷**　〔清〕馮登府撰

稿本

二冊

半葉十一行二十五字，白口，小紅格，四周雙邊。版框 20.1×13.2 厘米

拜竹詩堪集外稿卷一

門人史詮敬輯

秋日　自庚申至癸酉從石經閣詩略第一卷林銓草錄出

空山最無聲凉蟲滴清簷開惌見明月依依親人影攬衣步

中庭落葉堆滿徑微聞人語來隔溪話煙暝

枕上

秋聲枕甬來樓側永某夜只道殘雨聲不知落葉下

江上遠望

秋波渺何極孤帆遠如點空江不見人獨下一聲雁

紅蕙花館夜坐

明月忽飛來照我山中樹山中蘭花發幽人在何處夜溪清

**拜竹詩堪集外稿五卷**　〔清〕馮登府撰　〔清〕史詮輯

抄本

一册

半葉十一行二十三字，無欄格

定盦文集三卷餘集一卷　〔清〕龔自珍撰

清道光刻本　清王萱鈴跋，鄭振鐸跋

二册

半葉十行二十四字，白口，四周雙邊。版框20.0×14.5厘米

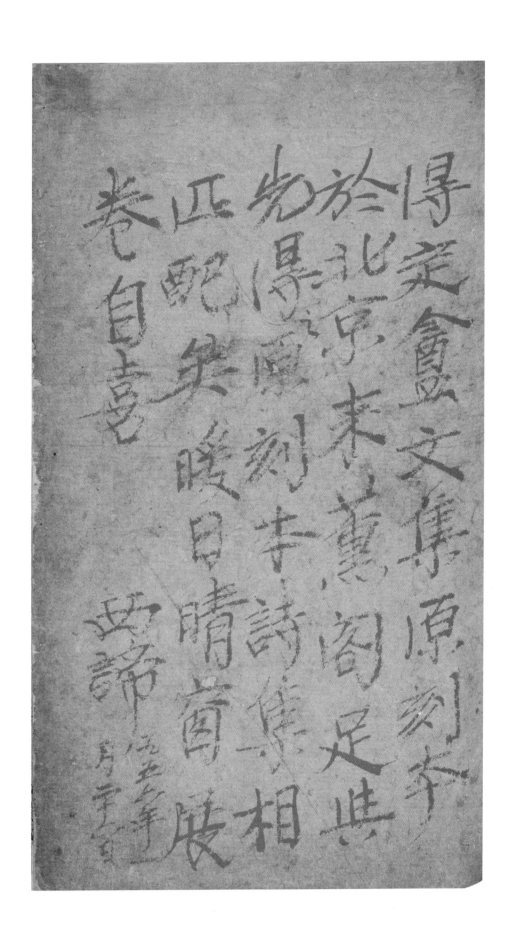

得足齋文集原刻本

於北京未見萬卷樓足供

也得原刻本詩集一相

匹配失眠日晴窗展

卷自喜

武蹄□□□

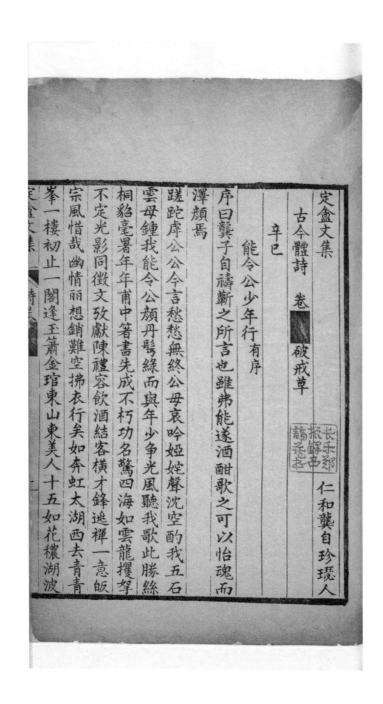

**定盦文集破戒草一卷破戒草之餘一卷** 〔清〕龔自珍撰

清道光刻本

一冊

半葉十二行二十四字，白口，左右雙邊。版框 18.5×14.5 厘米

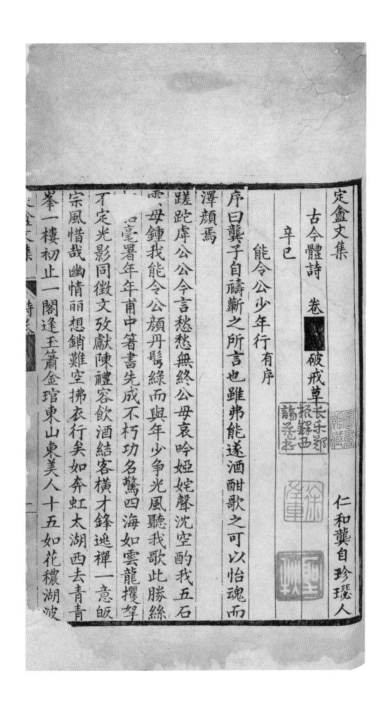

**定盫文集一卷餘集一卷**　〔清〕龔自珍撰

清道光七年（1827）龔自珍刻本

一冊

半葉十二行二十四字，白口，左右雙邊。版框18.3×14.4厘米

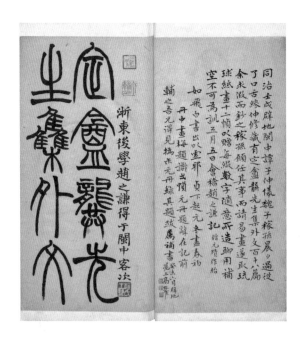

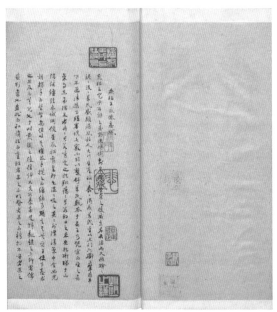

**定盦龔先生集外文不分卷** 〔清〕龔自珍撰

清同治元年（1862）魏錫曾抄本　清魏錫曾校，清趙之謙、胡澍校並署檢，趙之謙跋並補目

二冊

半葉九行三十至三十二字，無欄格

15930（10028）

題王子若耳畫室圖詞

相見便情長只有瑯琊大道王三百年來文物感蒼茫身到亭

亭九友旁容畫中九友圖煙

袖裏珍擎懷裏握收藏合配君家賦九行貽予春山美人便面

之洛神九行最所珍秘為藏帖二千種之冠予所蓄有唐搨王獻

今日得紫若扇取以同置一篋中故及之

圖為陳曼生司馬所繪引首亦曼生篆並題詩一頁以下題

者十餘人得于海上附記于此鶴廬丁輔之辛未大雪節

又假得先生墨跡嶺詞三十三首素值過昂未能得之其

詩查集中皆有也越日又記

梅雨好悽涼黤我丹青一扇香

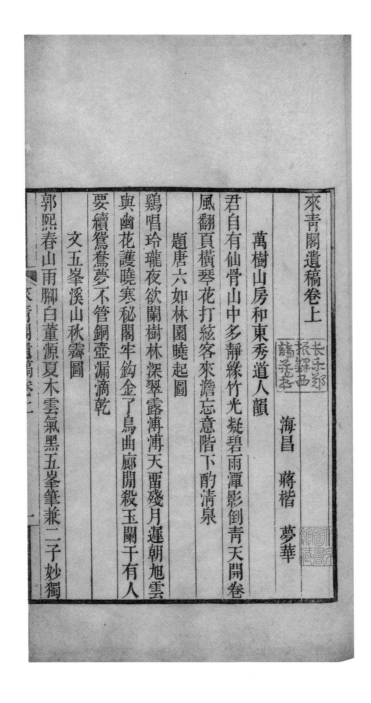

**來青閣遺稿二卷**　〔清〕蔣楷撰

清蔣光煦刻本

一册

半葉十一行二十二字，黑口，左右雙邊。版框 16.7×12.8 厘米

聖駕東巡

盛京祇謁

祖陵賦

嘉慶十年秋七月

皇帝東巡於

盛京恭謁

三陵繩

祖武也上以繼志述事紹

列聖之洪業下以推恩錫類合萬國之歡心古所謂孝治天下

明德馨香合在是矣夫宅鎬遙成載歌燕翼涉渭肇祀亦咏豕

匏莫不義取敷陳垂為歌頌我

聞妙香室文卷一

一

**聞妙香室詩十二卷文十九卷**　〔清〕李宗昉撰

清道光李宗昉刻本

八冊

半葉十一行二十四字，黑口，左右雙邊。版框 19.5×14.7 厘米

**寶研齋吟草一卷**　〔清〕方成珪撰

清道光二十七年（1847）活字印本

一冊

半葉九行十九字，下黑口，四周雙邊。版框 18.7×13.7 厘米

知白齋詩草卷一

古體詩

　　　　鄱陽　陳宇　叔安

短歌行

幕天席地撫缶烏橫視滄海何如甄
旁達緯象金精爛天安知獄底不有龍泉
夕宿九淵朝遊八垠元珠在手莫謂沈淪
。雪夜得查文梅史　撿對雪詩雪止月出漫為長句
雲頹風舞天連陰老鶴忍凍來遙岑堯年舊語不復憶
梁苑新知誰最深翩翩太瘦生把酒對鶴還沈吟昨宵

從來識字為憂患況復年衰感亂離雨雪家山寒入夢
風波江海杳何之儘饒鬱勃滋氣不覺悲哀逐有辭
我亦天涯苦吟者挑鐙讀罷淚雙垂
同前

今軍語不蠻畫日攜來池止坐詩情況得一官閒

**知白齋詩草八卷續草八卷**　〔清〕陳宇撰

清抄本

八冊

半葉十行二十一字，小黃格，四周雙邊。版框 20.5×13.7 厘米

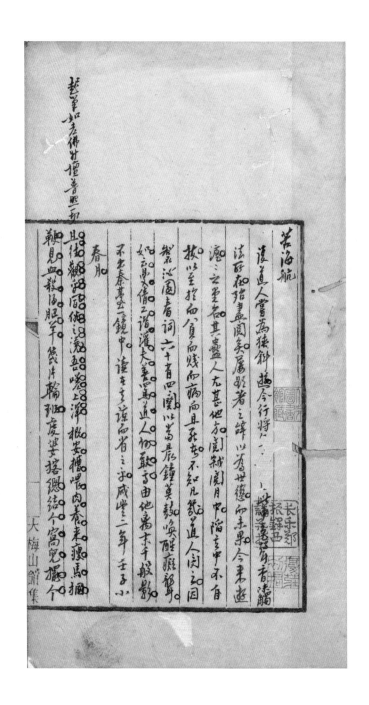

苦海航一卷　〔清〕姚燮撰

稿本

一册

半葉十一行約二十字，藍格，白口，左右雙邊。版框 17.9×13.3 厘米

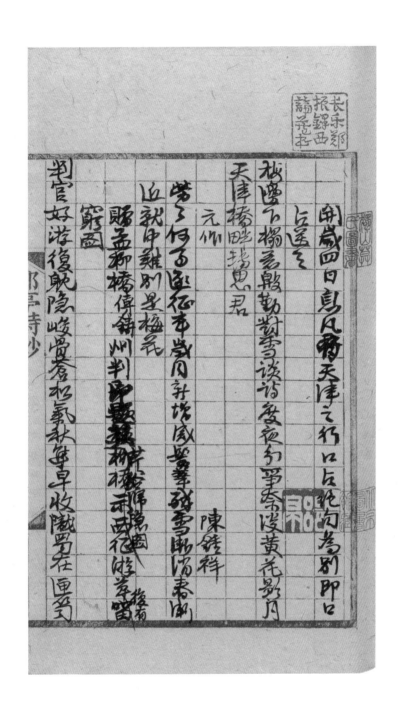

**邵亭詩鈔一卷**　〔清〕莫友芝撰

稿本

一册

半葉十行二十一字，小紅格，左右雙邊。版框 17.9×12.7 厘米

續蘭生自識

自十五學為舉業至今十載我性疎其於甚時而學者予
初詞及于家雜作久已回圍時芳春院九坐西林參寢宴
閒暇無計自遺不禁欣任孤學吟詩花倣習字詞無之例
分為廿四品其餘名花異品亦種類額滿見遠撰時再

評花小史

茉莉　妙品　見宗史多苑待
　　　　　　宣州崔國琚蘭生著

艷骨相宜只淡妝天教南國種名芳三千玉貌朝梳
鬟十萬金錢夜買裝倚枕溫存濃入夢隔簾消息暗
指伎

蓮花　靜品　見牽篶藥簷即观蓮義诗
傳香梅花六月真魂返管領風流又一場

江彩償折信
免僞廣金錢
多愛花神
指伎

凌波仙子最溫柔玉貌紅妝半帶羞撿點鴛鴦為同好
夢護持風月到新秋裙衫花裏留初約煙水江南舊

愛煞芙蓉
不難出游倡
品作幃帷伎

**評花小史不分卷**　〔清〕崔國琚撰

稿本

一册

半葉八行二十字，無欄格

同王谷香公祭外父母文

續存目錄

王備永法小傳

任公子釣臺賦 以蹲于會稽投竿東海為韻

偃蹇江干獨繭抽於詹處士焉徜徉海嶠長虹繫於李

王孫焉若夫散人故址莊子寓言笠澤非居廬少郎當

之屋鑑湖不乞半歸歎乃之邨其人憒接縷垂綸靜如

鶴立此地遍錦峰繡嶺高若熊蹲有任公子者南嚴從

倚東越嬉娛鷗閒早約魚樂交孚不與釣璜焜耀應教

釣幾縈紆效削削剖栗之人用情或異作漱石枕流之

客託興偏殊常岸憤於曉山歸乎勿勿或駕言夫新邑

來者于于有臺焉一峰時查嶂之旁千仞立積沙之外

嚴窟玲瓏波濤硼磕溯之滄洲俯瀔瀔之清湖跨

# 天香別墅漫存一卷　〔清〕王振綱撰

清抄本

一冊

半葉十行二十一字，無欄格

別坭之墓
仙姑洞石壁書
羅浮山石壁書
孔家瀾箬葦歌
耕川釣臺
宏菜釣臺
孫伴宅
袁荍城
卷九
伯陽宅懷古
第運研水利五管
卷十
過吳茗山
塘陵
岩鎮大橋
觀海
百古炎帝廟
天慶觀
菩陵寺
上祀湖
刜鳳山

天香別墅學吟

詩卷一　起辛巳　訖庚寅

天香樓夜讀述懷
桂樹非招隱綠陰生晚涼樓高先得月花近不聞香燈
火雞窗靜煙宵雁路長頭顱急三十掩卷一思量
讀先大母孫太宜人節孝傳
家人利女貞惟此孝與節孤根堅松筠勁志厲霜雪是
皆由天性初不畏磨涅所以至人心百年如一日大母

〔印章：長樂郭振鏶西疇葊書〕

天香別墅學吟十一卷　〔清〕王振綱撰

清抄本

三冊

半葉九行二十一字，無欄格

同聲集卷一

石友公松下撫琴圖題詩

男　振綱　冶鄉編次

楊　榮吉圓

古松屹立蒼厓邊，飛流繞出盤石前，紅塵不動爽籟發
清風時度空中絃，誰可置此邛崍裏，日有古虞王甘泉
青晬烱烱睎舍笑，玉山朗照疑神仙，裘馬譁囂雅不愛
愛結烟霞山水緣，橫琴欲撫還未撫，科頭趺坐意蕭然
息機觀化通玄理，道貌取神得真詮，山中何物非太古
妙響不假十指傳，洋洋之水常盈耳，青青之松可齊年

**同聲集十四卷** 〔清〕王振綱輯

清抄本

一册

半葉十行二十一字，無欄格

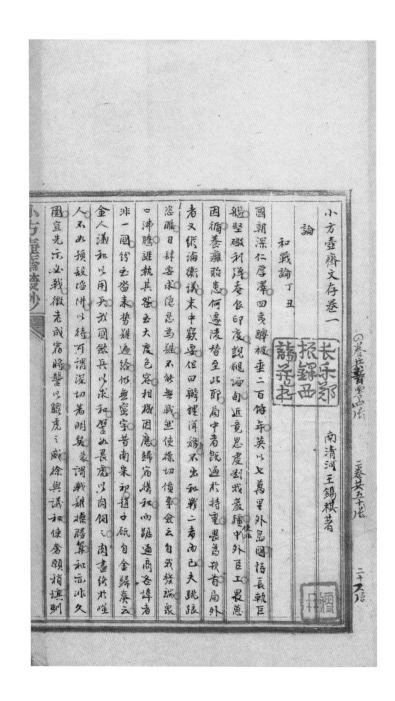

**小方壺齋存稿十卷**　〔清〕王錫祺撰

稿本

三冊

半葉十三行二十六至二十七字，紅格，四周雙邊。版框 14.2×10.7 厘米

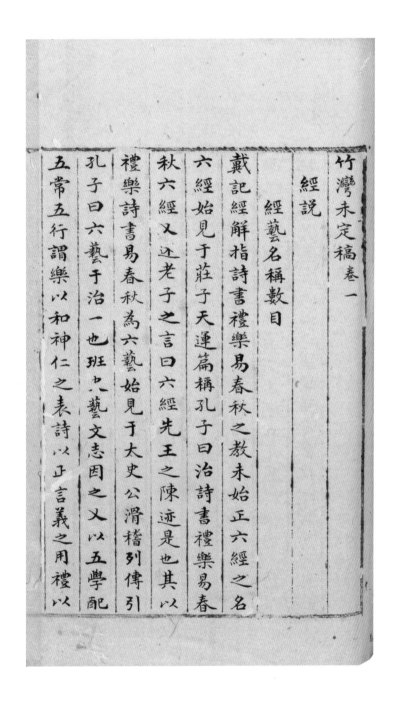

五常五行謂樂以和神仁之表詩以正言義之用禮以

孔子曰六藝于治一也班氏藝文志因之又以五學配

禮樂詩書易春秋為六藝始見于太史公滑稽列傳引

秋六經又述老子之言曰六經先王之陳迹是也其以

六經始見于莊子天運篇稱孔子曰治詩書禮樂易春

戴記經解指詩書禮樂易春秋之教未始正六經之名

經藝名稱數目

經說

竹灣未定稿卷一

## 竹灣未定稿八卷

清抄本

二冊

半葉九行二十一字，黑格，白口，四周單邊。版框 18.4×13.1 厘米

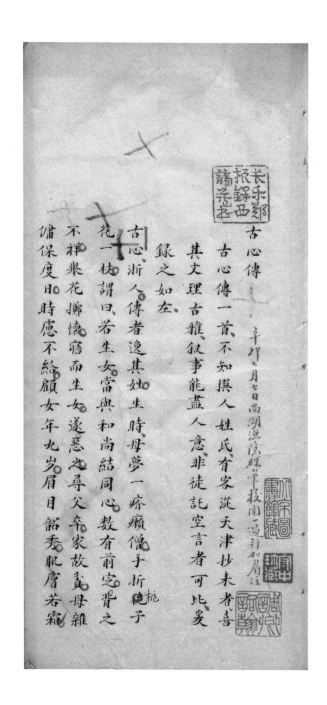

## 古心傳一卷芙蓉花史詩詞抄一卷梔禪錄題辭一卷

清抄本　尚湖漁隱校註

一冊

半葉八行二十一字，無欄格

圖書在版編目（CIP）數據

國家圖書館西諦藏書善本圖録 / 國家圖書館古籍館編 . —廈門 : 鷺江出版社，2019.12
ISBN 978-7-5459-1528-0

Ⅰ．①國…　Ⅱ．①國…　Ⅲ．①私人藏書—圖書目録—中國—現代②古籍—善本—
圖書目録—中國　Ⅳ．① Z842.7 ② Z838

中國版本圖書館 CIP 資料核字（2018）第 278085 號

策　　劃：雷　戎　劉浩冰
責任編輯：雷　戎　王　楓　金月華　陳　輝
裝幀設計：張志偉
營銷編輯：趙　娜
責任印製：孫　明

GUOJIA TUSHUGUAN XIDI CANGSHU SHANBEN TULU
國家圖書館西諦藏書善本圖録（全七冊）

國家圖書館古籍館　編

出版發行：鷺江出版社
地　　址：廈門市湖明路 22 號　　　　　　　　　　　　郵政編碼：361004
印　　刷：天津聯城印刷有限公司
地　　址：天津市寶坻區新安鎮工業園區 3 號路 2 號　　郵政編碼：301806
開　　本：889mm×1194mm　1/16
印　　張：235.5
版　　次：2019 年 12 月第 1 版　2019 年 12 月第 1 次印刷
書　　號：ISBN 978-7-5459-1528-0
定　　價：3800.00 元